Reihe Psychosoziale Medizin
Herzphobie

Reihe Psychosoziale Medizin

Herausgegeben von
Prof. Dr. Elmar Brähler, Prof. Dr. Erdmuthe Fikentscher
und Prof. Dr. Bernhard Strauß

Band 6

Herzphobie

von
Prof. Dr. Othmar Schonecke

Verlag für Angewandte Psychologie
Göttingen

Herzphobie

Ursachen und Behandlung

von
Othmar Schonecke

vP

Verlag für Angewandte Psychologie
Göttingen

Prof. Dr. Othmar Schonecke, geb. 1941. 1963-1969 Studium der Psychologie in Tübingen. 1976 Promotion. 1970-1977 Mitarbeiter an der Abteilung für Psychosomatische Medizin am Departement für Innere Medizin der Universitätsklinik Ulm bei Thure von Uexküll. 1977-1993 Mitarbeiter am Institut für Psychosomatik der Universitätskliniken Köln. 1986 Habilitation. Seit 1993 Professor und Leiter der Fachrichtung Medizinische und Klinische Psychologie an den Universitätskliniken des Saarlandes.

Die Deutsche Bibliothek – CIP-Einheitsaufnahme

Schonecke, Othmar :
Herzphobie : Ursachen und Behandlung / von Othmar Schonecke. - Göttingen : Verl. für Angewandte Psychologie, 1998
  (Reihe Psychosoziale Medizin ; Bd. 6)
  ISBN 3-8017-0864-0

© Hogrefe-Verlag, Göttingen · Bern · Toronto · Seattle 1998
Rohnsweg 25, D-37085 Göttingen

Das Werk einschließlich aller seiner Teile ist urheberrechtlich geschützt. Jede Verwertung außerhalb der engen Grenzen des Urheberrechtsgesetzes ist ohne Zustimmung des Verlages unzulässig und strafbar. Das gilt insbesondere für Vervielfältigungen, Übersetzungen, Mikroverfilmungen und die Einspeicherung und Verarbeitung in elektronischen Systemen.

Umschlaggraphik: Theo Köppen, Göttingen
Druck und buchbinderische Verarbeitung: Dieterichsche Universitätsbuchdruckerei
W. Fr. Kaestner GmbH & Co. KG, D-37124 Göttingen/Rosdorf
Printed in Germany
Auf säurefreiem Papier gedruckt

ISBN 3-8017-0864-0

Vorwort

Mit dem vorliegenden Buch beschreibt Othmar Schonecke ein Krankheitsbild, für das es in der klinischen Sprache bereits mehrere Bezeichnungen gibt: Herzphobie, Herzneurose, Herzangst-Syndrom, Herzangstneurose. Diese Vielzahl von Namen für die Beschreibung eines Krankheitsbildes läßt auf unterschiedliche Betrachtungsweisen und Schwierigkeiten bei der exakten Diagnose und Pathogenese schließen. Vorliegendes Werk ermöglicht dem Professionellen wie dem Laien einen systematisierten Einblick und Überblick über dieses heterogene Krankheitsbild der Herzphobie. Es handelt sich um eine Phobie, die sich nicht auf äußere Gegebenheiten oder Objekte bezieht, sondern auf den eigenen Körper. Sie umschließt sowohl die Angst vor einer unerkannten Herzkrankheit bis hin zur Angst vor dem Tod durch Herzversagen. Durch die ausgeprägte Selbstbeobachtung des Patienten kommt es zu einer ängstlichen Überbewertung aller herzbezogenen Körperempfindungen, begleitet von anderen körperlichen und psychischen Beschwerden. Dies führt zu häufigem Arztbesuch und Arztwechsel, um die subjektiv empfundenen Symptome abklären zu lassen.

Das Buch bietet dem Leser zunächst eine allgemeine Einführung in diese funktionelle kardiovaskuläre Störung. Die Darstellung der Symptomatik der Herzphobie im zweiten Kapitel wird durch anschauliche Fallbeispiele untermalt, die im weiteren Verlauf immer wieder aufgegriffen werden. Im dritten Kapitel zeigt der Autor auf, daß im Arzt-Patient-Kontakt die Gefahr der iatrogenen Fixierung der Symptomatik groß ist. Das Eingehen des Arztes auf die körperliche Symptomatik, der Schwerpunkt der Diagnosestellung, das Andeuten eines psychischen Anteils der Erkrankung, diese vornehmlich interaktiven Fragestellungen werden hier diskutiert. Desweiteren folgt eine ausführliche Darstellung differentialdiagnostischer Aspekte. Es schließen sich Beobachtungen zur Epidemiologie der Herzphobie an, die auch unter ökonomischen Gesichtspunkten bewertet werden. Der Pathogenese widmet der Autor den Hauptteil seines Werkes. Durch seine aufschlußreichen Ausführungen zu den verschiedenen Theorien und Modellen im Bereich der Psychophysiologie, der Psychoanalyse und der Lernpsychologie, der Rolle von Angst und Angstbereitschaft für die Erkrankung der Veränderung der Körperwahrnehmung und weiterer psychobiologischer Modelle, erschließt sich dem Leser das breite Spektrum der Pathogenese der Herzphobie. Zum Ende des Buches stellt der Autor verschiedene psychologische und medikamentöse Therapieverfahren vor und diskutiert diese äußerst sachkundig. Er hebt die verhaltenstherapeutischen Methoden der Angstbehandlung hervor und betrachtet in diesem Zusammenhang den Aspekt der Symptomverschiebung. Abschließend stellt er die Möglichkeiten und Grenzen der medikamentösen Behandlung differenziert dar.

Mit dem vorliegenden Buch schließt der Autor eine weitere Lücke im Grenzbereich Medizin und Psychologie. Es ermöglicht dem Leser, sich ein umfassendes Bild dieser Erkrankung zu machen und neue Erkenntnisse im Umgang mit den Patienten zu gewinnen.

Leipzig/Halle im Frühjahr 1998   Elmar Brähler
                                             Erdmuthe Fikentscher

Vorwort	5
1 Einleitung	11
2 Symptomatik	13
3 Diagnostik	20
3.1 Diagnostisches Vorgehen	20
3.1.1 Anamneseerhebung: Besonderheiten des ärztlichen Gesprächs	20
3.1.2 Ärztliches Verhalten bei der körperlichen Untersuchung	22
3.2 Differentialdiagnose	24
3.2.1 Körperliche Erkrankungen	24
3.2.1.1 Koronare Herzkrankheit	24
3.2.1.2 Hyperthyreose	26
3.2.1.3 Phäochromozytom	27
3.2.1.4 Hyperkinetisches Herzsyndrom	27
3.2.2 Psychische Störungen	27
3.2.2.1 Agoraphobie	28
3.2.2.2 Paniksyndrom	29
3.2.2.3 Somatoforme Störungen	33
3.2.2.4 Hypochondrie	35
3.2.2.5 Depressive Störungen	36
3.2.2.6 Komorbidität mit anderen psychischen Störungen	39
4 Epidemiologie	40
5 Pathogenese	46
5.1 Psychophysiologische Grundlagen	54
5.1.1 Das Herz-Kreislauf-System	54
5.1.1.1 Herz	54
5.1.1.2 Gefäße	57
5.1.1.3 Blut	58
5.1.1.4 Kreislaufregulation	59
5.1.1.5 Kreislaufreflexe	60
5.1.2 Atmung	60
5.1.2.1 Gasaustausch	61
5.1.2.2 Atemmechanik	63
5.1.2.3 Säure-Basen-Haushalt - pH-Wert und Atmung	63
5.1.2.4 Atemregulation	64
5.1.3 Physiologische Regulation	64
5.1.3.1 Autoregulation	64
5.1.3.2 Sympathische und parasympathische Regulation	65

5.1.3.3 Vorwärtsregulation 67
5.1.3.4 Hypothalamus - Verhalten und vegetative Funktionen 68
5.1.3.5 Das „limbische System" - Emotionale Informationsverarbeitung 69
5.1.4 Funktionsweise des Nervensystems 70
5.1.4.1 Das Gehirn 70
5.1.4.2 Der Hirnstamm 71
5.1.4.3 Das Zwischenhirn 71
5.1.4.4 Das Endhirn - Neokortex 72
5.1.4.5 Elemente des Nervensystems 72
5.1.4.6 Nervenzellen 72
5.1.4.7 Elektrochemische Prozesse der Nervenzelle 73
5.1.4.8 Neurotransmitter 78
5.1.5 Hormone 82
5.1.5.1 Hypophysenhormone 83
5.1.5.2 Hormone der Nebennieren 85
5.1.6 Streß und Aktivierung 86
5.1.6.1 Einführung 86
5.1.6.2 Aktivierung und Emotion 88
5.1.6.3 Spezifität der Aktivierung 89
5.1.6.4 Streß und Belastung 89
5.1.6.5 Streß und die Notwendigkeit zur Anpassung 90
5.1.6.6 Bedrohung und Homöostase 90
5.1.6.7 Streß und die emotionale Bedeutung einer Situation 91
5.1.6.8 Kognitive Aspekte von Streß 92
5.1.6.9 Streß und Aktivierung 93
5.1.6.10 Streß und Kontrollierbarkeit 94
5.1.6.11 Die körperlichen Komponenten von Streß 95
5.1.6.12 Streßsymptome 97
5.2 Grundelemente der psychoanalytischen Theorie 98
5.2.1 Das topographische Modell 99
5.2.2 Die Triebtheorie 100
5.2.3 Das Strukturmodell 101
5.2.4 Die Abwehrmechanismen 104
5.2.5 Psychoanalytische Entwicklungstheorie 104
5.2.6 Das Krankheitsmodell der Psychoanalyse 107
5.2.7 Tiefenpsychologische Erklärungen der Pathogenese 108
5.2.8 Das psychoanalytische Modell der „Herzneurose" 109
5.2.9 Empirische Befunde zur psychoanalytischen Theorie der Pathogenese der Herzphobie 118
5.3 Lernpsychologie 120
5.3.1 Das Klassische Konditionieren 121
5.3.2 Operantes Lernen 123
5.4 Die Rolle von Angst und Angstbereitschaft bei der Herzphobie 125
5.4.1 Angst - Psychophysiologie 126

5.4.2 Angstbereitschaft 128
5.4.3 Angstverarbeitung 132
5.4.4 Angstsensitivität und Katastrophierung - Kognitive Faktoren der Herzphobie 133
5.5 Die Rolle der Körperwahrnehmung bei der Herzphobie 136
5.6 Psychobiologische Modelle der Pathogenese der Herzphobie 141
    5.6.1 Die Annahme kardialer Faktoren in der Pathogenese der Herzphobie 141
        5.6.1.1 Die „Neurozirkulatorische Asthenie", Störung der Kreislaufregulation 141
        5.6.1.2 Mitralklappenprolaps 143
    5.6.2 Die Annahme psychophysiologischer Faktoren in der Pathogenese der Herzphobie 145
        5.6.2.1 Die „psychovegetative Regulationslabilität" 145
    5.6.3 Atmung und Hyperventilation 158
        5.6.3.1 Atmung, Emotion und Streß 159
        5.6.3.2 Zur Rolle der Hyperventilation bei der Herzphobie 160
        5.6.3.3 Die Bedeutung der Hyperventilation für das Auftreten von Angstanfällen bzw. Panikattacken. 161
        5.6.3.4 Herzphobie, Panik und Atmung 163
    5.6.4 Neurotransmitter 165
        5.6.4.1 Noradrenalin 166
        5.6.4.2 Serotonin 168

6 Therapie der Herzphobie 171
6.1 Psychologische Behandlung der Herzphobie 172
    6.1.1 Merkmale der Verhaltenstherapie 172
    6.1.2 Verhaltenstherapeutische Verfahren 175
        6.1.2.1 Systematische Desensibilisierung 175
        6.1.2.2 Massierte Konfrontation „Reizüberflutung" 176
    6.1.3 Vorgehen bei der Behandlung der Herzphobie 178
    6.1.4 Zur Abschätzung der Erfolgsaussichten der Verhaltenstherapie der Herzphobie 185
6.2 Medikamentöse Behandlung der Herzphobie 190

Literaturverzeichnis 199

1 Einleitung

Der Begriff „Herzphobie" wird benutzt, um einen Zustand zu kennzeichnen, in dem zum einen eine andauernde auf die Gesundheit bezogene Besorgnis vorhanden ist, zum anderen anfallsweise Angstzustände auftreten, die unter anderem den Inhalt haben, das Herz könnte versagen und damit der Tod eintreten. Zusammen mit der Angst treten meist sehr dramatische körperliche Beschwerden auf, die sich hauptsächlich auf das Herz, den Kreislauf und die Atmung beziehen. Aber auch ohne akute Angst treten eine Vielzahl von körperlichen und psychischen Beschwerden auf, die die Patienten zum Teil erheblich beeinträchtigen. Diese beiden Bedingungen führen zu häufigen Arztbesuchen, bei denen immer wieder verschiedene körperliche Untersuchungen durchgeführt werden, ohne daß irgendein Befund erhoben werden kann, der die körperbezogenen Angstgefühle und die körperlichen Beschwerden erklären könnte.

Für diese oder ähnliche Störungen wurden viele verschiedene Begriffe verwendet. Der Begriff „Herzneurose" stellt die psychischen Merkmale des Krankheitsbildes in den Vordergrund und wird gegenwärtig im Rahmen tiefenpsychologischer Ansätze verwendet. Da Costa beschrieb 1871 Herzbeschwerden bei Militärangehörigen ohne organische Ursache als „irritable heart", oder auch wegen der damals betroffenen Personen, als „soldier's heart". Daneben wurden Bezeichnungen eingeführt wie „Effortsyndrom", „neurozirkulatorische Asthenie", „Herzneurose", „Herzphobie", „Neurasthenie", „vasomotorische Neurose", „vegetative Dystonie", „funktionelle Herz-Kreislauf-Störungen" usw. Freud beschrieb in seiner Arbeit „Über die Berechtigung, von der Neurasthenie einen bestimmten Symptomenkomplex als 'Angstneurose' abzutrennen" (1895) die „Angstneurose" klinisch-phänomenologisch sehr treffend als funktionelle Herz-Kreislauf-Beschwerden.

Der Begriff „Herzphobie" hebt die phobische Angst dieses Krankheitsbildes hervor, die sich auf die Funktionstüchtigkeit des Herzens bezieht. Hahn (1965, 1976) hat, ausgehend von einer tiefenpsychologischen Position, darauf hingewiesen, daß neben der typischen Herzneurose ein Syndrom besteht, für das der Name „Herzphobie" verwendbar sei. Hierbei spiele eine vegetative Übererregbarkeit eine wesentliche Rolle. Es gebe dabei somatische Reaktionsgegebenheiten, die entweder durch körperliche oder psychische Bedingungen ausgelöst werden können und bei ihrem Auftreten von intensiver Angst begleitet werden. Diese Angst verfestige sich und führe zu einer „Angst vor der Angst". Am Anfang einer solchen Herzphobie stehe immer genau datierbar ein Angstanfall („sympathikovasaler Anfall"), der aufgrund der erlebten Dramatik zu der phobischen Entwicklung führe.

Andere Begriffe, die auch zur Kennzeichnung des Krankheitsbegriffes benutzt werden, betonen andere Aspekte. Der Begriff „funktionelle kardiovaskuläre Störung" beinhaltet, daß den Störungen oder Beschwerden keine faßbare organpathologische

Verursachung zugeschrieben werden kann. Wesentlich ist dabei auch, daß die von den Beschwerden betroffenen Personen die Überzeugung haben, organisch erkrankt zu sein. Diese Überzeugung, zusammen mit den Körpersensationen der Beschwerden, verursacht gewöhnlich intensive Angst, die sich zur Panik steigern kann, wenn es zu den dann meist anfallsartigen Beschwerden kommt. Die Vielzahl der zur Beschreibung der Störung verwendeten Begriffe ist dadurch bedingt, daß über die Verursachung der Beschwerden unterschiedliche Meinungen vorliegen (s. Kapitel 5 „Pathogenese"). Dazu kommt, daß die Erkrankung mit den üblichen medizinischen Erklärungsmodellen oder diagnostischen Methoden nicht erklärbar ist.

Es wird zu prüfen sein, ob die verschiedenen verwendeten Begriffe sich tatsächlich stets auf dasselbe Krankheitsbild beziehen, oder ob die in den unterschiedlichen Begriffen enthaltenen Betonungen von bestimmten Prozessen, wie Panik, Phobie, Neurose, sich vielleicht doch auf abgrenzbare Störungen beziehen, die in der klinischen Routine unter dem Begriff „funktionell" subsumiert werden. Dieser Begriff weist lediglich darauf hin, daß keine organpathologische Ursache für die Beschwerden vorliegt, d.h., daß die Beschwerden nicht die Folge einer Erkrankung des Herz-Kreislauf-Systems sind.

Das vorliegende Buch hat zum Ziel, die verschiedenen Erklärungsansätze der Herzphobie in Ähnlichkeiten und Unterschieden darzustellen. Dabei soll es dem klinisch Tätigen eine Hilfe zur diagnostischen Sicherheit bieten, die vermeiden hilft, daß immer wieder unnütze diagnostische Maßnahmen wiederholt werden. Darüber hinaus soll ein klinisches Vorgehen aufgezeigt werden, das den Notwendigkeiten der Patienten gerecht wird und damit den therapeutischen Zugang erleichtert. Da sich die betroffenen Patienten aufgrund ihrer körperlichen Beschwerden und der Annahme, sie seien körperlich erkrankt, meist zunächst an einen Arzt wenden, ist in diesem Buch jeweils eine kurze Darstellung derjenigen psychologischen Modelle enthalten, die pathogenetischen Erklärungsansätzen oder therapeutischen Vorgehensweisen zugrunde liegen. Ebenso ist für medizinisch wenig vorgebildete Leser eine kurze Darstellung der wesentlichsten Kreislauffunktionen und des Nervensystems enthalten. So soll dieses Buch auch dem interessierten Patienten eine Hilfe zum Verständnis seiner Erkrankung geben.

2 Symptomatik

Fallbeispiel *1:*

Eine 42jährige Patientin wird von ihrem Hausarzt an das psychosomatische Institut überwiesen, nachdem sie ihn des öfteren wegen anfallsweisen Herzbeschwerden, verbunden mit einem Gefühl der Panik, aufgesucht oder zu notfallmäßigen Hausbesuchen veranlaßt hatte. Der Notarzt war auch des öfteren bemüht worden. In sämtlichen internistisch-kardiologischen Untersuchungen war nie ein Befund erhoben worden, der die Beschwerden hätte erklären können.

Die geschiedene, kinderlose Patientin hatte beruflich Karriere gemacht und war erfolgreich als Abteilungsleiterin in einem Industriebetrieb tätig. Sie war etwa ein viertel Jahr nach dem Beginn der Beschwerden aus beruflichen Gründen in eine andere Stadt gezogen, war jedoch noch häufig in München, wo sie einen großen Bekanntenkreis hatte. In dieser neuen Umgebung lebte sie relativ isoliert, es war ihr nicht gelungen, neben ihren beruflichen Kontakten, einen privaten Bekanntenkreis aufzubauen. Sie unterhielt eine lockere Beziehung zu einem in ihrer früheren Heimatstadt lebenden, etwa gleichaltrigen, unverheirateten Mann, bezeichnet diese Beziehung jedoch als sehr ambivalent, da dieser Mann sehr unzuverlässig sei und häufig vereinbarte Termine nicht einhielt. Sie erklärt, daß sie sich eigentlich von ihm trennen müßte und sich auch wiederholt von ihm getrennt hatte.

Die Beschwerden begannen während einer Fahrt mit einer Seilbahn mit einer Bekannten. Die Bekannte hatte vor dieser Fahrt, im Gegensatz zu ihr, intensive Angst. Sie selbst war schon des öfteren mit einer Seilbahn gefahren und hatte nie Angst gehabt. Bei der vorliegenden Begebenheit jedoch hatte sie am Abend vorher ziemlich viel Alkohol getrunken und nur kurz und schlecht geschlafen und fühlte sich an dem Tag der Seilbahnfahrt sehr schlecht. Sie konnte die Bekannte trotz deren Angst überreden, die Fahrt anzutreten, die Bekannte zeigte dann auch ziemlich viel Angst während der Fahrt. Sie selbst regte das sehr auf, und sie merkte, wie sich ihr Unwohlsein steigerte und schließlich zu einem panikartigem Angstanfall führte. Schließlich war sie es, die von der dann viel weniger ängstlichen Bekannten getröstet werden mußte.

Für die Patientin war dieses Erlebnis ein starker Einbruch in ihre Selbsteinschätzung. Sie hatte sich immer als stark und belastbar erlebt und mußte nun feststellen, daß sie vulnerabel war. Zunächst traten die Beschwerden nicht mehr auf, nachdem diese Situation mit ärztlicher Hilfe überstanden worden war. An ihrem neuen Arbeitsplatz gab es jedoch sehr bald Schwierigkeiten mit einer Kollegin, die sie sehr forderten. Während einer Sitzung kam es mit dieser Kollegin zu einer Auseinandersetzung, bei der sie sich sehr aufregte. Diese Aufregung steigerte sich schließlich zu einem Angstanfall, und sie mußte die Sitzung wegen „Herzbeschwerden" verlassen.

Nach ihrem Umzug hatte sie eine Wohnung bezogen, die auf zwei Ebenen angeordnet war, die mit einer Holztreppe verbunden waren. Sie hatte Angst, die Treppe zu benutzen und es vermieden, die oberen Räume jemals zu nutzen und hatte sich im unteren Teil der Wohnung eingerichtet; das war möglich, da dort genügend Raum sowie sämtliche Funktionsräume wie Küche und Bad vorhanden waren. Es war dabei jedoch nie zu einem Angstanfall gekommen, da sie die Treppe hatte vermeiden können.

Im Laufe eines Jahres hatte sich die Häufigkeit der Angstanfälle so gesteigert, daß sie nun mehrmals pro Woche teilweise ganz plötzlich und ohne ersichtlichen Grund auftraten und nicht mehr an bestimmte Situationen gebunden waren. Die körperlichen Sensationen waren dabei als Beschwerden immer mehr in den Vordergrund getreten, und so war es immer wieder zu den körperlichen Untersuchungen gekommen.

Wie der geschilderte Fall zeigt, steht im Mittelpunkt des Krankheitsgeschehens Angst, die sich im wesentlichen auf die Funktionstüchtigkeit des Herzens und des Kreislaufs bezieht. Nach kurzer Zeit, nach der wiederholten Erfahrung der anfallsweisen Beschwerden, kommt oft eine zweite, für das Krankheitsbild wesentliche Komponente hinzu, die Angst, in Anwesenheit anderer Menschen durch die Beschwerden aufzufallen. Oft bezieht sich diese Angst darauf, die Patienten könnten das Bewußtsein verlieren und ohnmächtig werden und dadurch auffallen. Tatsächlich besteht diese Angst, ohne daß die Patienten tatsächlich jemals das Bewußtsein verloren hätten.

Auch die oben genannte Patientin hatte diese Angst. Sie schilderte sie jedoch etwas präziser als die Angst davor, die Kontrolle über sich zu verlieren, was bei einer Ohnmacht auch der Fall ist. Für sie war der erste Angstanfall vor sich selbst eine Art von „Gesichtsverlust" gewesen, und sie befürchtete nun, diesen Gesichtsverlust auch vor anderen Personen erleben zu müssen. Tatsächlich war dann eine auslösende Situation eine Sitzung gewesen, in der es zu einer Auseinandersetzung mit einer Kollegin gekommen war, eine Situation, in der sie, wie sie meinte, stark und kontrolliert hätte sein müssen und auf keinen Fall eine Schwäche hätte zeigen dürfen.

Die Bedeutung der körperlichen Beschwerden ist je nach Zeitpunkt im Verlauf der Erkrankung und auch zwischen den Patienten verschieden. Es gehört jedoch zur Definition des Krankheitsbildes, daß körperliche Beschwerden vorhanden sind. Weiterhin ist es der Fall, daß die Beschwerden vom Patienten als Zeichen einer körperlichen Erkrankung interpretiert werden. Dabei kann es durchaus sein, daß die Patienten im Verlauf einer Auseinandersetzung mit ihrer Erkrankung die körperlichen Beschwerden zu einem späteren Zeitpunkt auch als Reaktionsanteile ihrer Angst interpretieren und nicht mehr als Zeichen einer „Herzkrankheit".

Im Falle der geschilderten Patientin war dies in der auslösenden Situation im Sessellift nicht eindeutig. Sie fühlte sich körperlich aufgrund des geringen und schlechten Schlafs nicht wohl und fühlte durchaus auch einen Überhang des Alkohols, den sie am Abend vorher genossen hatte. Andererseits schilderte sie auch, die Angst der Bekannten hätte sie „angesteckt". Die eigentliche Sorge um ihren körper-

lichen Zustand erhielt erst zu einem späteren Zeitpunkt, nach ihrem Umzug in eine andere Stadt, eine erhöhte Bedeutung.

Patienten mit Herzphobie klagen meist über eine Vielzahl von Beschwerden. Dabei spielen neben den körperlichen, oft auf viele Organe bezogenen Beschwerden erhebliche Einschränkungen des psychischen Befindens eine wichtige Rolle.

Das Beschwerdebild läßt sich in folgende Gruppen unterteilen:
- Auf das Herz bezogene Beschwerden: Herzklopfen, Extrasystolen, die als Herzstolpern empfunden werden, Herzjagen. Weiterhin Schmerzen, zum Beispiel Drücken und Stechen in der Brust mit Ausstrahlung in den linken Arm, Beschwerden, die bisweilen an einen Infarkt denken lassen.
- Andere körperliche Beschwerden, z.B. des Verdauungstrakts, wie Übelkeit, Blähungen, Magenschmerzen.
- Auf die Atmung bezogene Beschwerden: Beklemmungsgefühle, erschwertes Atmen, das bis zur ausgesprochenen Atemnot reicht und sowohl in Ruhe als auch bei körperlichen Belastungen auftreten kann.
- Vegetative Beschwerden: z.B. Schlaflosigkeit, Parästhesien, Zittern, nervöses Kältegefühl, Schwindelgefühle, Schwitzen sowie Kopfschmerzen.
- Allgemeine Beschwerden: Abgeschlagenheit, Schwarzwerden vor Augen, Müdigkeit, Erschöpfung.
- Psychische Beschwerden: Reizbarkeit, Angst, innere Unruhe und niedergedrückte oder depressive Stimmung.

Die große Anzahl verschiedener Beschwerden, unter denen die Patienten häufig leiden, ist auch der Ausdruck negativer Gedanken, ein wichtiges Merkmal einer depressiven Verstimmung, die häufig bei diesen Patienten vorliegt. Diese ist z. B. bei Patienten mit organisch bedingten Herz-Kreislaufbeschwerden viel weniger ausgeprägt.

Die o.g. Patientin beispielsweise klagte außer über die Herzbeschwerden über gastrointestinale Beschwerden wie Magenschmerzen, Blähungen usw. Es stellte sich heraus, daß diese schon vor den Herzbeschwerden bestanden hatten und sie auch deswegen bereits früher Ärzte konsultiert hatte. Allerdings waren diese Beschwerden einerseits nicht so dramatisch gewesen wie ihre Herzbeschwerden, zum anderen war das Auftreten der Beschwerden sehr schwankend gewesen, sie hatte immer wieder längere Zeiträume ohne die Beschwerden erlebt.

Richter u. Beckmann (1973) verglichen die Häufigkeiten derjenigen Beschwerden, die verschiedene andere Autoren bei Patienten mit funktionellen Herz-Kreislaufbeschwerden gefunden hatten, mit denen von vier Kontrollgruppen. Dabei zeigte es sich, daß die Häufigkeiten der funktionellen Beschwerden bei allen Stichproben der verschiedenen Autoren vergleichbar und deutlich höher waren, als bei Vergleichsgruppen von Patienten mit körperlichen Erkrankungen. Patienten mit funktionellen Beschwerden hatten beispielsweise eine größere Angst vor einem Herzinfarkt und litten unter mehr Herzbeschwerden als Patienten, die bereits einen Herzinfarkt durchgemacht hatten.

Die körperlichen oder funktionellen Beschwerden der Patienten mit einer Herzphobie werden oft durch die Vorstellungen der Patienten im Hinblick auf die entsprechende Körperfunktion geprägt. Dies führt dazu, daß die Beschwerden gelegentlich nicht der tatsächlichen Körperfunktion oder den Innervationsgebieten entsprechen, wenn die Vorstellungen der Patienten anatomisch oder physiologisch unzutreffend sind. So erleben Patienten mit funktionellen Herzbeschwerden im Rahmen einer Herzphobie auftretenden Herzschmerz weiter links in der Brust im Vergleich zu Patienten, bei denen die Schmerzen durch eine koronare Herzkrankheit verursacht, also organisch bedingt sind (Roskamm und Reindell 1982).

Bei körperlicher Belastung findet sich oft auch kein direkter Zusammenhang zwischen der tatsächlichen physischen Belastung und den Beschwerden und ihrer Intensität. Der Zusammenhang besteht eher zwischen den Beschwerden und den Annahmen über die Belastungsstärke. Deutlich ist dann auch, daß diese Annahmen durch spezifische Vorerfahrungen geprägt sein können, die die ängstliche Erwartung auslösen, und damit kommt es in einer bestimmten Situation mit körperlicher Belastung zu den Beschwerden. In einer anderen Situation, mit einer deutlich stärkeren körperlichen Belastung, kommt es u.U. nicht zu den Beschwerden. Wichtig ist also die Abhängigkeit der Beschwerden von den Annahmen bzw. Vorstellungen und den Vorerfahrungen der Patienten.

Das gleiche gilt für die Umstände, die zum Auftreten der Symptome führen. Auch wenn die Patienten schildern, daß die Beschwerden ganz plötzlich und unvorhersehbar aufträten, so läßt sich der Faktor einer ängstlichen Erwartung fast immer ermitteln. Dies bedeutet nicht, daß die Situationen dramatische oder besonders auffällige Elemente enthalten müssen, es reicht meist die Vorerfahrung der Patienten, daß die Beschwerden in vergleichbaren Situationen bereits aufgetreten sind. So sind auch bestimmte Gedanken, die die Patienten haben, oft ein auslösendes Moment.

Im Fall der oben geschilderten Patientin (Fall 1) standen die körperlichen Beschwerden nicht unmittelbar von Anfang an im Vordergrund. Im Laufe der Zeit jedoch klagte auch diese Patientin neben der akuten Todesangst über eine Vielzahl von Beschwerden wie Appetitverlust, Schlafstörungen, Übelkeit usw. Dennoch war bei dieser Patientin deutlich, daß Angst zunächst in einer bestimmten Situation und dann zunehmend in mehr Situationen aufgetreten war, die sie seither vermieden hatte.

Bei anderen Patienten ist dies von Anfang an anders, bei ihnen steht sofort die Angst vor einer Herzkrankheit im Mittelpunkt. Sie interpretieren die körperlichen Begleitzeichen der akuten Angst sofort als Symptome einer körperlichen Erkrankung. Dies sei an folgendem Fall verdeutlicht.

Fallbeispiel 2:

Eine zum Zeitpunkt des Beginns der Erkrankung 21jährige Patientin erlebte während einer Fahrt auf der Autobahn in der Nähe ihres Wohnortes erstmals akute Beschwerden wie Atemnot, Herzrasen, Zittern der Extremitäten, verbunden mit der Angst, sterben zu können. Sie verließ die Autobahn bei der nächsten Ausfahrt, konnte sich aber erst sehr viel später ein wenig beruhigen. Sie erlebte ihr körperliches Befinden während dieser Gegebenheit als unmittelbare, wenn ihr auch nicht erkläriche, Bedrohung ihres Lebens. Sie suchte ihren Vater, der Arzt für Allgemeinmedizin war, auf. Dieser gab ihr ein Beruhigungsmittel, was vorübergehend half. Die Beschwerden traten kurze Zeit später erneut, wieder bei einer Fahrt auf demselben Autobahnabschnitt auf, der Verlauf war der gleiche, wurde von der Patientin aber als intensiver erlebt. Dieses Mal wurde die Patientin jedoch an die Universitätskliniken zur kardiologischen Untersuchung überwiesen. Dort wurde ein im wesentlichen normaler Befund erhoben. Da die Atemnot von der Patientin als besonders bedrohlich erlebt wurde und auch im Mittelpunkt der Beschwerdeschilderung stand, wurde die Diagnose eines Hyperventilationssyndroms gestellt. Als die Beschwerden trotz der Medikation mit Benzodiazepinen immer wieder auftraten, wurde die Patientin schließlich an das Institut für Psychosomatik überwiesen.

In diesem Fall wurde die von der Patientin erlebte Angst nicht als Ursache der körperlichen Symptomatik erlebt und interpretiert, sondern umgekehrt, ein körperlich lebensbedrohlicher Zustand wurde aus der Symptomatik geschlossen und die erlebte Angst als Folge der lebensbedrohlichen Situation. In der Folge war die Patientin nicht mehr in der Lage, zunächst auf der Autobahn zu fahren. Sie schränkte ihre Mobilität zunehmend ein und zog sich mehr und mehr zurück. Allerdings konnte sie in Begleitung ihres etwa 10 Jahre älteren Freundes Auto fahren, auch auf der Autobahn. Unter diesen Umständen war es nie zum Auftreten der Beschwerden gekommen. Bei dem Gedanken, alleine, vor allem auf der Autobahn, zu fahren, trat ebenfalls die Angst auf, die Kontrolle oder das Bewußtsein verlieren zu können und dann einen Unfall zu verursachen.

Das Element der Angst kann also ganz verschieden vom Patienten erlebt und interpretiert werden, es ist jedoch stets vorhanden und bildet den Kern der Erkrankung. Dies kommt in der Bezeichnung „Herzphobie" besonders deutlich zum Ausdruck. Die Angst und ihre Verarbeitung hat für den Verlauf der Erkrankung eine große Bedeutung. Sie führt im wesentlichen dazu, daß Situationen, in denen die Beschwerden auftreten, vermieden werden. Dies führt oft zu einer zunehmenden Einengung des Lebensraumes der Patienten und zu einer größeren Abhängigkeit von anderen Personen. Die Tendenz, angstbesetzte Situationen zu vermeiden, ist bei Phobien, beispielsweise der Tierphobie, ganz ähnlich. Ein wesentlicher Unterschied im Vergleich zu einfachen Phobien besteht allerdings darin, daß sich die Angst im Falle der Phobie auf einen oder mehrere äußere Reize, z.B. Tiere, bezieht. Diese angstbesetzten Reize können von den betroffenen Patienten vermieden werden. Im Falle der Herzphobie bezieht sich die eigentliche Angst auf die Funktionstüchtigkeit des eigenen Körpers, genauer des Herzens. Die Angst bei der Herzphobie bezieht sich jedoch auf einen inneren Zustand, dem man prinzipiell nicht ausweichen kann. Man kann die Straßenseite wechseln, wenn man einem Hund begegnet, den eignen Körper kann man nicht vermeiden, jedoch diejenigen Situationen, in denen ein Angst auslösendes Körpergefühl aufgetreten ist.

Dieser Sachverhalt begünstigt die Generalisierung der Angst und das Vermeidungsverhalten. Die Vermeidungstendenz der Patienten mit einer Herzphobie bezieht sich daher auf Situationen, in denen die Herzbeschwerden und die Angst bereits aufgetreten sind. Wollte man dies mit einer einfachen Phobie vergleichen, so würde sich die Vermeidungstendenz analog auf Situationen beziehen, in denen das gefürchtete Objekt, etwa ein Hund, bereits früher angetroffen wurde, beispielsweise in einer bestimmten Straße.

Sehr häufig treten die Beschwerden in Situationen auf, die von den Patienten nicht kontrolliert werden können, vor allem im Hinblick darauf, ob sie die Situation selbst beenden bzw. verlassen können. So ist die Benutzung öffentlicher Verkehrsmittel oft ein Problem, da man zwischen den Stationen die Bahn oder den Bus nicht verlassen kann, oder das Befahren von Autobahnen ist wegen der Furcht vor einem Stau ebenfalls gelegentlich problematisch. Dabei bindet sich die Angst zunächst an recht spezifische Situationen, so im Falle eines Patienten an das Überfahren von längeren Talbrücken. Er vermied also zunächst bestimmte Autobahnabschnitte, dann das Befahren der Autobahn, schließlich die Benutzung des Autos.

Im Laufe der Zeit werden zunehmend mehr Situationen als auslösend für die Beschwerden gefürchtet und entsprechend vermieden. Treten die Beschwerden, wenn auch vielleicht in abgeschwächter Form, in einer bestimmten, zur Ausgangssituation ähnlichen Situation auf, so stellt sich das von den Patienten befürchtete Ereignis ein, und auch diese Situation wird dann vermieden.

Da sich die Angst auf die Funktionstüchtigkeit des Herzens und des Kreislaufs bezieht, entwickeln viele Patienten eine ausgesprochene Schonungstendenz, d.h. sie vermeiden körperliche Belastung. Belastet man sich körperlich, so steigert dies z.B. die Herzfrequenz und den Blutdruck. Diese Veränderungen sind wahrnehmbar, und diese Körperwahrnehmungen ähneln denen, die bei akuter Angst auftreten. Infolgedessen versetzt körperliche Belastung den Betroffenen in einen Zustand, der die befürchteten Wahrnehmungen auslöst und daher oft vermieden wird. Die Patienten muten sich immer weniger an körperlicher Belastung zu und geraten dadurch in einen erheblichen Trainingsmangel, wegen der Befürchtung, sie könnten sich überlasten. Durch den Trainingsmangel kommt es bei Belastungen zu stärkeren Funktionsveränderungen und damit zu potentiell stärkeren Körperwahrnehmungen. Zudem kann dann auch noch die verringerte körperliche Leistungsfähigkeit als Ergebnis einer Herzkrankheit interpretiert werden.

Die Angst der Patienten vor den Folgen einer ernsten körperlichen Erkrankung führt auch oft zu einem übermäßigen Bedürfnis, die Lebensumstände zu kontrollieren. Ärztliche Vorschriften werden genau beachtet und die Einnahme von Medikamenten eingehalten. Auch der Wunsch der Patienten, nach einiger Zeit eine erneute körperliche Untersuchung durchführen zu lassen, ist durch dieses Bedürfnis bedingt. Es wird häufig befürchtet, in den Untersuchungen könnte etwas übersehen worden sein, oder Schädigungen könnten neu entstanden sein. Aufwendigen Untersuchungen unterziehen sich die Patienten bereitwillig. Ist dann eine erneute Untersuchung durchgeführt worden, so beruhigt das Ergebnis für einige Zeit, der Zweifel erhebt sich allerdings nach einiger Zeit wieder erneut. Ist jedoch die „Angst vor der Angst" bereits sehr ausgeprägt und bestehen die Beschwerden schon seit längerer Zeit, so wird die Angst durch die erneuten körperlichen Untersuchungen auch nicht mehr beeinflußt.

Das Bedürfnis nach Kontrolle ist auch das Ergebnis des Erlebens der Unkontrollierbarkeit der Beschwerden und der mit ihnen verbundenen starken Angst. Es führt auch dazu, daß es den Patienten meist in der Gegenwart eines Arztes schnell besser geht und es sehr selten unter ärztlicher Kontrolle zu starken Herzbeschwerden kommt.

3 Diagnostik

3.1 Diagnostisches Vorgehen

3.1.1 Anamneseerhebung: Besonderheiten des ärztlichen Gesprächs

Das Gespräch mit dem Patienten ist stets ein wichtiger Bestandteil des diagnostischen Vorgehens. Nach Adler und Hemmeler (1986) liefert es bis zu 80% der notwendigen Information zur Stellung einer Diagnose, falls es richtig geführt wird. Der erste Kontakt mit dem Patienten wird zu einem großen Teil dem Gespräch dienen, nicht nur um Information über den Patienten zu gewinnen, sondern auch, um eine vernünftige Beziehung zu ihm aufzubauen, die für alles weitere von sehr großer Bedeutung ist. Dies ist bei herzphobischen Patienten mit funktionellen Störungen von besonderer Bedeutung, da die Beziehung zum Arzt, wie dies oben im Abschnitt über das klinische Erscheinungsbild bereits dargestellt wurde, für die Bewältigung der Angst eine wichtige Bedingung darstellt. Der Patient ist in großer Sorge um seine Gesundheit, mehr als viele Patienten mit anderen körperlichen Risiken oder Erkrankungen. Er erwartet vom Arzt mit entsprechender Dringlichkeit Klarheit über seinen Zustand und Linderung bzw. Behebung seiner Beschwerden oder Erkrankung.

Der Arzt seinerseits hat schon zu Beginn des Kontakts mit dem Patienten durch die Art, in der er das Gespräch führt, bei welchen Gelegenheiten er nachfragt usw., die Möglichkeit, den Patienten von der einseitig somatischen Sicht seiner Beschwerden behutsam zu lösen. Würde er lediglich, wie dies leider allzu oft der Fall ist, eine Reihe von körperlichen Untersuchungen durchführen, und ihm nachher bei entsprechend fehlendem körperlichen Befund mitteilen, er habe nichts gefunden, die Beschwerden seien wohl psychisch verursacht, und der Patient müsse einen Psychologen oder Psychiater aufsuchen, so wird der Patient dies im allgemeinen ablehnen. Wie jeder andere Mensch auch, vermutet er eine körperliche Ursache für eine körperliche Empfindung und wird nicht einsehen, daß dem ausgerechnet bei seinen zum Teil dramatischen Beschwerden nicht so sein soll.

Läßt der Arzt den Patienten in seinen Worten den Grund dafür schildern, daß er ihn aufgesucht hat und drängt ihn nicht auf die Schilderung somatischer Beschwerden, so teilt er damit dem Patienten mit, daß auch andere, seine Lebenssituation betreffende Sachverhalte wichtig sind. Zunächst wird der Patient allerdings damit beginnen, seine Beschwerden zu schildern, da diese im Zentrum seiner Sorgen stehen. Aber wenn der Arzt ihn im Verlaufe des Gesprächs fragt, „wie" die Beschwerden denn angefangen hätten, so werden viele Patienten ihre Erinnerung an irgendwelche Ereignisse gebunden haben und sich auch in der Schilderung daran orientieren.

So beantwortete ein 27jähriger Patient die entsprechende Frage mit dem Satz, es sei schon sonderbar gewesen, aber angefangen hätte alles, nachdem er geheiratet habe und in diesem Zusammenhang in die gemeinsame Wohnung mit seiner Ehefrau gezogen sei. In der ersten Nacht habe er intensive Herzbeschwerden bekommen und habe sich sehr krank gefühlt.

Der Patient schilderte dann weiter die Art seiner Beschwerden, aber aus der ursprünglichen Situation des Beschwerdebeginns läßt sich ein zwangloser Anknüpfungspunkt dafür finden, daß die Beschwerden etwas mit seiner Lebenssituation zu tun haben könnten. So konnte man nachfragen, ob denn irgend etwas Besonderes stattgefunden hätte, das für ihn das Auftreten der Beschwerden erklären könnte.

Der Patient konnte sich an nichts Besonderes erinnern, außer, daß es sei ein sehr schöner Tag für ihn gewesen sei, aber irgend etwas Negatives sei nicht geschehen. Es sei im Gegenteil eine sehr schöne Hochzeit gewesen, und er habe sich sehr gefreut. Es sei natürlich auch ein wichtiger Schritt, die Eltern zu verlassen und nun mit einem anderen Menschen zusammenzuleben. All seine zahlreichen Freunde seien zur Hochzeit gekommen, allerdings habe er jetzt weniger Kontakt zu denen, seit er verheiratet sei. Er sei vorher in einem Sportverein sehr aktiv gewesen und habe auch neben der sportlichen Tätigkeit ein intensives Vereinsleben gepflegt, dazu habe er jetzt weniger Zeit. Sport könne er wegen seiner Beschwerden auch nicht mehr treiben.

Damit ist ein Thema, das mit großer Wahrscheinlichkeit für den Patienten und seine Erkrankung wichtig ist, schon einmal zur Sprache gekommen und läßt sich wieder aufgreifen, ohne daß man ausdrücklich ankündigen muß, daß nun der psychische Bereich erfragt wird, weil man ihn für relevant hält. Dies gilt natürlich für jedes ärztliche Gespräch, aber im vorliegenden Zusammenhang wird die Wichtigkeit dieses Vorgehens besonders deutlich.

Es ist mitunter erstaunlich, wie deutlich dem Zuhörer die Bedeutung eines Ereignisses für die Erkrankung sein kann, ohne daß der Patient selbst irgendeinen Zusammenhang herstellt. Es ist dabei ratsam, sehr behutsam vorzugehen und nicht vorschnell nun diese Bedeutung oder den angenommenen Zusammenhang zu betonen.

Im oben angeführten Beispiel war der Verlust der Nähe der Eltern, genauer der Mutter, durch den Umzug und auch die Relativierung des Kontakts zu seinen Vereinskameraden, mit denen er sehr viel Zeit verbracht hatte, von großer Wichtigkeit. So hatte er vor seiner Eheschließung sehr aktiv in einem Sportverein mitgewirkt, und zwar einerseits sportlich, aber auch im Hinblick auf Vereinsaktivitäten. Die Kameraden aus diesem Verein waren für einige Jahre seine hauptsächlichen Bezugspersonen gewesen, und es war dem Patienten schon vor der Eheschließung schwergefallen, die Zeit, die er mit ihnen verbracht hatte, wegen der Beziehung zu seiner zukünftigen Frau einzuschränken. So war es bereits des öfteren zu Konflikten gekommen, so daß er sich zunehmend mehr von seinen Kameraden zurückgezogen hatte. Vor der Bekanntschaft mit seiner späteren Ehefrau hatten Beziehungen zu Frauen in seinem Leben keine nennenswerte Rolle gespielt, dafür waren seine Vereinskameraden, die er fast alle schon aus seiner Schulzeit kannte, für ihn sehr wichtig gewesen.

Der junge Mann wäre sicher konsterniert gewesen, wenn man ihm zu diesem Zeitpunkt mitgeteilt hätte, daß die Beziehung zu seiner Mutter und die Art seiner Lebensgestaltung mit seinen Vereinskameraden für das Auftreten seiner Beschwerden wichtig gewesen sei. Ein derartiger Gedanke hätte außerdem zum Zeitpunkt, zu dem der Patient diese Mitteilungen machte, lediglich den Charakter einer Hypothese gehabt. Andererseits lernt der Patient, indem man sich auch für derartige Ereignisse interessiert, daß sie nicht unwichtig sind, ohne daß das ausdrücklich betont worden wäre. Mitunter wird allerdings den Patienten während der Schilderung derartiger Ereignisse deren Bedeutung unmittelbar klar bzw. sie fragen sich, ob es denn sein kann, daß ein derartiger Zusammenhang bestehen kann. Sie sind, wie fast alle Menschen, auch Ärzte, daran gewöhnt so zu empfinden und zu denken, daß ein psychisches Ereignis durch psychische Bedingungen, ein körperliches entsprechend durch körperliche Bedingungen verursacht wird, also erwarten sie, daß für ihre körperlichen Beschwerden auch eine körperliche Ursache gefunden werden kann und muß.

Dies zu berücksichtigen, ist auch für Psychologen wichtig, zu denen die Patienten möglicherweise überwiesen werden. Auch für ihr Vorgehen ist es wichtig, die geschilderten Beschwerden ernst zu nehmen und vorschnelle Interpretationen zu vermeiden, auch wenn diese zutreffend sein könnten. Der Ausgangspunkt ist zunächst die Erlebnisebene des Patienten.

3.1.2 *Ärztliches Verhalten bei der körperlichen Untersuchung*

Bei der körperlichen Untersuchung kann sich der Arzt sehr schnell in einem Dilemma befinden. Einerseits ist eine gründliche körperliche Untersuchung, wie sonst auch, unabdingbar, und es ist selbstverständlich, daß diese durchgeführt wird. Andererseits ist vielleicht aufgrund des Gesprächs mit dem Patienten schon die Hypothese entstanden, daß es sich bei den vom Patienten geschilderten Beschwerden um solche einer psychosomatischen Genese bzw. funktionelle Beschwerden im Rahmen einer Herzphobie handeln kann. Die körperliche Untersuchung sollte daher sehr gründlich durchgeführt werden. Die einzelnen diagnostischen Verfahren sollten dem Patienten erläutert werden, damit er sie, durch seine ängstlichen Befürchtungen verstärkt, nicht als Hinweis auf eine ernste körperliche Erkrankung überinterpretiert. Erbringt die körperliche Untersuchung keinen Befund, so hat sich die anfängliche Hypothese auch auf dieser sehr wichtigen Datenebene bestätigt.

Teilt man dem Patienten dieses Ergebnis mit, so wird er dies zunächst nicht für möglich halten, da er doch die Beschwerden hat. Ein naheliegender Gedanke, um diese Diskrepanz zu beseitigen, besteht in der Annahme, durch Zufall oder einen anderen Grund sei ein Befund übersehen worden. Also wird er im Laufe der Zeit den

Arzt bitten, die Untersuchung zu wiederholen. Der Arzt seinerseits wird vielleicht durch das Drängen und die Angst des Patienten verunsichert und läßt sich überreden, eine Untersuchung zu wiederholen. Dies kann beim Patienten den Eindruck hinterlassen, daß der Arzt seine Befürchtungen teilt und auch von einer somatischen Genese der Beschwerden überzeugt ist. Aus diesem Grund ist es sehr wichtig, daß der Arzt sich Zeit nimmt, dem Patienten die Ergebnisse der Untersuchungen zu erläutern. Er darf natürlich nicht den Eindruck erwecken, daß damit für ihn die Angelegenheit erledigt ist, denn das ist sie ja nicht. Er wird, falls bis dahin alles gut gegangen ist, dem Patienten durch sein Verhalten ja bereits nahegebracht haben, daß das Bedenken der Umstände der Beschwerden eine sehr wichtige diagnostische Komponente ist. Er wird also den Patienten dazu ermuntern, das Bedenken der Umstände seiner Lebenssituation mit ihm fortzusetzen und zu vertiefen. Nimmt er sich dafür genügend Zeit, so hat der Patient in seiner Gegenwart die Möglichkeit, sich mit dem Gedanken auseinanderzusetzen, daß die Ergebnisse der körperlichen Untersuchungen seine Beschwerden nicht erklären können, was er ja zunächst angenommen hatte. Er wird sich in dieser Hinsicht in der „beruhigenden" Gegenwart des Arztes damit auseinandersetzen können, falls dieser ihm die Gelegenheit und Möglichkeit dazu einräumt.

Vermittelt der Arzt ihm jedoch den Eindruck, daß er nun seinerseits auch keine weiteren Möglichkeiten hat, die Beschwerden abzuklären, so ist der Patient mit diesem Problem allein gelassen, was bei ihm Angst auslöst, die u.U. größer ist als vorher, da ja damit auch eine Hoffnung auf Besserung seines Befindens zunichte gemacht worden ist. Es ist wichtig, dem Drängen des Patienten nach einer erneuten somatischen Diagnostik nicht nachzugeben, weil dies dessen Befürchtungen, er sei ernsthaft körperlich erkrankt, entgegenkommt. Wichtig ist in diesem Zusammenhang ebenfalls, daß keinerlei „Verdachtsdiagnosen" auch nur ausgesprochen werden. Die geäußerte Vermutung, vielleicht sei einmal im Zusammenhang mit einer unbehandelten Tonsillitis eine Myokardie durchgemacht worden, hinterläßt oft einen kaum noch zu korrigierenden Eindruck bei den Patienten. Auch wenn dies zu keinem Behandlungsergebnis führt, der Arzt u.U. schon lange nicht mehr der behandelnde Arzt ist, kann man von den Patienten noch nach Jahren hören, damals habe ein Arzt eine schwere „Herzentzündung" festgestellt. Auch vollkommen unbeabsichtigte Äußerungen während einer Untersuchung, etwa auch vom Laborpersonal, werden von den Patienten vorschnell als Hinweis auf eine schwere Erkrankung gedeutet. *„Damals hat die Assistentin, die das Belastungs-EKG gemacht hat, einen richtigen Schrecken bekommen, als sie meine Werte gesehen hat",* wird dann später berichtet. Die Patienten greifen fast alles auf, was ihre Hypothese, körperlich erkrankt zu sein, bestätigt. Dies ist ganz natürlich, da ein intensives Bedürfnis danach besteht, die ja zum Teil sehr dramatischen und stark ängstigenden Körperempfindungen erklären zu können. Kann man sie erklären, so lassen sie sich auch beeinflussen bzw. kontrollieren, eine Therapie setzt, auch im Verständnis der Patienten, eine Diagnose voraus.

Es wird also deutlich, daß der Umgang mit den Patienten, gerade zu Beginn des Kontakts, sehr schwierig sein kann, eben wegen der Erwartungen der Patienten, mit einer körperlichen Diagnose auch die Beschwerden beseitigen zu können. Es erfordert das Geschick des Arztes, die Vorgänge der Vertrauensbildung und der Zumutung an den Patienten, sich vorerst weiterhin mit einer unklaren diagnostischen Situation abzufinden, aufeinander abzustimmen. Je größer das Vertrauen des Patienten zum Arzt ist, je größer die Sicherheit des Patienten, der Arzt werde ihn mit seinem Problem nicht allein lassen, desto leichter wird er es ertragen können, die genannte Unsicherheit für eine Zeitlang hinnehmen zu können.

3.2 Differentialdiagnose

3.2.1 Körperliche Erkrankungen

Die Abgrenzung der Herzphobie gegenüber hauptsächlich somatisch bedingten Störungen oder Erkrankungen ist wichtig. Hierbei ist vor allem an organisch bedingte Erkrankungen des Herz-Kreislauf-Systems zu denken, die z. T. Beschwerden verursachen, die einem Teil der Beschwerden gleichen, unter denen die Patienten mit funktionellen Störungen leiden. Dabei gibt es jedoch Symptommerkmale, die auf das Vorliegen funktioneller Beschwerden hinweisen.

3.2.1.1 Koronare Herzkrankheit

So ist gegenüber der Koronarinsuffizienz der Schmerz im linken Thorax häufig brennend oder dumpf und ist weniger deutlich abhängig von körperlicher Belastung. Dennoch wird meist im Unterschied zu Schmerzen, die durch eine Ischämie des Myokards bedingt sind, die Intensität der Schmerzen durch eine Beendigung der physischen Belastung nicht deutlich verringert. So ist die Dauer des Schmerzes meist länger, und der Schmerz kann bis zu mehreren Tagen andauern. Die Schmerzen sind nicht durch eine Ischämie des Myokards bedingt, sondern wahrscheinlich durch eine anhaltende Erhöhung des Tonus der Interkostalmuskulatur. Die Lokalisation ist häufig wechselnd und wird meist recht unscharf angegeben, wobei eher eine Tendenz besteht, die Lokalisation weiter links auf der linken Thoraxseite anzugeben, gegenüber der sonst oft bei Angina pectoris unterhalb des Sternums angegebenen Lokalisation der Schmerzen (Roskamm und Reindell 1982).

Palpitationen bzw. Herzklopfen treten auch bei gesunden Personen auf. Dies jedoch meist nur in Abhängigkeit von Erhöhungen des Schlagvolumens und Sinustachykardien bzw. starken Erhöhungen der Herzfrequenz, beispielsweise nach intensiver körperlicher Belastung oder intensiven emotionalen Zuständen. Ein nicht unwesentlicher Teil der funktionell bedingten Beschwerden besteht in Palpitationen, die bei den Patienten mit Herzphobie auftreten, ohne daß eine vergleichbare Änderung der Herzfrequenz oder des Schlagvolumens vorzuliegen scheint. Bei Patienten mit organischen Herz-Kreislauf-Erkrankungen treten ebenfalls Palpitationen auf, die aber dann meist mit Tachykardien oder anderen Rhythmusstörungen verbunden sind. Der emotionale oder körperliche Anlaß kann dabei allerdings auch recht geringfügig sein.

Die Abhängigkeit der Beschwerden von körperlicher Belastung ist auch bei Patienten mit funktionellen Beschwerden anzutreffen, besonders wenn eine ausgeprägte Schonhaltung besteht. So sind die Patienten nicht selten über den differentialdiagnostischen Wert der Belastungsabhängigkeit der Beschwerden informiert, und aufgrund dieser Kenntnis wird körperliche Belastung mit Angst besetzt, die dann durch die entsprechende Erwartung zu den Beschwerden führen kann.

Dies ist auch darum ein wichtiges Unterscheidungsmerkmal, weil Patienten mit organisch bedingten Herz-Kreislauf-Beschwerden eher dazu neigen, ihre Beschwerden zu bagatellisieren und weniger dramatisch und vor allem präziser darzustellen. Dennoch werden gelegentlich die Fehldiagnosen Koronarinsuffizienz, Mitralinsuffizienz oder Myokarditis gestellt, auch wenn die Patienten mit funktionell bedingten Beschwerden in der körperlichen Untersuchung fast nie einen Befund aufweisen, der nicht im Sinne einer Regulationslabilität zu deuten wäre. Dieses Merkmal ist allerdings nicht ausschließlich bei Patienten mit funktionellen Störungen anzutreffen und kennzeichnet daher diese Patienten nicht eindeutig. Herrmann, Buss, Breuker, Gonska und Kreuzer (1994) fanden bei über 4800 Patienten einer kardiologischen Spezialambulanz, bei denen eine Koronarangiographie durchgeführt worden war, eine negative Korrelation zwischen der in einem Fragebogen angegebenen Anzahl von Herzbeschwerden und dem angiographischen Befund. D.h. je mehr Herzbeschwerden von den Patienten angegeben worden waren, desto unwahrscheinlicher war es, daß ein Befund im Sinne einer Koronarstenose erhoben wurde. Sowohl das Vorliegen von Angst als auch Depression sagte die Schwere der Symptomatik besser voraus als der körperliche Befund.

In der internistisch-kardiologischen Diagnostik lassen sich funktionelle von den Beschwerden, die durch eine Koronarinsuffizienz bedingt sind, sicher abgrenzen. Dies ist der Fall, wenn „funktionell" ausschließlich als „ohne irgendeinen organpathologischen Befund" interpretiert wird. Es ist jedoch zu berücksichtigen, daß auch beim Vorliegen etwa einer Koronarinsuffizienz oder eines durchgemachten Herzinfarkts die vom Patienten geklagten Beschwerden nicht durch den vorhandenen Befund erklärt werden können. In diesen Fällen ist also ein Befund vorhanden, er kann jedoch die Intensität der vom Patienten erlebten Beschwerden nicht erklären, wie dies das folgende Beispiel zeigt.

Fallbeispiel 3

Ein 54jähriger Patient erlitt einen Herzinfarkt und wurde kardiologisch behandelt und rehabilitiert. Er schildert, daß er sich an der Rehabilitation engagiert beteiligt habe, da er von dem Nutzen derartiger Maßnahmen schon vorher informiert und überzeugt gewesen sei. Nach der Rehabilitation war er noch für einige Zeit krank geschrieben gewesen. Die Beschwerden des Patienten, die in zunehmend stärkerem Maße aufgetreten waren, je näher der berufliche Neubeginn gerückt war, bestanden hauptsächlich in pectanginösen Beschwerden und dem Gefühl von Arrhythmien. Es wurden wiederholt 24-Stunden-Elektrokardiogramme aufgezeichnet, die keine relevanten Rhythmusstörungen aufgewiesen hatten, obwohl der Patient auch während der Aufzeichnung die Beschwerden gespürt hatte. Andere kardiologische Untersuchungen konnten die Beschwerden des Patienten in der erlebten Intensität ebenfalls nicht erklären. Im Gegenteil, in allen Untersuchungen zeigte sich der Patient in einem gut rehabilitierten kardialen Zustand, der Verlauf war eher sehr günstig gewesen.

Der Patient war Vater von zwei inzwischen verheirateten Töchtern. Beruflich war er als Leiter einer Behörde sehr belastet gewesen. Dies hatte auch daran gelegen, daß er stets hilfsbereit gewesen war und sich um sehr viele Angelegenheiten gekümmert hatte, die er auch hätte delegieren können. Aufgrund dieses Verhaltens und seiner Kompetenz im Lösen von Problemen hatte er das Ansehen einer starken und fast unbegrenzt belastbaren und sehr beliebten Persönlichkeit. Auch im familiären Bereich wurde seine Hilfe ausgiebig in Anspruch genommen. So baten ihn seine verheirateten Töchter des öfteren um technische Hilfe, die sie auch von ihren Ehemännern hätten erhalten können, aber sie waren daran gewöhnt, daß der Patient kompetent und immer hilfsbereit war.

In der Rehabilitation war auch die berufliche Situation des Patienten angesprochen worden, und ihm war geraten worden, sich weniger zu belasten und Streß zu vermeiden. So war der berufliche Bereich mit Angst besetzt worden, als wahrscheinliche Mitursache seines Infarkts. Es war nicht zur Sprache gekommen, warum der Patient sich auf die geschilderte Weise verhalten und damit übermäßig belastet hatte. So reagierte der Patient mit zunehmender Beunruhigung und Ratlosigkeit, je näher der nun problematische und gefährliche Bereich seines Berufslebens rückte. So kam es, daß er zunehmend schlechter schlief und die geschilderten Beschwerden erlebte.

In diesem Fall ließen sich die Beschwerden nicht durch den körperlichen Zustand des Patienten nach dem Herzinfarkt erklären, und so waren die Beschwerden im Rahmen einer Herzphobie als funktionelle Beschwerden zu interpretieren, trotz vorliegender organischer Diagnose.

3.2.1.2 Hyperthyreose

Funktionelle kardiovaskuläre Störungen sind gegenüber der Hyperthyreose abzugrenzen, was durch die Bestimmung laborchemischer Parameter leicht möglich ist. Die Symptome einer Thyreotoxikose sind denen des funktionellen kardiovaskulären Syndroms recht ähnlich. Auch die hiervon betroffenen Patienten leiden unter Palpitationen, Hitzewallungen, Schlafstörungen, Nervosität, einer geringeren körperlichen Belastbarkeit und Atemstörungen. Daneben kommt es auch zu psychischen Symptomen, die man mit dem Begriff einer erhöhten emotionalen Labilität zusammenfassen könnte. Man nimmt bei dieser Symptomatik ebenfalls an, daß sie durch eine sympathische Überstimulierung bedingt ist (Ingbar u. Woeber 1983).

3.2.1.3 Phäochromozytom

Das Phäochromozytom ist ein Nebennierentumor, der zur Überfunktion des Nebennierenmarks führt, also zur Überproduktion von Katecholaminen. Die Symptomatik ist der des funktionellen kardiovaskulären Syndroms aufgrund der Überproduktion von Katecholaminen ebenfalls recht ähnlich. Als Hauptsymptome werden Kopfschmerzen, Herzklopfen mit oder ohne Tachykardie, übermäßiges Schwitzen, Nervosität und Angstgefühl angegeben (Classen, Diehl und Kochsiek 1991). Patienten mit einem Phäochromozytom haben jedoch einen erhöhten Blutdruck, was bei Patienten mit Herzphobie in der Regel nicht der Fall ist. Aber auch hier ist, wie bei der Hyperthyreose, die Abhängigkeit des Auftretens der Symptome von den Erwartungen der Patienten sehr viel geringer ausgeprägt als bei den Patienten mit funktionellen Beschwerden. Die Beschwerden treten eher paroxysmal, ohne ersichtlichen Anlaß auf. Die Häufigkeit des Phäochromozytoms ist allerdings sehr selten, seine Diagnostik relativ aufwendig.

3.2.1.4 Hyperkinetisches Herzsyndrom

Die Krankheitsbezeichnung „Hyperkinetisches Herzsyndrom" bezeichnet ein Beschwerdebild, das durch Leistungsmangel, rasche Ermüdbarkeit, Herzschmerzen und Palpitationen gekennzeichnet ist. Es besteht meist eine Ruhe- und eine Belastungstachykardie, bei grenzwertig erhöhtem Blutdruck und Herzminutenvolumen. Man nimmt an, daß das kardiovaskuläre System auf Katecholamine stärker reagiert, also eine erhöhte Sensibilität dafür vorliegt. Die im allgemeinen angewandte Therapie besteht in der Gabe von ß-Blockern (Schräder et al. 1987). Die Symptomatik ist der der Herzphobie mitunter sehr ähnlich, da die Symptomatik ebenfalls mit Angst verbunden ist. In der Ergometrie lassen sich jedoch die Patienten recht gut über die Anstiege der Herzfrequenz abgrenzen. Allerdings muß auch berücksichtigt werden, daß bei Abbruch der Belastung bei geringen Wattzahlen wegen Leistungsmangels die Abgrenzung zur Herzphobie nicht immer ohne weiteres möglich ist.

3.2.2 Psychische Störungen

Bei der Abgrenzung psychischer Störungen geht es einerseits darum, beispielsweise eine depressive Erkrankung zu erkennen, zu deren Symptomatik vielleicht die körperliche Symptomatik gehört (s.u.). Natürlich handelt es sich auch dann bei den Beschwerden um solche ohne eine somatische Grundlage, und sie können daher als „funktionell" bezeichnet werden. Dennoch ist eine Unterscheidung bzw. Abgrenzung notwendig wegen der sich daraus ergebenden Konsequenzen für eine Behandlung. So sind auch die Übergänge zwischen den einzelnen Angststörungen und den funktionellen Herz-Kreislauf-Störungen bzw. der Herzphobie fließend. Es ist keine Frage, daß viele Patienten mit funktionellen Störungen agoraphobe Symptome haben und auch Panikattacken erleben.

Es wird sich bei der Betrachtung der Abgrenzung von den verschiedenen Angststörungen zeigen, daß die Klassifikationskriterien teilweise eine Einordnung relativ schwierig machen, die Übergänge zwischen den einzelnen Störungen sind fließend.

3.2.2.1 Agoraphobie

Bei der Darstellung des klinischen Erscheinungsbildes wurde darauf hingewiesen, daß sich die Patienten oft mehr und mehr zurückziehen, weil sie Situationen vermeiden, in denen die Beschwerden bereits aufgetreten sind. Diese zunehmende Einschränkung der Bewegungsfreiheit ist ebenfalls ein wichtiges Merkmal der Agoraphobie. Nach ICD-10 wird die Agoraphobie folgendermaßen definiert: „Der Begriff Agoraphobie wird hier in einer weiter gefaßten Bedeutung verwendet als ursprünglich eingeführt und als noch in einigen Ländern üblich. Er bezieht sich jetzt nicht nur auf Ängste vor offenen Plätzen, sondern z.B. auch auf Menschenmengen oder die Schwierigkeit, sich wieder sofort und leicht an einen sicheren Platz, im allgemeinen nach Hause, zurückziehen zu können. Der Terminus beschreibt also eine zusammenhängende und sich häufig überschneidende Gruppe von Phobien, mit der Angst, das eigene Haus zu verlassen, Geschäfte zu betreten, sich in eine Menschenmenge oder auf öffentliche Plätze zu begeben oder allein in Bussen oder Flugzeugen zu reisen. ... Viele Patienten empfinden Panik bei dem Gedanken, zu kollabieren und hilflos in der Öffentlichkeit liegen zu bleiben." (Dilling, Mombour und Schmidt 1991 S. 144). Aus der Schilderung des klinischen Erscheinungsbildes ergibt sich, daß eine Reihe von Symptomen der Agoraphobie auch bei der Herzphobie vorhanden sind.

Ein wesentlicher Unterschied besteht in der Überzeugung der Patienten mit Herzphobie, ernsthaft körperlich erkrankt zu sein, während Patienten mit Agoraphobie diese Überzeugung nicht haben. Dies führt dazu, daß Patienten mit Herzphobie keine psychiatrische oder psychologische Behandlung für ihre Angst suchen, sondern eine internistisch-kardiologische Behandlung für ihre befürchtete körperliche Erkrankung. Aus diesem Sachverhalt ergibt sich, daß Patienten mit Herzphobie mitunter sehr lange „Patientenkarrieren" hinter sich haben, d.h. für lange Zeit verschiedene Ärzte in Anspruch nehmen, ohne jemals angemessen behandelt zu werden.

Fallbeispiel *2 (Fortsetzung)*

Bei der Patientin, die im zweiten Fall geschildert worden war, bestanden Symptome, die genau denen der Agoraphobie entsprachen. Sie konnte schließlich nicht mehr alleine Auto fahren und war zunehmend in ihrem Aktionsradius eingeschränkt, wenn ihr Freund sie nicht begleitete. Sie hatte Angst davor, sie könne kollabieren oder sterben, wenn sie sich in derartige Situationen begeben würde. Sie war jedoch überzeugt davon, daß all diese Schwierigkeiten, auch die Angst, bestehen würden, weil sie herzkrank sei. Diese Überzeugung war vorhanden, obwohl sie eigentlich recht genau wußte, daß die Bedingung für das Auftreten der körperlichen und der Angstsymptomatik darin bestand, daß sie sich alleine, ohne den Freund, von zuhause entfernte. Sie hielt diese Überzeugung dadurch aufrecht, daß sie der Meinung war, daß sie durch die Angst ihr Herz überlasten könne und dadurch dann sterben könnte.

3.2.2.2 Paniksyndrom

Das Paniksyndrom wird in den beiden großen psychiatrischen Klassifikationssystemen ICD-10, DSM-III-R und DSM IV verschieden behandelt. In DSM-III-R heißt es zur Definition des Paniksyndroms: „Hauptmerkmale dieser Störungen sind wiederkehrende Panikattacken, d.h. abgrenzbare Episoden intensiver Angst oder Unbehagens, die zusammen mit mindestens vier charakteristischen Symptomen auftreten. ... Panikattacken dauern üblicherweise nur Minuten, seltener auch Stunden. Die Attacken treten, zumindest anfänglich, unerwartet auf, d.h. nicht unmittelbar vor oder in einer bestimmten Situation, die fast immer Angst auslöst (wie z.B. bei der einfachen Phobie)" (DSM-III-R 1989 S. 291). Es werden dann die folgenden Symptome genannt, von denen jeweils mindestens vier im Rahmen einer Attacke auftreten müssen, damit eine Attacke als Panikattacke klassifiziert werden kann:

- Atemnot (Dyspnoe) oder Beklemmungsgefühle;
- Benommenheit, Gefühl der Unsicherheit oder Ohnmachtsgefühl;
- Palpitationen oder beschleunigter Herzschlag (Tachykardie);
- Zittern oder Beben;
- Schwitzen;
- Erstickungsgefühl;
- Übelkeit oder abdominelle Beschwerden;
- Depersonalisation oder Derealisation;
- Taubheit oder Kribbelgefühle (Parästhesien);
- Hitzewallungen oder Kälteschauer;
- Schmerzen oder Unwohlsein in der Brust;
- Furcht zu sterben;
- Furcht, verrückt zu werden oder Angst vor Kontrollverlust.

Damit ein Paniksyndrom vorliegt, müssen mindestens vier der genannten Symptome im Rahmen einer Panikattacke mindestens einmal pro Woche für einen Zeitraum von drei Monaten aufgetreten sein. Auch hier wird unmittelbar deutlich, daß eine ganze Reihe von Symptomen, sogar die Angst zu sterben oder das Ohnmachtsgefühl, mit denen der Herzphobie übereinstimmen. Auch hier ist der wesentliche Unterschied die Überzeugtheit der Patienten mit Herzphobie, körperlich erkrankt zu sein, mit den genannten Konsequenzen.

Panikattacken als eigenständige und abgrenzbare Angststörung zu betrachten, geht auf eine Studie von Klein (1964) zurück, in der er sieben Patienten mit Zuständen intensiver Angst, die als Patienten mit „affektiver Störung" klassifiziert worden waren, mit Imipramin behandelte und mit sechs Patienten verglich, die mit Placebo behandelt worden waren. Er beobachtete, daß die Zustände intensiver Angst, die Panikattacken, durch die Behandlung mit Imipramin verringert wurden, nicht jedoch die chronische antizipatorische Angst. Aus diesem Ergebnis zog Klein den Schluß, daß sich Panikattacken von anderen Angststörungen grundlegend unterscheiden. Dies war der Ausgangspunkt für eine breit angelegte Forschung zur „Panikstörung" als eigenständigem Krankheitsbild, neben anderen Angsterkrankungen wie Phobien und der Generalisierten Angststörung. Inzwischen hat sich diese Auffassung fest etabliert und zeigt sich in den psychiatrischen und anderen Klassifikationssystemen wie DSM III, DSM IV und ICD-10.

Betrachtet man die Liste der Symptome einer Panikattacke bzw. der Panikstörung, so wird deutlich, daß eine körperliche Symptomatik im Vordergrund steht. Fast alle diese Symptome finden sich ebenfalls bei den funktionell bedingten Symptomen einer Herzphobie. Dies hat dazu geführt, daß die Herzphobie oder Herzneurose von vielen Autoren als gleichbedeutend mit der Panikstörung angesehen wird. So schreibt Barlow (1988 S. 90): „Von etwas verschiedenen Standpunkten bezeichneten Oppenheim (1918), Cohen und White (1950) im Rahmen epidemiologischer Studien in den 40er und 50er Jahren sowie Cohen, Badal, Kilpatrick, Reid und White (1951) etwa dasselbe Syndrom als 'Neurozirkulatorische Asthenie'. Dies ist der alte Begriff für Angstzustände mit ausgeprägten kardiovaskulären Merkmalen." Auch das „irritable heart" Syndrom, das so von Da Costa (1871) beschrieben wurde oder das „effort syndrome" nach Lewis (1917) wird von Barlow nachträglich als Paniksyndrom interpretiert. So schreiben auch Margraf und Schneider (1990): „Obwohl Angstanfälle als sogenannte 'funktionelle Störungen' ein fast jedem Arzt bekanntes Beschwerdebild sind, beschäftigte sich die Medizin vor allem mit somatischen Erkrankungen. Die 'Herzneurose' dagegen war eines der 'Stiefkinder der modernen medizinischen Forschung' (Richter und Beckmann 1973). ... Für Störungen, bei denen Angstanfälle im Zentrum der Beschwerden stehen, wurde die diagnostische Kategorie 'Paniksyndrom' geschaffen, unter die die meisten der oben erwähnten Diagnosen eingeordnet werden" (Margraf und Schneider 1990).

Andere Autoren sehen in der Herzphobie eine besondere und abgrenzbare Form der Panikstörung (Maier, Buller, Rieger und Benkert 1985). In einer Untersuchung dieser Autoren wurden Patienten mit Panikattacken und Patienten mit einer Herzphobie verglichen. Die Kriterien für eine Herzphobie waren die Angst, an einer Herzkrankheit zu sterben, das häufige Auftreten von Herzbeschwerden und das Auftreten von mindestens drei Panikattacken innerhalb einer Dauer von drei Wochen. Die Gruppe der Patienten mit Panikstörung, mit der die Patienten mit Herzphobie verglichen wurden, durften keine Angst davor haben, an einer Herzerkrankung zu sterben oder die Angst haben, eine Herzerkrankung, an der sie litten, sei bisher diagnostisch übersehen worden. Die Patienten mit einer Herzphobie zeigten eine stärkere Tendenz zur Somatisierung, antizipatorischer Angst und Vermeidung. Entsprechend deutlicher war eine agoraphobe Tendenz ausgeprägt. Soziale Phobien waren ebenfalls häufiger, die Anzahl der Angstattacken war jedoch geringer, die Anzahl der dabei erlebten Symptome jedoch höher. Die Autoren ziehen daraus den Schluß, daß es zwar quantitative Unterschiede in der Ausprägung einzelner Komponenten der Symptomatik zwischen Patienten mit Herzphobie und Panikattacken ohne Herzphobie gibt, jedoch keine qualitativen Unterschiede. Daher sei die Herzphobie eine Unterform der Panikstörung.

In DSM III-R gab es keinen Hinweis darauf, daß Patienten mit einer Panikstörung befürchten, an einer ernsten körperlichen Erkrankung zu leiden. In der o.g. Untersuchung von Maier u.a. (1985) war diese Befürchtung ein wesentliches Unterscheidungsmerkmal zwischen Panikstörung und Herzphobie. In DSM IV hingegen gibt es den expliziten Hinweis darauf, daß viele Patienten mit einer Panikstörung befürchten, die Panikattacken seien der Hinweis für das Vorliegen einer ernsten, bisher nicht diagnostizierten, körperlichen Erkrankung. An dieser Befürchtung werde hartnäckig festgehalten, obwohl wiederholte ärztliche Untersuchungen keinen Hinweis für das Vorliegen einer solchen Erkrankung erbracht hätten und entsprechende Versicherungen seitens der untersuchenden Ärzte gegeben wurden. Dieser Hinweis findet sich allerdings als Kriterium für alle somatoformen Störungen und für die Hypochondrie.

Raymond (1989) sieht einen Unterschied darin, daß bei Patienten mit funktionellen Störungen die Rolle von Körpersensationen stärker ist als bei anderen Angststörungen.

Andererseits wird für Panikstörungen Trennungsangst und plötzlicher Objektverlust als begünstigende Faktoren für die Auslösung der Panikstörung angesehen. Ein großer Teil, wenn nicht alle Symptome, von Panikattacken treffen für einen nicht unerheblichen Teil der Patienten mit funktionellen Herz-Kreislauf-Störungen oder einer Herzphobie ebenfalls zu, und bei vielen Patienten treten die Beschwerden ebenfalls anfallsartig, ohne zunächst ersichtliche, auslösende Bedingung auf. Allerdings wird bei der Panikstörung angenommen, daß zwischen den Attacken Symptomfreiheit besteht, was bei Patienten mit funktionellen Störungen kaum der Fall ist.

In der ICD-10 Klassifikation wird der Panikstörung ein sehr viel engerer Raum gegeben. Die Panikattacke wird bei einer bestehenden Phobie hauptsächlich „als Ausdruck für den Schweregrad der Phobie gewertet, der diagnostischer Vorrang einzuräumen ist" (Dilling, Mombour und Schmidt 1991). Eine Panikstörung liegt demzufolge nur dann vor, wenn wiederkehrende schwere Angstattacken auftreten, „die sich nicht auf eine spezifische Situation oder besondere Umstände beschränken und deshalb auch nicht vorhersehbar sind". Als typisch wird der plötzliche Beginn der Panikattacke angesehen, der mit Herzklopfen, Brustschmerz, Erstickungsgefühlen, Schwindel und Entfremdungsgefühlen einhergeht, Symptome, die denen der Herzphobie gleichen. Davon abgrenzbar ist die „Somatisierungsstörung", bei der im Mittelpunkt „wiederholt auftretende und häufig wechselnde körperliche Symptome stehen, die meist seit einigen Jahren bestanden haben, bevor der Patient zum Psychiater überwiesen wird. ... Das Charakteristikum ist die wiederholte Darbietung körperlicher Symptome in Verbindung mit hartnäckigen Forderungen nach medizinischen Untersuchungen trotz wiederholter negativer Ergebnisse und Versicherungen des Arztes, daß die Symptome nicht körperlich begründbar sind." (Dilling, Mombour und Schmidt 1991 S. 148). Auch hier wird die Überzeugung der Patienten, körperlich erkrankt zu sein, zu einem wichtigen Unterscheidungsmerkmal, das sogar noch mehr betont wird. „Auch wenn Beginn und Fortdauer der Symptome eine enge Beziehung zu unangenehmen Lebensereignissen, Schwierigkeiten und Konflikten aufweisen, widersetzt sich der Patient gewöhnlich den Versuchen, die Möglichkeit einer psychischen Ursache zu diskutieren".

Fallbeispiel *4:*

Eine Patientin im Alter von 28 Jahren wurde wegen wiederholter Anfälle von „Kreislaufschwäche" in die kardiologische Abteilung überwiesen. Entsprechende kardiologische Untersuchungen blieben ohne Befund. Die Patientin schilderte, die Anfälle würden in den verschiedensten Situationen, vollkommen unvorhersehbar, auftreten. Sie habe das Gefühl, die Beine würden „wie Gummi", und sie könne nicht mehr stehen. Diese Beschwerden seien meist aufgetreten, wenn jemand anwesend gewesen ist, so auch im Supermarkt, aber auch bei der Arbeit. Anwesende Personen seien ihr jeweils behilflich gewesen. Die Beschwerden, die von intensiver Angst begleitet gewesen sind, klangen ab, wenn sie eine Zeit lang, etwa 10 - 15 Minuten, gelegen hätte. Während dieser Anfälle hätte sie starkes Herzklopfen und das Gefühl einer nahenden Ohnmacht. Tatsächlich sei sie in diesem Zusammenhang noch nie ohnmächtig geworden, sie könne sich jedoch daran erinnern, daß sie als Kind ein paar Mal das Bewußtsein verloren hätte. Von daher kenne sie das Gefühl, wenn eine Ohnmacht bevorstehe. Die Patientin schildert weiterhin, sie könne sich nicht daran erinnern, jemals vor dem jeweiligen Beginn der Beschwerden Angst gehabt zu haben, diese komme stets als Folge des Schwächegefühls. Dann habe sie den Gedanken, sie könne bei einer solchen Gelegenheit sterben.

Die Patientin ist Büroangestellte und ohne Kinder verheiratet. Vor der Eheschließung seien die Beschwerden nie aufgetreten. Zunächst hätte sie für zwei Jahre mit ihrem Mann im elterlichen Haus gewohnt, was gelegentlich zu Spannungen zwischen ihrem Mann und ihren Eltern geführt hätte. So seien sie froh gewesen, daß sie schließlich eine Wohnung gefunden hätten. Einige Monate später, vor ca. eineinhalb Jahren, seien erstmals die Beschwerden aufgetreten, als sie abends alleine in der Wohnung gewesen sei, da ihr Mann noch beruflich unterwegs gewesen sei. Er sei von Beruf Elektroinstallateur und bei diesem Beruf komme es gelegentlich vor, daß die Arbeitszeiten nicht immer eingehalten würden. Die Beschwerden hätten ganz plötzlich begonnen, und sie hätte große Angst gehabt, daß sie sterben könnte. Es sei ihr erst besser gegangen, als ihr Mann nach Hause gekommen sei. Seither träten die Beschwerden in unregelmäßigen Abständen auf. Es gäbe Zeiten, in denen es ihr besser ginge, dann hätte sie auch die Beschwerden nicht, aber dann gäbe es Wochen, in denen die Beschwerden mehrmals aufträten. In diesen Zeiten sei ihre Stimmung auch sonst schlechter und sie fühle sich körperlich insgesamt schlecht, auch wenn die Beschwerden gerade nicht vorhanden seien. Sie wisse nicht, wodurch es bedingt sei, daß es ihr phasenweise besser oder aber schlechter ginge. Sie wisse ebenfalls nicht, wodurch die Beschwerden jeweils ausgelöst würden, sie könne sich auch nicht daran erinnern, daß sie jeweils irgendwelche besonderen Sorgen oder Befürchtungen hätte.

Lediglich wenn sie das Gefühl habe, daß die Beschwerden beginnen könnten, würde sie regelmäßig denken, daß sie dem körperlichen Geschehen hilflos ausgeliefert sei und daß es für sie gefährlich sei.

In diesem Falle beschränkten sich die körperlichen Beschwerden weitgehend auf die geschilderten Herz-Kreislaufbeschwerden. Es gab kaum weitere körperliche Beschwerden, wie gastrointestinale Beschwerden. Allerdings erlebte die Patientin Phasen, in denen sie zwar keine dramatischen körperlichen Beschwerden hatte, sich aber körperlich schwach und nicht wohl fühlte. Auffallend ist, daß die Schwächeanfälle in bestimmten Zeiten gehäuft und dann für längere Zeiträume nicht mehr auftraten. Allerdings hatte die Patientin auch in diesen Zeitabschnitten nicht das Gefühl, die Beschwerden würden nie wieder auftreten. Auch diese Patientin war überzeugt, daß die Beschwerden Symptome einer körperlichen Erkrankung seien. Allerdings war sie relativ ratlos, nachdem die körperlichen Untersuchungen keinen Befund erbracht hatten, der die Beschwerden hätte erklären können. Die Kardiologen hatten sie an das Psychosomatische Institut mit dem Hinweis überwiesen, daß die Beschwerden wohl psychisch verursacht seien, was die Patientin nicht glauben konnte.

In diesem Fall sind Beschwerden vorhanden, die denen des Paniksyndroms gleichen. Es kam, im Gegensatz zu den vorher geschilderten Fällen, nicht zu einem ausgeprägten Vermeidungsverhalten, da die Beschwerden für die Patientin unvorhersehbar auftraten und nicht an bestimmte Situationen gebunden waren, die dann hätten vermieden werden können. So kam es auch nicht zu dem für die Agoraphobie beschriebenen vermeidenden Rückzug in den häuslichen Bereich. Die Plötzlichkeit oder Unvorhersehbarkeit des Auftretens der Anfälle ist ein wesentliches Merkmal der Panikattacken. Wichtig ist ebenfalls, daß zwischen dem Auftreten der Panikattacken weitgehende Symptomfreiheit bestand, was bei Patienten mit einer Herzphobie nicht der Fall ist. Allerdings war die Häufigkeit der Panikattacken für die Diagnose einer Panikstörung zu gering. Auch hier war es letztlich zunächst nur die Überzeugtheit der Patientin, daß die Beschwerden durch eine körperliche Erkrankung bedingt seien, die der Einordnung der Störung als Paniksyndrom entgegenstand. Allerdings hielt die Patientin an dieser Überzeugung nicht fest, nachdem die kardiologischen Untersuchungen keinen Befund erbracht hatten. So war sie auch schnell einverstanden, eine verhaltenstherapeutische Behandlung zu beginnen.

3.2.2.3 Somatoforme Störungen

Somatisierungsstörung

Es gibt für die Klassifikation der Somatisierungsstörung einige Kriterien, die die Anwendung dieser Kategorie erheblich erschweren. Das eine bezieht sich auf die minimale Anzahl der Beschwerden aus einem vorgegebenen Katalog von 35 Symptomen, die beim Patienten in bedeutsamer Ausprägung vorliegen müssen. Dabei sind 13 Beschwerden oder Symptome gefordert.

In DSM IV müssen sich die Beschwerden explizit auf vier verschiedene somatische Systeme beziehen. So werden mindestens vier verschiedene Schmerzsymptome unterschiedlicher Lokalisation gefordert wie Kopf, Abdomen, Rücken usw. Darüber hinaus zählen die übrigen Symptome nur dann, wenn sie nicht schmerzhaft sind. Es werden neben den vier Schmerzsymptomen mindestens zwei nicht schmerzhafte gastrointestinale, mindestens ein sexuelles und mindestens ein pseudoneurologisches Symptom gefordert. Die geforderte Gesamtzahl der Symptome ist damit zwar geringer, die somatischen Bereiche sind jedoch deutlicher festgelegt. Der Beginn der Symptomatik muß nach DSM III und IV vor dem 30. Lebensjahr liegen, was bei vielen Patienten nicht zutrifft.

Als bedeutsam gilt ein Symptom, wenn es nicht körperlich verursacht wird, auch nicht durch Intoxikation durch Alkohol oder Drogen, nicht ausschließlich während Panikattacken auftritt und die Betroffenen veranlaßt, verschreibungspflichtige Medikamente einzunehmen, einen Arzt aufzusuchen oder die Lebensführung zu verändern. Geht man davon aus, daß die Behandlung der Somatisierungsstörung auch ohne Medikamente sinnvoller ist, so setzt das Kriterium für die Bedeutsamkeit von Symptomen, das darin besteht, daß der Patient für die bedeutsamen Symptome verschreibungspflichtige Medikamente einnimmt, ein ärztliches Fehlverhalten voraus, da die Verschreibung dieser Medikamente bei einer Somatisierung nicht indiziert ist.

Ähnliches gilt für das allgemeine Kriterium, die Symptome müßten über mehrere Jahre andauern. Dies setzt eigentlich voraus, daß der Patient über mehrere Jahre inadäquat, beispielsweise mit nicht indizierten Medikamenten, „behandelt" wird. Es ist fraglich, ob diagnostische Kriterien, die auf diese Weise von einer inadäquaten Vorbehandlung abhängig sind, sinnvoll sind.

Die minimale Anzahl der geforderten bedeutsamen Symptome wird ebenfalls als problematisch angesehen (Escobar et al. 1987, 1989). Diese Autoren plädieren dafür, bereits beim Vorliegen von vier Symptomen bei Männern und sechs Symptomen bei Frauen vom Vorliegen einer Somatisierungsstörung zu sprechen. Sie belegen den Sinn eines derartig veränderten Kriteriums mit epidemiologischen Zahlen, nach denen dieses Kriterium für eine Somatisierungsstörung nur bei sehr wenigen Patienten erfüllt wird, während das veränderte Kriterium ein vielfaches häufiger zutrifft. Dabei konnten die Autoren zeigen, daß auch bei den nach dem veränderten Kriterium diagnostizierten Störungen eine vergleichbare Bedeutung der Störung vorliegt im Sinne von Arbeitsunfähigkeit und Inanspruchnahme ärztlicher Dienste.

In ICD-10 sind die diagnostischen Leitlinien für die Somatisierungsstörung sehr viel weiter gefaßt als in DSM-III-R. Das Kriterium des Beginns vor dem 30. Lebensjahr entfällt, ebenso wie die Angabe einer minimalen Anzahl jedoch multipler Beschwerden. Auch hier muß die Störung seit mindestens zwei Jahren bestehen, und es wird auf den häufigen Gebrauch von Medikamenten, speziell Tranquilizern, verwiesen. Beziehen sich die Beschwerden hauptsächlich auf ein bestimmtes, vegetativ invertiertes und kontrolliertes Organsystem, so kann die Kategorie der „somatoformen autonomen Funktionsstörung" angewendet werden. Dabei wird das betroffene Organsystem ebenfalls benannt. Bei der Herzphobie handelt es sich also um eine somatoforme autonome Funktionsstörung des kardiovaskulären Systems. „Die Symptome werden vom Patienten so geschildert, als beruhten sie auf der körperlichen Erkrankung eines Systems oder Organs, das weitgehend oder vollständig vegetativ innerviert und kontrolliert wird" (Dilling, Mombour und Schmidt 1991). Die diagnostischen Leitlinien für diese Kategorie umfassen hartnäckige und störende Symptome der vegetativen Stimulation, zusätzlich subjektive Symptome, bezogen auf ein bestimmtes Organ, die quälende Beschäftigung mit der Möglichkeit einer ernsthaften organischen Erkrankung, die trotz wiederholter negativer Befunde beibehalten wird, und das Fehlen eines Anhalts für eine Störung der Struktur oder Funktion eines Systems oder Organs.

King et al. (1986) haben darauf hingewiesen, daß eine erhebliche Überlappung zwischen Panikstörung und Somatisierungsstörung vorliegt. In ihrer Untersuchung hatten Patienten mit Panikstörungen sehr deutlich höhere Somatisierungswerte als gesunde Kontrollpersonen, ein Viertel von ihnen erfüllte auch die diagnostischen Kriterien für eine Somatisierungsstörung. Es zeigte sich ebenfalls in dieser Studie, daß Somatisierung mit „viszeraler Sensitivität" und phobischer Vermeidung verbunden war, jedoch nicht mit Zustandsangst. Und so weisen die Autoren darauf hin, daß in früheren Studien zur Somatisierungsstörung eine Vermischung der Patienten mit solchen, die als Panikstörung einzuordnen sind, stattgefunden hat.

Undifferenzierte somatoforme Störung

In DSM-III-R und DSM IV ist für die „unvollständige" Somatisierungsstörung die Kategorie „Undifferenzierte somatoforme Störung" vorgesehen. Diese kann angewandt werden, wenn weniger als die 13 für die Somatisierungsstörung geforderten Symptome vorliegen, die Dauer mindestens sechs Monate, und nicht mehrere Jahre beträgt und auch dann, wenn eine zu den Symptomen in Beziehung stehende körperliche Erkrankung das Ausmaß der Beschwerden und der sozialen oder beruflichen Beeinträchtigung nicht erklären kann. So wird in DSM-III-R und DSM IV darauf hingewiesen, daß diese Kategorie, obwohl sie als Restkategorie anzusehen ist, weit häufiger als die Somatisierungsstörung auftritt bzw. klassifiziert werden kann. Die Störung führt zu einer erhöhten Inanspruchnahme ärztlicher Dienste.

3.2.2.4 Hypochondrie

Die Hypochondrie bezeichnet nach DSM IV eine Störung, die sich in starker Angst der Patienten, ernsthaft körperlich erkrankt zu sein, ausdrückt. Diese Angst basiert auf der Fehlinterpretation körperlicher Symptome, die auf ein Organsystem beschränkt sein können. Die Angst persistiert trotz wiederholter körperlicher Untersuchungen ohne pathologischen Befund und entsprechende ärztliche Versicherungen. Die Annahmen der Patienten über ihre Erkrankungen haben keinen wahnhaften Charakter. Die Störung muß zu klinisch relevanten Einschränkungen sozialer, beruflicher oder anderer Lebensfunktionen führen. Die Störung muß mindestens für sechs Monate bestehen. Die Angst, herzkrank zu sein, wird beispielhaft erwähnt. Die Störung darf nicht als generalisierte Angststörung, Zwangsstörung, Panikstörung, depressive Störung, Trennungsangst oder eine andere somatoforme Störung klassifiziert sein. Die Störung führt zu einer erhöhten Inanspruchnahme ärztlicher Dienste. Im Vergleich zur undifferenzierten somatoformen Störung wird bei der Hypochondrie die übermäßige Beschäftigung mit der körperlichen Symptomatik und die damit verbundene Angst, körperlich erkrankt zu sein, betont. Ansonsten sind die diagnostischen Kriterien mit denen der undifferenzierten somatoformen Störung fast identisch.

3.2.2.5 Depressive Störungen

Bei der Schilderung des klinischen Erscheinungsbildes war bereits auf die nicht selten ausgeprägte Depressivität der Patienten hingewiesen worden. Dies macht es notwendig, die vorliegende Erkrankung entweder gegenüber den depressiven Störungen abzugrenzen, oder bei zum Teil ähnlichem Erscheinungsbild die depressive Symptomatik im klassifikatorischen Bereich der depressiven Störungen einzuordnen.

Nach ICD-10 und DSM III-R und IV werden die verschiedenen depressiven Störungsformen unter die affektiven Störungen eingeordnet. Hierbei werden die bipolaren affektiven Störungen, bei denen ein episodenhafter Wechsel zwischen manischen und depressiven Symptomen vorhanden ist, von den verschiedenen Formen der anhaltenden oder rezidivierenden depressiven Störungen unterschieden.

Die Symptome einer depressiven Episode bestehen in einer niedergedrückten Stimmung, Antriebsverminderung und negativen Gedanken und Gefühlen, die je nach Schwere der Störung unterschiedlich intensiv sind. Diese führen oft zu einer eingeschränkten Konzentrationsfähigkeit, da die negativen Gedanken häufig störend interferieren. Diese Gedanken und Gefühle betreffen vor allem die Selbsteinschätzung und die Einschätzung der Zukunft. Zahlreich sind auch Selbstvorwürfe und in schwereren Fällen Gedanken an Suizid oder sogar der Suizid selbst. Dazu kommen meist eine schnelle Ermüdung und Verringerung der Aktivität, Schlafstörungen, die oft auch in einem vorzeitigen Erwachen bestehen. Zu den sog. „somatischen" Symptomen zählen vor allem auch die Tagesschwankungen mit einem „Morgentief" und einer Besserung der Stimmung zu den Abendstunden, der Appetitverlust mit Gewichtsreduktion und auch Libidoverlust. Die Patienten sind ebenfalls nicht in der Lage, emotional auf ihre Umgebung adäquat einzugehen, sondern sind oft in sich zurückgezogen und wirken daher oft mürrisch (Dilling, Mombour und Schmidt 1991).

Im vorliegenden Zusammenhang ist vor allem die Abgrenzung der mittleren und schweren depressiven Episoden von den schweren anhaltenden affektiven Störungen wichtig. In DSM wird der Begriff der „Major Depression" verwendet, wobei zwischen einzelnen Episoden und einer rezidivierenden Verlaufsform unterschieden wird. Unter der Bezeichnung „andere depressive Episoden" sind depressive Störungen zu verstehen, „die aber nach dem Gesamteindruck depressiver Natur sind. Beispiele sind wechselnde Mischbilder depressiver Symptome (vor allem somatischer Art) mit diagnostisch weniger bedeutsamen Symptomen wie Spannung, Sorge und

Verzweiflung oder Mischbilder somatischer depressiver Symptome mit anhaltendem Schmerz oder Müdigkeit, die keine organische Ursache haben (wie sie manchmal in den Liaisondiensten von Allgemeinkrankenhäusern gesehen werden)" (Dilling, Mombour und Schmidt 1991 S. 132). Diese Symptomatik wurde früher der sogen. „larvierten" Depression zugeordnet, wobei der Begriff „larviert" bedeutete, daß sich hinter einer vornehmlich körperlichen Symptomatik die depressive Störung verbirgt. Aber bei diesem Erscheinungsbild sind die depressiven Symptome weniger schwer als bei den abzugrenzenden schweren und mittleren depressiven Episoden und den anhaltenden schwereren depressiven Störungen. Im Vordergrund stehen dann die körperlichen Beschwerden und die depressive Symptomatik.

Von besonderer Wichtigkeit ist ebenfalls die „Dysthymie" (ICD-10) oder „dysthyme Störung bzw. „depressive Neurose" (DSM III und IV), die lang anhaltende depressive Verstimmung kennzeichnet, die in ihrer Schwere jedoch nicht ao ausgeprägt ist wie die rezidivierenden depressiven Störungen. Es kommt hierbei auch zu unterschiedlich langen Zeiten einer eher ausgeglichenen Stimmung, oft jedoch auch zu einer anhaltenden Verstimmung, die fast das ganze Erwachsenenleben dauern kann. Früher wurden Störungen dieser Art als neurotische Depression oder depressive Neurose, in den Fällen anhaltender Störung als neurotische Persönlichkeitsstörung bezeichnet. Bei depressiven Störungen sind funktionelle Symptome und eine ängstliche Beschäftigung mit der Gesundheit recht häufig. Auf diese Weise ist es differentialdiagnostisch wichtig, eine depressive Störung als Ursache der körperlichen Beschwerden abzugrenzen. In DSM III und IV wird außerdem das Auftreten von Panikattacken besonders erwähnt, d.h. neben den körperlichen Beschwerden kann es auch zum Auftreten anfallsartiger Angst kommen. Bei vielen der Patienten mit funktionellen Störungen liegt eine mehr oder weniger ausgeprägte depressive Symptomatik vor. Diese kann sich auch als Folge des längeren Bestehens der Symptome und der Angst im Laufe der Zeit entwickeln.

Fallbeispiel 5:

Ein 48jähriger Patient wird aus der Kardiologie an das Psychosomatische Institut wegen funktioneller Herz-Kreislauf-Störungen überwiesen, für deren Erklärung in der kardiologischen Diagnostik kein Befund erhoben werden konnte. Er klagt hauptsächlich über schmerzhafte Beschwerden im Bereich des linken Thorax, die sehr häufig und dann auch lang andauernd, manchmal den ganzen Tag über, vorhanden seien. Der Schmerz wird eher als dumpf und nicht scharf abgegrenzt beschrieben. Daneben käme es, vornehmlich in den Abendstunden, aber auch in bestimmten beruflichen Situationen, zu dem Gefühl von Herzjagen. In solchen Situationen erlebe er ebenfalls Atemnot und intensive Angst. Das bei den linksthorakalen schmerzartigen Beschwerden gering ausgeprägte Gefühl von Enge steigere sich bei dem Gefühl von Herzjagen und der Atemnot zu einem Gefühl von „zugeschnürt werden", das mit starker Angst verbunden sei. Merkwürdigerweise fange er in derartigen Situationen gelegentlich auch an zu weinen, wodurch sich „der Knoten lösen würde" und er wie-

der freier atmen könne. Diesen Sachverhalt schilderte der Patient keineswegs im ersten Gespräch, sondern erst zu einem späteren Zeitpunkt.

Der Patient war verheiratet, hatte keine eigenen Kinder, jedoch eine Stieftochter aus der ersten Ehe der Frau. Mit der Stieftochter komme er besser zurecht als mit seiner Ehefrau, die er als eher zwanghaft und leistungsbezogen schildert. Die Beschwerden begannen, nachdem der Patient eine außereheliche Beziehung eingegangen war, die ihm außerordentlich viel bedeutete. Diese Beziehung sei seiner Frau sehr schnell bekannt geworden. Die Ehefrau habe darauf mit viel Verständnis, aber auch sehr verletzt reagiert, aber drängte den Patienten in keiner Weise, die Beziehung abzubrechen. So lebte der Patient über einen Zeitraum von fast einem Jahr zwischen den beiden Frauen, mit einem schlechten Gewissen seiner Frau gegenüber. Im Laufe dieses Jahres traten die Beschwerden erstmals auf und stabilisierten sich zunehmend. Der Patient entwickelte den Gedanken, daß seine Beschwerden mit der Situation seiner Ehe zusammenhängen könnten und beschloß die außereheliche Beziehung zu beenden. Dies gelang ihm jedoch nicht sofort, und er blieb eine Zeitlang weiterhin zwischen beiden Frauen. Der Entschluß, seine Freundin zugunsten seiner Ehe aufzugeben, führte jedoch bei ihm zu einer deutlich depressiven Verstimmung. Zudem blieben die Herzbeschwerden weiter bestehen, er brachte jedoch beides nicht in Verbindung.

Der Patient war beruflich außerordentlich erfolgreich gewesen und hatte entsprechend eine sehr gute und verantwortungsvolle Position. Seine Ehefrau hatte er stets als unterstützend erlebt und erlebte es als sehr schwierig, daß er ihr nun eine andere Frau vorzog. Im Laufe der Zeit gelang es ihm schließlich, sich von seiner Freundin zu trennen, aber er erlebte nach der Klärung seiner Beziehungssituation nicht die erhoffte Besserung seines Befindens; im Gegenteil, es ging ihm zunehmend schlechter. Dies führte dazu, daß er seine gesamte Lebenssituation ablehnte, bestimmte berufliche Situationen mied, in denen er sich mit Kollegen hätte auseinandersetzen müssen, um seinen Einfluß zu wahren. In solchen Situationen gelang es ihm nur mit großer Mühe, seine Fassung zu bewahren. Aufgrund der Schilderungen des Patienten konnte von einer depressiven Störung als Grundlage auch der körperlichen Beschwerden ausgegangen werden. Zur sehr negativen Stimmungslage kamen einige typische Symptome hinzu, wie Durchschlafstörungen, die in morgendlich verfrühtem Erwachen bestanden, Antriebsverlust, negative Gedanken, Selbstvorwürfe usw.

Bei diesem Fall war es wichtig, die depressive Störung zu erkennen, die sich in den Schilderungen des Patienten zunächst hinter der körperlichen Symptomatik verbarg. Der Patient hatte bereits mehrere Ärzte aufgesucht, die sich mit seinen körperlichen Symptomen beschäftigt hatten, mit denen er jedoch nie über seine depressive Symptomatik gesprochen hatte. Er hatte sich ein „berufsmäßig" unauffälliges Auftreten bewahrt, das ihm in seiner beruflichen Umgebung wichtig erschienen war. Er war der Meinung, daß er seine führende Position sehr schnell verloren hätte, wenn man von seinem Zustand, den er als Schwäche erlebte, gewußt hätte. Schließlich war er dann wegen seiner Herzbeschwerden an die kardiologische Universitätsklinik überwiesen worden. Die geschilderten Zusammenhänge berichtete er erst, nachdem er im oben geschilderten Sinne geduldig nach den Bedingungen seiner Beschwerden gefragt worden war und offensichtlich den Eindruck gewonnen hatte, sein unauffälliges Auftreten nicht aufrechterhalten zu müssen.

Nachdem das Ausmaß der depressiven Symptomatik deutlich geworden war, war dem Patienten dringend geraten worden, sich psychiatrisch untersuchen und behandeln zu lassen. Er hatte es jedoch vorgezogen, eine psychotherapeutische Behandlung an einem anderen Ort durchzuführen. Diese blieb ohne Erfolg, im Gegenteil, die depressive Symptomatik verschlechterte sich zunehmend, bis der Patient fast zwei Jahre später nach einem Suizidversuch stationär psychiatrisch behandelt wurde.

Der Fall dieses Patienten verdeutlicht, wie wichtig es ist, die Möglichkeit einer depressiven Störung zu berücksichtigen. Herrmann, Buss, Breuker, Gonska und Kreuzer (1994) fanden bei über 4800 Patienten einer kardiologischen Spezialambulanz, bei denen eine Koronarangiographie durchgeführt worden war, mehr Patienten mit klinisch relevanten depressiven oder Angststörungen (23%) als mit einem kardiologischen Befund im Sinne einer Koronarstenose. Ähnliche Befunde, die die Bedeutsamkeit von depressiven Störungen bei Patienten mit funktionellen Herzbeschwerden bzw. Patienten, die in einer kardiologischen Untersuchung ohne Befund geblieben waren, wurden auch in zahlreichen anderen Studien gefunden (Brown, Golding und Smith 1990).

3.2.2.6 Komorbidität mit anderen psychischen Störungen

Im Zusammenhang mit der Abgrenzung depressiver Störungen von funktionellen kardiovaskulären Störungen hat sich bereits gezeigt, daß das Vorliegen einer depressiven Symptomatik bei Patienten mit funktionellen Störungen recht häufig ist. Rief und Hiller (1992) fanden bei 63% der Patienten mit einer Somatisierungsstörung eine akute depressive Störung, bei insgesamt 87% eine solche Störung in der Vorgeschichte der Somatisierungsstörung. Die Komorbidität zwischen somatoformen bzw. funktionellen Störungen und depressiven Störungen ist also recht hoch. Aus diesen Zahlen wird deutlich, daß es notwendig ist, das Vorliegen einer depressiven Störung abzuklären. Dies ist auch darum notwendig, weil die depressive Störungskomponente meist ein besonders angepaßtes therapeutisches Vorgehen erfordert. Dies ist auch dann der Fall, wenn die depressive Störung als Folge der Herzphobie und der damit verbundenen Einschränkungen anzusehen ist.

4 Epidemiologie

Die Angaben über die Häufigkeit der Herzphobie sind sehr unterschiedlich. Dies ist nicht erstaunlich, da die diagnostische Klassifizierung wenig eindeutig ist und sicherlich unterschiedlich gehandhabt wird. Seit Einführung der diagnostischen Kategorie der Panikstörung muß davon ausgegangen werden, daß viele der Patienten mit einer Herzphobie unter dieser Diagnose eingeordnet wurden. So sollen zunächst ältere Arbeiten aus einer Zeit dargestellt werden, zu der es diese Kategorie noch nicht gab.

Cremerius (1963) fand 8% Patienten mit funktionellen Herz-Kreislauf-Störungen von 2330 Fällen einer medizinischen Poliklinik. Kannel und Mitarbeiter (1958) fanden bei über 1000 untersuchten Personen der Framingham Studie 16% mit „funktionellen Herz- und Kreislauf- Beschwerden". Jorswiek und Katwan (1967) ermittelten im Berliner Zentralinstitut für psychogene Störungen, daß die Zahl der Patienten mit Herzsymptomen sich in den Jahren 1945 bis 1965 verdoppelt hatte. Maas (1975) fand bei 162332 Patienten der deutschen Klinik für Diagnostik in Wiesbaden bei 20-25% Angaben von Beschwerden, die einen Verdacht auf das Vorliegen funktioneller Herz- und Kreislauf-Beschwerden rechtfertigten. Studt (1979) schätzt die Häufigkeit in der Gesamtbevölkerung auf 2-5%, in der Allgemeinen Praxis auf 10-15%; bei 30-40% der Patienten mit Herz-Kreislauf-Beschwerden seien diese funktionell bedingt. Frauen haben häufiger als Männer funktionelle Herzbeschwerden.

Die Häufigkeit funktioneller Störungen des Herz-Kreislauf-Systems wird also sehr unterschiedlich angegeben. Neuere Angaben schwanken zwischen einer Auftretenshäufigkeit von 2% bis ca. 12% (Schepank 1987; Dilling u.a. 1984) in der allgemeinen Bevölkerung. Die Schwankungen in den Zahlenangaben sind vermutlich durch Definitionsunschärfen sowie verschiedene Häufigkeitsmaße (Punktprävalenz, Inzidenz) bedingt. Der Anteil von Patienten mit psychischer bzw. psychiatrischer Symptomatik in Allgemeinpraxen kann auf ca. 30% geschätzt werden, wovon etwas mehr als die Hälfte neurotische und psychosomatische Symptome aufweisen (Zintl-Wiegand et al. 1988). So zeigt eine Untersuchung von Tress et al. (1990), daß bei 16% der Personen, bei denen in einer Prävalenzstudie zu einem Zeitpunkt das Vorliegen psychosomatischer Störungen diagnostiziert wurde, zu einem Zeitpunkt drei Jahre später das Vorliegen von neurotischen Störungen angenommen wurde. Umgekehrt wurden psychosomatische Störungen bei 38% der Patienten angenommen, bei denen drei Jahre vorher neurotische Störungen festgestellt worden waren. Damit wird deutlich, daß die Grenzen zwischen beiden Störungsformen nicht nur unscharf sind, sondern daß es u.U. sinnvoll sein kann, unter einem epidemiologischen Gesichtspunkt von einer Grundgesamtheit von psychogenen Störungen auszugehen, die bei wechselnder Symptomatik in unterschiedliche Klassen eingeordnet werden kann.

Aus den Ausführungen zur Diagnose der Herzphobie hat sich ebenfalls ergeben, daß die Abgrenzbarkeit gegenüber „verwandten" Störungen, beispielsweise dem Paniksyndrom, nicht immer gegeben ist. Viele Patienten erfüllen die Kriterien für beide Störungstypen, so daß im Grunde beide Diagnosen angewandt werden können und auch müssen. Dies betrifft ebenfalls die Komorbidität mit depressiven Störungen. Dies hat selbstverständlich auch Konsequenzen für die Einschätzung der epidemiologischen Daten. Es hat sich ebenfalls gezeigt, daß von unterschiedlichen Untersuchern, etwa im Falle der Depression, ganz unterschiedliche Diagnosen vergeben werden (Kirmayer, Robbins, Dworkind und Yaffe 1993) und daß dies wesentlich von der Art der körperlichen Symptomatik abhängt.

Die Herzphobie tritt eher bei jüngeren Menschen auf. Jenseits des 40. Lebensjahres und mit fortschreitendem Alter nimmt die Häufigkeit der Diagnosestellung erheblich, fast schlagartig, ab. Die Gründe hierfür sind noch nicht untersucht worden. Es kann jedoch angenommen werden, daß durch altersbedingte Veränderungen auch im Herz-Kreislauf-System möglicherweise „organische Diagnosen" auf der Grundlage geringer Befunde erhoben werden und damit auch eine Erklärung für das Vorliegen von Beschwerden liefern. In verschiedenen Studien (z.B. Schonecke 1987) betrug das durchschnittliche Alter der Patienten etwas über 30 Jahre. Betrachtet man die Zahlen für die Somatisierungsstörung, so ist über das Kriterium des Störungsbeginns vor dem 30. Lebensjahr eine Verschiebung der Verteilung in Richtung eines geringeren Alters zu erwarten. Es ist auch zu bedenken, daß die Prävalenzzahlen für die Somatisierungsstörung durch dieses Kriterium beeinflußt werden, wenn Patienten nicht gezählt werden, bei denen der Beginn der Erkrankung nach dem 30. Lebensjahr liegt.

Sowohl für die Altersverteilung als auch für die Prävalenzzahlen der Herzphobie oder verwandter Störungen ist zu bedenken, daß funktionelle Beschwerden, die bei dem Vorhandensein einer organischen Erkrankung vorliegen, wie dies im Fallbeispiel 3 deutlich wurde, im allgemeinen wegen der organischen Diagnose nicht erfaßt werden. Dies dürfte der Fall sein - obwohl in den diagnostischen Kriterien für die Somatisierungsstörung ausdrücklich auf den Sachverhalt verwiesen wird, daß eine organische Erkrankung mit den funktionellen Beschwerden in Beziehung stehen kann - wenn die Beschwerden weit über das durch den körperlichen Befund zu erwartende Ausmaß hinausgehen. Andererseits ist gerade bei diesen Patienten nicht zu erwarten, daß sie die Anzahl von 13 geforderten Symptomen erreichen, da ihre Symptomatik sich im allgemeinen auf das Organsystem mit der Grunderkrankung beschränkt, so daß über das Kriterium der Anzahl der verschiedenen somatischen Beschwerden hier nicht von einer Somatisierungsstörung gesprochen werden kann.

Hinze und Krüger (1981) fanden bei 9% der Patienten einer gerontopsychiatrischen Poliklinik „Hinweise auf Herzangst nicht-organischer Genese". Nicht berücksichtigt wurden dabei ausgesprochen depressive Patienten, bei denen es zu Herzbeschwerden kam, ohne daß das Moment der Angst im Vordergrund stand. Das Durchschnittsalter dieser Patienten betrug 66 Jahre, die Herzangstsymptomatik bestand im

Mittel seit 15 Jahren. Da ebenfalls die Befunde internistischer Untersuchungen vorlagen, konnte auch die Frage geklärt werden, inwieweit organpathologische Veränderungen die Beschwerden hätten erklären können. Dies war von den 46 Patienten nur bei 5 der Fall, so daß bei 41 Patienten funktionelle kardiovaskuläre Störungen vorlagen. Interessant hierbei ist die Tatsache, daß die Häufigkeit des Vorkommens der „Herzangst", wie die Autoren es nennen, bei dieser Stichprobe etwa genauso hoch ist, wie sie von Cremerius (1963) in einer allgemeinen Poliklinik gefunden wurde.

Aus dem durchschnittlichen Alter der Patienten ergibt sich ein ökonomisch bedeutsamer Faktor, denn fast alle Patienten sind im erwerbsfähigen Alter, so daß sich die Frage nach krankheitsbedingten Ausfallzeiten stellt. Sturm und Zielke (1988) haben diese Frage an einer Stichprobe von 1155 Patienten einer psychosomatischen Fachklinik überprüft. Davon waren 35.9% bis zur Aufnahme in die Klinik ununterbrochen krank geschrieben und davon wiederum 38.29% über ein Jahr lang. 29.78% sind über 18 Monate arbeitsunfähig gewesen. Die Dauer der Krankheitsmanifestation betrug im Durchschnitt 7.04 Jahre, was auch bedeutet, daß die Patienten durschnittlich 7 Jahre in irgendeiner Weise unzureichend behandelt worden waren. Aus einer Zusammenstellung der Autoren geht hervor, daß im Zeitraum eines Jahres (7/82 - 6/83) in der Bundesrepublik von Praktischen Ärzten und Internisten 39.4 Millionen Verordnungen von Tranquilizern, Schlafmitteln und Antidepressiva durchgeführt wurden, davon 2.86 Millionen Antidepressiva. Kommt also ein Patient mit funktionellen Störungen nach vielen Jahren in eine für seine Erkrankung fachspezifisch kompetente Behandlung, so stellt sich meist zusätzlich das Problem, eine Medikamentenabhängigkeit behandeln zu müssen. Shaw und Creed (1991) fanden bei englischen Patienten mit Somatisierungssyndrom, daß die jährlichen Kosten, die durch sie verursacht werden, extrem schwanken und zwischen 25 und 2300 engl. Pfund variieren. Das Ausmaß der Kosten war abhängig von den Annahmen des Arztes über die den Beschwerden als vermutet zugrunde liegenden somatischen Bedingungen. Ockene, Shay, Alpert, Weiner und Dalen (1980) berichten, daß 51% der Patienten, die sich einer Koronarangiographie wegen pectanginöser Beschwerden unterzogen hatten, aber keinen somatischen Befund aufwiesen, nach einem Jahr noch arbeitsunfähig waren. 44% dieser Patienten waren davon überzeugt, daß sie eine Herzerkrankung hätten.

Fink (1992) fand, daß 19% derjenigen Patienten, die in einem Zeitraum von acht Jahren mehr als zehnmal stationär in eine Klinik aufgenommen worden waren, keinen organpathologischen Befund hatten. In ihrem bisherigen Leben waren sie im Durchschnitt 20 Jahre lang erkrankt, wobei der durchschnittliche Beginn der Störung im 25. Lebensjahr lag. Herrmann et al. (1994) fanden, daß bei über 3700 Patienten, die koronarangiographisch untersucht worden waren, fast ein Viertel pathologisch erhöhte Werte für Angst und Depression hatten. Diejenigen Patienten, die hohe Angstwerte hatten, hatten signifikant häufiger einen normalen Befund. Insgesamt korrelierte die Stärke der Beschwerden negativ mit dem angiographischen Befund. Franz und Schepank (1994) konnten zeigen, daß in einer Stichprobe von Patienten mit Somatisierungsstörung nur 2,5% psychotherapeutisch behandelt wurden und daß von den übrigen Patienten sonstige medizinische Dienste überdurchschnittlich in Anspruch genommen wurden. Zu ähnlichen Ergebnissen kam ebenfalls Simon (1992) für eine amerikanische Stichprobe von Patienten mit funktionellen Störungen. Ford (1986) schätzt, daß etwa 10% der gesamten Aufwendungen des amerikanischen Gesundheitssystems, das sind ca. 20 Milliarden US-Dollar, für Patienten mit funktionellen Störungen ausgegeben werden. Weber et al. (1990) schätzen sogar, daß 50% der Patienten, die wegen irgendwelcher Beschwerden den Arzt aufsuchen, funktionelle Beschwerden hätten. Von den Patienten einer Poliklinik wurde bei 22,4% der Männer und 29,2% der Frauen die Diagnose „Funktionelle Beschwerden" gestellt.

Im allgemeinen wird angenommen, daß Frauen häufiger als Männer von funktionellen Störungen betroffen sind (z.B. Dilling u.a. 1984, Schepank 1987). Dies entspricht der im DSM-III geäußerten Auffassung, daß Männer sehr viel seltener vom „Somatisierungssyndrom" betroffen seien als Frauen. In verschiedenen Studien, in denen Patienten mit funktionellen kardiovaskulären Störungen untersucht wurden, gab es jedoch mehr Männer in den Stichproben als Frauen (z.B. Richter und Beckmann 1973, Schonecke 1987, Nutzinger u.a. 1987). Dies mag u.U. an der Institution liegen, in der die jeweiligen Untersuchungen durchgeführt wurden, die zu einer verschiedenen Auswahl von Patienten für die Untersuchungen führt. Escobar und Canin (1989) beispielsweise fanden eine Prävalenz nach dem Somatisierungsindex (SSI Somatic Symptom Index) von 4.6%. Nach diesem Index sind die Kriterien für die Stellung der Diagnose „Somatisierungsstörung" schon bei einer geringeren Anzahl von somatischen Symptomen erfüllt als nach DSM-III. Damit kommen SSI-Störungen 50 mal häufiger vor als Somatisierungsstörung nach DSM-III. 15.5% der so diagnostizierten Patienten waren im Vergleich zu 4.4% in der Gesamtstichprobe arbeitsunfähig. Im vorliegenden Zusammenhang ist natürlich die höhere Prävalenz von Bedeutung, aber auch, daß das Geschlechtsverhältnis nach SSI nur 2:1 betrug. In diesem Zusammenhang ist auch bemerkenswert, daß das DSM-III fünf (gynäkologische) Symptome für Frauen mehr anbietet. Werden nur die Beschwerden berücksichtigt, die für beide Geschlechtsgruppen anwendbar sind, so unterscheidet das Beschwerdeprofil nicht zwischen den Geschlechtern, wie Golding, Smith und Kashner (1991) zeigen konnten. Simon (1992) stellte fest, daß Patienten mit Panikstörung und funktionellen Symptomen ärztliche Dienste sehr häufig in Anspruch nehmen. Bei Frauen fand sich eine erhebliche Komorbidität mit Depression, jedoch nicht bei Männern.

Derartige Befunde sind Ergebnis von bedeutenden epidemiologischen Studien in Amerika. In den achtziger Jahren wurden in den USA diese Studien zur Epidemiologie psychischer Störungen durchgeführt, die „Epidemiologic Catchment Area" Studien (ECA). In diesem epidemiologischen Forschungsprogramm wurden im wesentlichen diagnostische Verfahren wie das „Diagnostic Interview Schedule" (DIS) angewendet, um die diagnostische Zuordnung von Fällen nach DSM-III und später DSM-III-R zu gewährleisten. Die Daten dieser Studien wurden später auf verschiedene Weise ausgewertet und stellen eine der bedeutendsten Datensammlungen zur Epidemiologie psychischer bzw. psychiatrischer Störungen dar.

Bedenkenswert ist in diesem Zusammenhang auch folgender Sachverhalt. In DSM-III gibt es die diagnostische Kategorie „Undifferenzierte Somatoforme Störung". „In diese Kategorie fallen klinische Bilder, die nicht das volle Symptombild einer Somatisierungsstörung aufweisen" (DSM-III R 1989). Dies kann dann der Fall sein, wenn die Patienten über eine zu geringe Anzahl von Symptomen klagen oder die Störung nach dem 30. Lebensjahr begonnen hat. Dann wird eingeräumt, „...obwohl die Undifferenzierte Somatoforme Störung hier als eine Restkategorie der Somatisierungsstörung definiert wird, ist sie weitaus häufiger als das Somatisierungssyndrom selbst". Man kann sich fragen, ob es sinnvoll ist, einen Rest als umfangreicher zu definieren, als die Hauptsache. Dies wäre jedoch im Grunde lediglich eine Frage der Begriffe. Betrachtet man jedoch die weiteren Angaben zur undifferenzierten somatoformen Störung, so ist es erstaunlich, daß hierfür keine Informationen vorliegen. Neben der Tatsache, daß Angst und Depression häufig bei dieser Störung sind, gibt es keine Angaben zum Alter beim Beginn der Störung, zu prädisponierenden Faktoren und zur Geschlechtsverteilung. „Anders als bei der Somatisierungsstörung liegen bei dieser Störung keine Hinweise für eine größere Häufigkeit bei Frauen vor" (DSM-III R 1989).

Dieser Sachverhalt erklärt die teilweise sehr unterschiedlichen epidemiologischen Angaben zur Häufigkeit funktioneller Störungen. Je nachdem welche diagnostischen Kriterien angewendet werden, ergeben sich unterschiedliche Häufigkeiten. Dieser Sachverhalt würde auch erklären, warum in den einzelnen Studien recht unterschiedliche Geschlechtsverteilungen gefunden werden. Betrachtet man noch die Tatsache, daß bei den Symptomen für die Somatisierungsstörung Frauen mehr Symptome angeben können als Männer (s.o.), so ist schon dadurch die Wahrscheinlichkeit erhöht, daß Frauen eher die Kriterien für eine Somatisierungsstörung erfüllen als Männer.

Will man die epidemiologische Häufigkeit funktioneller Herz-Kreislauf-Störungen abschätzen, so kommt hinzu, daß auch die Kriterien für die Panikstörung Symptome enthalten, die den funktionellen Beschwerden der Herzphobie gleichen (siehe Kap. Diagnostik). Aus diesem Grunde sind epidemiologische Untersuchungen zur Panikstörung ebenfalls für die Abschätzung der Häufigkeit funktioneller Herz-Kreislauf-Beschwerden wichtig.

Aus diesen Zahlen und epidemiologischen Befunden ergibt sich, daß durch Erkrankungen mit funktionellen Beschwerden erhebliche Kosten verursacht werden. Weiterhin zeigt sich, wie wichtig - auch unter ökonomischen Gesichtspunkten - eine korrekte Diagnosestellung durch den Arzt ist. Darauf wurde bereits im Abschnitt zu den Anforderungen an das ärztliche Verhalten im Umgang mit den Patienten hingewiesen. An diesen Zahlen zeigt sich deutlich, wie sehr der Verlauf der Erkrankung und damit das Wohlbefinden der Patienten vom Verhalten des Arztes und seiner Diagnosestellung abhängt. Die sehr häufig über Jahre andauernden Krankheitsverläufe, wie sie in den dargestellten Ergebnissen vieler Untersuchungen deutlich werden, sind oft das Ergebnis einer unzureichenden Diagnosestellung und entsprechend unzureichenden Behandlung. Im Kapitel über die therapeutischen Möglichkeiten wird dargestellt werden, daß die meisten Patienten mit einem verhältnismäßig geringen Aufwand erfolgreich behandelt werden können, einem Aufwand, der in keinem Verhältnis zu den jahrelang entstehenden Kosten durch immer wiederkehrende Inanspruchnahme ärztlicher Dienste entsteht. Zudem ist es ebenfalls sehr wichtig, zu berücksichtigen, daß die betroffenen Patienten in einem ganz erheblichen Umfang unter der Erkrankung leiden und in ihrem Leben beeinträchtigt sind.

5 Pathogenese

Die Entstehung der Herzphobie ist nicht eindeutig geklärt. Es gibt dennoch eine Reihe von Erklärungsansätzen, die allerdings meist einzelne Aspekte des Krankheitsbildes zu erklären versuchen. Aus diesem Grunde ist es notwendig, die Berichte der Patienten über die Art und den Beginn ihrer Beschwerden besonders sorgfältig zu bedenken und zu versuchen, aus den geschilderten Phänomenen Schlüsse für die Pathogenese der Krankheit zu ziehen. In diesem Zusammenhang ist es ebenfalls wichtig, psychologische und psychobiologische Konzepte und Forschungsergebnisse daraufhin zu betrachten, inwieweit sie dazu geeignet sind, die beobachteten Einzelphänomene zu erklären. Auf diese Weise gibt es eine Reihe von Ansätzen, mit denen versucht wurde, das Auftreten und die Eigenart der Herzphobie zu erklären. Wie bereits im Kapitel über die Diagnostik und Differentialdiagnose dargestellt wurde, gibt es viele Überschneidungen mit anderen Krankheitsbildern, z.B. der Panikstörung. Obwohl hier nicht der Standpunkt vertreten wird, daß es sich bei der Herzphobie um die Panikstörung handelt oder umgekehrt, so muß doch berücksichtigt werden, daß in beiden Störungsbildern unter anderem ähnliche oder vergleichbare Prozesse wirksam sein können. Insofern sind Forschungsergebnisse zur Pathogenese der Panikstörung auch für die Herzphobie wichtig, auch wenn sich beide Störungsbilder in anderer Hinsicht unterscheiden können.

Betrachtet man die oben geschilderten Fallbeispiele, so scheint es für den Beginn der Erkrankung jeweils unterschiedliche, aber auch vergleichbare Bedingungen zu geben.

Fallbeispiel 1 (Forts.)

Im ersten Fallbeispiel treten die geäußerten Beschwerden in einer der Patientin vertrauten Situation, jedoch unter ungewöhnlichen Umständen auf. Sie war zwar schon oft ohne Schwierigkeiten mit dem Sessellift gefahren, an dem besonderen Tag gab es jedoch zwei Bedingungen, die für sie ungewöhnlich waren. Zum einen hatte sie am Abend und in der Nacht vorher ziemlich viel Alkohol zu sich genommen und wenig und schlecht geschlafen. Sie fühlte sich körperlich und psychisch schlecht. Man könnte sich fragen, was dazu geführt hat, daß sie den Abend und die Nacht so verbracht hat, wie sie es getan hat. So könnte das Befinden am fraglichen Tag zum Teil durch den Überhang der Alkoholwirkung, zum Teil vielleicht auch durch Bedingungen ihrer Lebenssituation zu erklären sein. Die zweite Besonderheit bestand darin, daß sie diese Fahrt mit einer Bekannten unternommen hatte, die schon vorher geäußert hatte, große Angst vor der Fahrt zu haben, und die dann tatsächlich während der Fahrt auch deutliche Anzeichen von Angst zeigte. In dieser Situation geriet die Patientin in Panik, d.h. sie hatte einen schweren Angstanfall. Es ist sehr wahr-

scheinlich, daß die durch den Alkoholgenuß und den Wirkungsüberhang bedingte „physiologische Situation" der Patientin unter anderem durch eine Regulationslabilität und Erregung gekennzeichnet war. Sie hatte dies als „Unwohlsein" bezeichnet.

Weiterhin war die Patientin in einer für sie sehr schwierigen Lebenssituation gewesen. Sie hatte ihren Lebensbereich erheblich verändert, war von München nach Köln gezogen, hatte damit ihren Bekannten- und Freundeskreis weitgehend verloren, arbeitete in einer neuen Firma, dort hatten sich Schwierigkeiten abgezeichnet, und sie hatte die Einsicht in die Notwendigkeit gewonnen, ihre Partnerschaft beenden zu müssen. So war sie oft am Wochenende, wie auch bei dieser Gelegenheit, nach München gefahren, um den Kontakt mit ihrem Freundeskreis aufrechtrechtzuerhalten und ihr Alleinsein in Köln nicht erleben zu müssen. Diese gesamte Lebenssituation erforderte eine enorme Anpassungsleistung, die sie noch nicht erbracht hatte, und so enthielt ihre Situation eine recht starke Unsicherheit, die auch zu Zukunftssorgen geführt hatte. Neben der akuten physiologischen Labilisierung bestand eine längerfristige psychische „Unsicherheit" und Besorgtheit, die sich darauf bezog, ob sie all diese Probleme meistern würde. Hinter ihr Selbstkonzept einer kompetenten und durchsetzungsfähigen Frau, die auftretende Probleme gut meistern kann, war bereits ein Fragezeichen geraten.

Es gibt in der Schilderung der Patientin ein weiteres Detail, das für den vorliegenden Zusammenhang wichtig ist, sie erlebte das erste Auftreten der „Beschwerden" zunächst nicht im Sinne einer körperlichen Erkrankung bzw. als deren Folge, sondern als unkontrollierbare, sich steigernde Angst, die in einer Katastrophe enden würde. Vor allem das Erlebnis, daß in ihr ein sehr unangenehmer und dramatischer Prozeß stattfand, den sie nicht beeinflussen oder steuern konnte, hatte sie extrem verunsichert und diesen Prozeß immer weiter gesteigert.

Faßt man die wesentlichen Komponenten des Beginns der Erkrankung bei dieser Patientin zusammen, so trat starke, unkontrollierbare, in dieser Form vollkommen ungewohnte Angst, zusammen mit bestimmten Gedanken, auf. Dies geschah in einer Situation psychophysischer Labilität, die als „dispositionelle Bedingung" zu bezeichnen ist. Erst später führte die Tatsache, daß ein Arzt hinzugezogen wurde, der ihr akut helfen konnte und der später umfangreiche körperliche Untersuchungen veranlaßt und durchgeführt hatte, dazu, daß Ärzte für sie in dieser Problematik die Ansprechpartner geworden waren, und daß sie die mit der Angst verknüpften Körpersensationen als Folge einer körperlichen Erkrankung interpretierte, obwohl in den körperlichen Untersuchungen kein eindeutiger Befund erhoben worden war, der die Beschwerden hätte erklären können. Neben der Disposition der durch den Alkoholgenuß bedingten psychophysischen Labilität bestand ebenfalls eine dispositionelle Bedingung, die durch ihre veränderte Lebenssituation und der in dieser enthaltenden emotionalen Konflikte gegeben war. So hatte also eine konflikthafte Lebenssituation, die zudem die Notwendigkeit für eine Anpassung an neue Bedingungen enthielt, zu einem Verhalten geführt, das mit ziemlicher Wahrscheinlichkeit eine wesentliche Bedingung für das Auftreten der ersten Panikattacke darstellte.

An diesem Beispiel wird ein häufig anzutreffender Mechanismus deutlich, der nicht nur für die Herzphobie, sondern auch in anderen psychosomatischen Zusammenhängen wichtig ist. Eine problematische oder belastende Lebenssituation, die man oft als Streß bezeichnet, führt zu einem Verhalten, das den Organismus schädigt, wie übermäßiger Alkohol- oder Zigarettenkonsum.

Fallbeispiel 2 (Forts.)

Im zweiten Fallbeispiel begannen die „Beschwerden" auf andere Art und Weise. Die Patientin war auf der Autobahn unterwegs gewesen, als plötzlich, ohne irgendeinen sofort ersichtlichen Anlaß, intensive körperliche Mißempfindungen auftraten, die von der Patientin als Beschwerden eines bedrohlichen körperlichen Zustands interpretiert wurden. Diese Beschwerden bestanden in dem Gefühl einer ausgeprägten Atemnot, verbunden hauptsächlich mit dem Gefühl von Herzrasen. Die Patientin hatte das Gefühl, sie würde sterben und erlebte ein entsprechend intensives Angstgefühl. Es gelang ihr, über eine Landstraße nach Hause zu fahren, ihren Vater aufzusuchen, der Arzt war. Dieser gab ihr eine „Beruhigungsspritze", und der Angstanfall konnte dadurch beendet werden.

Die Lebenssituation der Patientin war durch den Tod der Mutter gekennzeichnet, obwohl dieser schon etwas mehr als ein Jahr zurücklag. Sie hatte zur Mutter eine sehr gespannte Beziehung gehabt, die zum einen durch Eifersucht gekennzeichnet war, zum anderen war sie durch die depressive Erkrankung der Mutter, die wiederholt zu stationären psychiatrischen Behandlungen geführt hatte, belastet. Der Tod der Mutter wurde auf einen Suizid zurückgeführt, und die Patientin hatte in diesem Zusammenhang starke Schuldgefühle entwickelt. Am Abend, an dem die Mutter sich das Leben genommen hatte, war sie, trotz der Bitte der Mutter, zu Hause zu bleiben, in eine Diskothek gegangen, und sie waren im Streit auseinander gegangen, ein Streit, für den es keine Versöhnung mehr hätte geben können. Bei der Beerdigung hatte sie emotional extrem heftig reagiert, so daß ihre Angehörigen sie kaum noch beruhigen konnten. Der Vater war nur kurze Zeit nach dem Tod der Mutter, sehr zur Enttäuschung der Patientin, eine neue Beziehung eingegangen. Die Patientin selbst unterhielt zum Zeitpunkt des ersten Auftretens der Beschwerden eine sehr ambivalente Beziehung zu einem 10 Jahre älteren Mann, eine Beziehung, für die sie von ihrer Familie des öfteren kritisiert worden war.

Nachdem die Behandlungsversuche durch den Vater immer weniger halfen, wurde sie in die Innere Universitätsklinik überwiesen, wo sie ausführlich kardiologisch untersucht wurde. Außer der Diagnose eines Mitralklappenprolaps blieben diese Untersuchungen ohne Befund.

Bei diesem Fall standen zunächst Körpersensationen, Angst und der Gedanke an den Tod im Vordergrund. Es bestand ebenfalls, wie im ersten Fall, eine problematische und verunsicherte Lebenssituation, die durch den Verlust der Mutter und die problematischen Beziehungen zum Vater und zum Partner bestimmt war.

In mancher Hinsicht sind beide Fälle einander ähnlich. Unterschiedlich ist die Abfolge der einzelnen Komponenten zu Beginn der Beschwerden. In einem Fall stand die Angst zunächst deutlich im Vordergrund, zusammen mit dem Gefühl, einem unkontrollierbaren Vorgang ausgeliefert zu sein. Erst später wurde der Gedanke, körperlich erkrankt zu sein, durch äußere Einflüsse begünstigt, entwickelt. Im zweiten Fall scheint die Angst erst sekundär als Folge der erlebten, intensiven Körpersensationen und deren Bedrohlichkeit aufgetreten zu sein. In beiden Fällen bestand eine recht problematische Lebenssituation, die die Patientin verunsichert und dauerhaft belastet hatte. In beiden Fällen spielten Verluste realer, wichtiger Bezugspersonen eine Rolle, wenn auch in unterschiedlicher Härte. Aus diesen beiden exemplarischen Fällen ließe sich also festhalten, daß die Angst, das Erleben von Körpersensation und die Vorstellung, körperlich erkrankt zu sein, für die Erkrankung eine wesentliche Rolle spielen. Offen bleibt dabei, ob den Körpersensationen irgendwelche bedingenden Körpervorgänge zugrunde liegen. Diese Frage würde im zweiten Fall bedeuten, daß tatsächlich eine Einschränkung der Atmungsfunktion und eine Tachykardie vorgelegen haben. Im ersten Fall würde es die Frage betreffen, ob durch die Angst tatsächlich derartig dramatische Funktionsänderungen stattgefunden haben, wie dies von der Patientin empfunden worden ist.

Die geschilderten Komponenten beziehen sich auf das aktuelle Geschehen des Auftretens der Beschwerden bzw. des Auftretens eines Angstanfalls. Die Lebenssituation kann als begünstigende „Disposition" bzw. Bedingung aufgefaßt werden. Die Frage nach dispositionellen Bedingungen läßt sich anhand dieser beiden Fälle erweitern. Zu fragen wäre, ob sich beide Patientinnen von anderen Personen im Ausmaß ihrer Angstneigung unterscheiden lassen, d.h. ob es bei beiden wahrscheinlicher ist als bei anderen Personen, daß sie unter bestimmten Bedingungen Angst erleben bzw. intensiver erleben. Es könnte hinzu kommen, daß in beiden Fällen eine weitere Disposition vorliegt, die einer leichteren physiologischen Erregbarkeit. Diese müßte nicht unbedingt mit einer erhöhten Angstneigung zusammenhängen, sondern könnte als zusätzliche und u.U. unabhängige Komponente vorhanden sein und dazu führen, daß es bei Vorliegen dieser Disposition bei einem gegebenen Maß von Angst zu stärkeren Anstiegen beispielsweise der Herzfrequenz kommt. Dies würde dazu führen, daß im Erleben der Patienten die körperlichen Vorgänge in den Vordergrund gelangen. Es würde begünstigen, daß die Patienten den Angstanfall eher als einen körperlichen und weniger als einen psychischen Vorgang erleben bzw. interpretieren und darüber hinaus als Symptome einer ernsten körperlichen Erkrankung.

Ein körperlich betontes Erleben eines Vorgangs, der durch Angst gekennzeichnet ist, könnte sich ebenfalls ergeben, wenn eine Disposition vorliegen würde, die darin bestehen würde, daß die Patienten eine sensiblere Wahrnehmung für Körpervorgänge besitzen. Dies würde bedeuten, daß bei gleicher psychophysischer Erregbarkeit bzw. Reaktivität, bei gleicher Angstneigung und einer angenommenen gleichen Angstintensität die körperlichen Komponenten der Angst intensiver wahrgenommen und damit ebenfalls stärker in den Vordergrund des Erlebens gelangen würden.

Schließlich war bei der zweiten Patientin in der kardiologischen Diagnostik ein Mitralklappenprolaps festgestellt worden, also eine körperliche Besonderheit, die das Auftreten von Tachykardien, die dem subjektiven Gefühl des Herzrasens entsprechen würden, begünstigen könnte.

Somit wären für pathogenetische Erklärungen wichtig die Phänomene der Angst, der psychophysischen Reaktivität und körperliche Besonderheiten, denen für sich genommen kein Krankheitswert zukommt, die jedoch das Auftreten stärkerer Funktionsänderungen und der Körperwahrnehmung begünstigen würden. Beim Prozeß der Angst müßten weiterhin einzelne Komponenten bedacht werden, die sich auf kognitive Prozesse im Angstgeschehen beziehen. Im Hinblick auf den ersten und auch zweiten geschilderten Fall würde dies bedeuten, daß bestimmte Gedanken zu einer weiteren Steigerung der Angst geführt haben, die sich auf die Unkontrollierbarkeit des Geschehens beziehen. Derartige Gedanken scheinen eine Angst intensivierende Wirkung zu haben und dazu zu führen, daß sich die Angst der Personen zur Panik steigert. Im zweiten Fall war diese Komponente ausgeprägter, und dieser Fall unterschied sich vom ersten vor allem in der Hinsicht, daß das Auftreten der Beschwerden bzw. der Angst in der aktuellen Situation nicht durch irgendeinen Anlaß für die Patientin erklärbar war. Im ersten Fall erlebte die Patientin die Angst der Freundin mit und führte ihre eigene Erregung auf diesen Sachverhalt und ihr akutes, schlechtes körperliches Befinden zurück, d.h. sie hatte eine Erklärung für ihre Reaktion. Dennoch hatte sie den Gedanken bzw. das Erleben, daß ein ihr fremder, dramatischer Vorgang in ihr stattfinde, der von ihr nicht kontrolliert werden könne.

Bei den beiden bisher geschilderten exemplarischen Fallbeispielen ist der Beginn der Beschwerden recht dramatisch. Es kommt zu einem akuten, mit intensiven Körpersensationen verbundenen Angstanfall, der sich zur Panik steigert.

Fallbeispiel 4 (Forts.)

Im vierten Fallbeispiel begannen die Beschwerden ganz anders. Der Patient konnte einen genauen Beginn der Beschwerden nicht festlegen. Er berichtete über einen schleichenden Beginn eines zunehmend intensiver werdenden Druckgefühls im linken Thorax. Erst später, als er schon durch diese Beschwerden verunsichert war, kamen dramatischere Beschwerden, wie das Gefühl von Herzrasen, hinzu. Dies geschah in Situationen, in denen er sich überfordert fühlte. Er hatte seit dem Bestehen seiner Herzbeschwerden ebenfalls eine Verminderung seiner Leistungsfähigkeit und seines Antriebs erlebt und fürchtete nun auch, seinen Anforderungen nicht mehr gewachsen zu sein. Diese Befürchtung steigerte sich in Situationen einer erhöhten Anforderung, vor allem, wenn sie die Auseinandersetzung mit Kollegen beinhalteten. Es kam immer häufiger vor, daß er derartige Situationen wegen der dann dramatischeren Beschwerden beendete. Dies geschah jedoch recht selten, auch vermied er derartige Situationen nicht, sondern versuchte stets, sie durchzustehen.

Auch bei diesem Patienten enthielt die Lebenssituation erhebliche Probleme. Er hatte sich nach einiger Zeit einer zunächst von der Ehefrau unbemerkten außerehelichen Beziehung dazu entschlossen, mit seiner Frau über ihre Beziehung zu sprechen und die Beziehung zu der Freundin zu beenden. Nachdem er diesen Entschluß realisiert hatte, begannen die geschilderten Beschwerden, zunächst in leichterer, dann in zunehmender Intensität und Häufigkeit. Aufgrund der Schilderung des Patienten ergab sich die Diagnose einer depressiven Erkrankung.

Die aus den Fallbeispielen deutlich werdenden Elemente des Krankheitsgeschehens beziehen sich auf Prozesse wie Angst, Körperwahrnehmung usw., die unter einem psychologischen und einem physiologischen bzw. biologischen Gesichtspunkt betrachtet werden können. Man kann sich beispielsweise fragen, was erlebt ein Mensch, wenn er Angst hat, und könnte darauf antworten, daß er unter anderem den Drang verspürt, das angstauslösende Objekt zu vermeiden oder vor ihm zu fliehen. Man kann auch fragen, welche körperlichen Prozesse treten auf, wenn ein Mensch Angst hat und könnte auf eine ganze Reihe von Funktionsänderungen verweisen, die für den betreffenden Menschen teilweise auch spürbar werden können, wie Herzklopfen durch eine Veränderung des Herzschlags. Nun könnte man sich weiter fragen, wie es denn kommt, daß der Herzschlag sich beschleunigt oder welche Hirnstrukturen am Erleben der Angst beteiligt sind. Die Antworten auf all diese Fragen sind miteinander verknüpft. Die Frage nach den an der Angst beteiligten Hirnstrukturen berührt auch die Antwort nach der Frage nach der Veränderung der Herzfrequenz, da die beteiligten Hirnstrukturen die Aktivierung chemischer Substanzen beinhaltet, die auch für die physiologischen Veränderungen wichtig sind, die Neurotransmitter.

Es lassen sich auch Fragen stellen nach möglichen Unterschieden zwischen Menschen, die an einer Herzphobie erkranken und solchen, bei denen dies nicht der Fall ist. Die Ursachen könnten in angeborenen Unterschieden zwischen diesen Menschen liegen oder auf Erfahrungen beruhen, die die Patienten im Unterschied zu den Gesunden gemacht haben. Die auf diese Weise unterschiedlich formulierten Fragen zur Pathogenese der Herzphobie entsprechen unterschiedlichen Betrachtungsebenen lebendiger Phänomene.

Eine erste Ebene könnte als „psychosozial" bezeichnet werden. Sie betrifft die Art von Erfahrungen, die ein Organismus bzw. ein Mensch mit seiner sozialen Umgebung macht, die ihn dann in seinem Verhalten, seinen Gedanken und Erwartungen und seinem Erleben beeinflußt. Die Fragen und Antworten, die auf dieser Betrachtungsebene gestellt werden, betreffen die Beziehung eines Menschen zu seiner Umgebung, sofern sie andere Menschen betrifft. Das Ergebnis der Interaktion mit der sozialen Umgebung würde dann, wenigstens zum Teil, individuelle Besonderheiten oder Merkmale des Verhaltens und Erlebens bedingen.

Betrachtet man diese „interindividuellen Unterschiede" von Merkmalen, so ist dies eine zweite Ebene der Betrachtung von Phänomenen. Merkmale wie Erregbarkeit, emotionale Labilität oder Angstneigung können für sich betrachtet werden, und es kann danach gefragt werden, inwieweit sie für die Entstehung der Herzphobie wichtig sind. Man kann Fragen auf dieser Ebene stellen, die sich auf die Wirkung und die Funktionsweisen beziehen, die durch derartige Merkmale gekennzeichnet sind. Diese Betrachtungsebene ist nicht identisch mit der ersten Ebene, obwohl sie auch nicht unabhängig von dieser ist. So kann es der Fall sein, daß bestimmte „psychosoziale Erfahrungen" das Merkmal der Angstneigung mit bedingen. Es ist jedoch auch möglich, daß Anteile dieses Merkmals, anhand dessen sich Menschen unterscheiden lassen, auch durch Vererbung bedingt sind. Das bedeutet, daß die Ebene individueller Unterschiede im Hinblick auf psychologisch meßbare Merkmale zwar mit anderen Betrachtungsebenen verknüpft ist, aber auch für sich betrachtet werden kann, auch im Hinblick darauf, ob diese Merkmale eine Rolle in der Pathogenese der Herzphobie spielen.

Betrachtet man ein Merkmal wie Angstneigung, d.h. die erhöhte Wahrscheinlichkeit, daß eine Person in verschiedenen Situationen Angst erleben wird, so ergeben sich Fragen nach dem Phänomen der Angst. Dieses Phänomen, will man es ausreichend beschreiben, beinhaltet jedoch auch Anteile, die sich im Körper abspielen, wie Schwitzen, Zittern, Herzklopfen usw. Das bedeutet, daß mit bestimmten Phänomenen die ausschließlich psychologische Ebene der Betrachtung verlassen werden muß, will man diese Phänomene beschreiben und verstehen. Es wird eine Ebene der körperlichen Betrachtung hinzugezogen, und es ergibt sich eine „psychophysiologische" Betrachtungsebene. Im vorliegenden Zusammenhang soll diese Ebene beschränkt sein auf das Zusammenspiel von Anteilen von Prozessen, wie sie beispielsweise bei Angst stattfinden, mit körperlichen Anteilen dieser Prozesse, die wiederum eine Auswirkung auf die psychischen Erlebensanteile dieser Prozesse haben. Erlebt beispielsweise jemand beim Anblick eines Hundes Angst, so wird seine Herzfrequenz ansteigen, und es werden weitere körperliche Veränderungen stattfinden. Diese können für die Person wahrnehmbar sein, was seine Beurteilung der Gefährlichkeit der Situation wiederum beeinflußt, d.h. je stärker die Person ihren Herzschlag wahrnimmt, desto größer wird auch die Angst vor dem Hund sein. Diese Betrachtungsebene bezieht also diejenigen körperlichen Prozesse mit ein, die für die Beschreibung der entsprechenden Phänomene notwendig sind.

Neben dem Phänomen der akuten Angst ist auf dieser Ebene aber auch über dispositionelle Merkmale nachzudenken, wie etwa Angstneigung oder emotionale Labilität. Es ist denkbar, daß derartige dispositionelle Merkmale auch in einem psychophysiologischen Sinne definiert werden müssen, daß also einer emotionalen Labilität ebenso eine der Regulation physiologischer Prozesse entsprechen könnte oder daß eine erhöhte physiologische Reaktivität vorhanden ist. Diese könnte darin bestehen, daß beim Vorliegen derartiger Merkmale eine Bereitschaft vorhanden ist, mit stärkeren physiologischen Veränderungen auf entsprechende Situationen zu reagieren. Es könnte aber auch der Fall sein, daß das Niveau derartiger Funktionen bereits permanent erhöht ist, also auch unter normalen, nicht belastenden Bedingungen. Derartige Fragen betreffen die Ebene des Zusammenwirkens physiologischer und psychologischer Prozesse.

Derartige Merkmale, die sowohl psychische als auch physiologische Anteile enthalten, werden ihrerseits von Prozessen moduliert, die an bestimmte Hirnstrukturen gebunden sind. So ist die Verarbeitung von Bedrohungsinformation, d.h. die Beurteilung eines Reizes als bedrohlich und damit u.U. angstauslösend, an bestimmte Strukturen im Gehirn gebunden, z.B. den Locus coeruleus und das septohippokampale System. Gleichzeitig lassen sich die entsprechenden Prozesse der Verarbeitung von Bedrohungsinformation auch auf einer psychologischen Ebene als eine besondere Art der Informationsverarbeitung beschreiben, etwa durch ihre Geschwindigkeit oder den Rang in einer Hierarchie der Informationsverarbeitung. Diese Betrachtungsebene wird als „neurophysiologische Ebene" bezeichnet. Sie bezieht sich allgemein auf die Beziehung zwischen Prozessen in bestimmten Strukturen des Gehirns und psychischen Phänomenen.

Die Phänomene der neurophysiologischen Ebene, die sich auf neurale Strukturen beziehen, sind ihrerseits abhängig von Prozessen auf einer „molekularen Betrachtungsebene". So ist beispielsweise die Übertragung von Erregung an den Synapsen vom Vorhandensein bestimmter Stoffe, den Neurotransmittern, und molekularen Strukturen an den synaptischen Membranen abhängig, sog. Rezeptoren, zu denen die Transmitter passen müssen. Bestimmte neurale Strukturen, wie z.B. der Locus coeruleus, sind in ihrer Funktion durch einzelne derartiger Neurotransmitter, in diesem Falle das Noradrenalin, gekennzeichnet. Auf diese Weise gibt es eine molekulare Ebene der Betrachtung der Verarbeitung von Bedrohungsinformation im Falle von Angst. So wäre auch denkbar, daß ein dispositionelles Merkmal wie die Angstneigung von den „molekularen Gegebenheiten" der Hirnstruktur des Locus coeruleus abhängt, d.h. von der Regulation des Noradrenalins.

Am Beispiel der Angst wird also deutlich, daß dieses Phänomen ausreichend nicht auf einer Betrachtungsebene beschrieben werden kann, sondern daß mehrere Betrachtungsebenen dazu notwendig sind. Dies gilt vor allem, wenn man die Prozesse, die das Entstehen und den „Ablauf" der Angst bedingen, verstehen will. Die Erklärungsmodelle zur Pathogenese der Herzphobie betonen jeweils Gesichtspunkte, die den genannten Betrachtungsebenen entsprechen, in unterschiedlichem Ausmaß. Mit nur wenigen Ausnahmen könnten all diese Modelle im weitesten Sinne als psychobiologisch bezeichnet werden, da sie als wesentliche Elemente körperliche Prozesse beinhalten und versuchen, körperliche und psychische Prozesse aufeinander bezogen zu verstehen.

In den folgenden Abschnitten werden einige Grundlagen dargestellt, die für das Verständnis der verschiedenen Ansätze zur Erklärung der Krankheitsentstehung oder Pathogenese wichtig sind. Dies bezieht sich auf die beteiligten Organsysteme und grundlegende psychologische oder psychobiologische Theorien, wie die Psychoanalyse, die Lerntheorie und die Grundlagen der Psychophysiologie.

5.1 Psychophysiologische Grundlagen

5.1.1 Das Herz-Kreislauf-System

Nicht nur für die verschiedenen Körperfunktionen, sondern auch für das subjektive Erleben, hat das Herz-Kreislauf-System eine zentrale Position.

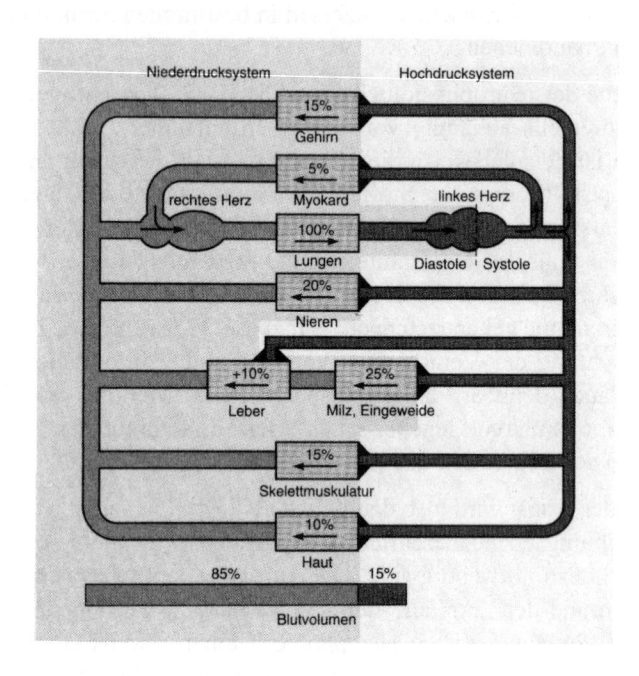

Abb.1 Schematische Darstellung des Kreislaufs. (Aus P.E. Deetjen und J. Speckmann 1994)

Es hat die Funktion, sämtliche Teile des Organismus mit Sauerstoff und anderen für den Stoffwechsel wichtigen Substanzen zu versorgen und Kohlendioxid von den Organen zu entsorgen, es ist also ein Transportsystem. Es besteht im wesentlichen aus einer zentralen Doppelpumpe und einem System von Blutgefäßen sehr unterschiedlicher Eigenschaften, wie beispielsweise den großen Arterien und den Kapillaren.

5.1.1.1 Herz

Das Herz ist eine Doppelpumpe, die aus jeweils zwei Hohlräumen besteht, dem rechten Vorhof, der rechten Herzkammer, dem linken Vorhof und der linken Herzkammer. Das Blut wird aus dem rechten Herzen in die Lunge gepumpt, von dort strömt es in den linken Vorhof („Atrium"), von dort in die linke Kammer („Ventrikel") und von dort in die Peripherie, d.h. in das arterielle Hochdrucksystem, von dort über die Kapillaren und das venöse Niederdrucksystem zurück in den rechten Vorhof. Jeweils zwischen den Vorhöfen und den Kammern gibt es Herzklappen, die „Atrioventrikularklappen" oder „Mitralklappen", die ein Zurückströmen des Blutes aus dem Ventrikel, der Herzkammer, in den Vorhof verhindern. Ebenso gibt es Klappen zwischen den Gefäßen und dem Herzen, die Aortenklappen, die verhindern, daß das Blut aus der Aorta in den linken Ventrikel zurückströmt.

Jeder Herzschlag beinhaltet, daß das Herz einen bestimmten Zyklus durchläuft, der aus zwei großen Phasen besteht, der Kontraktionsphase („Systole") und der Erschlaffungsphase („Diastole"). Diese beiden Phasen wiederholen sich bei jedem Herzschlag.

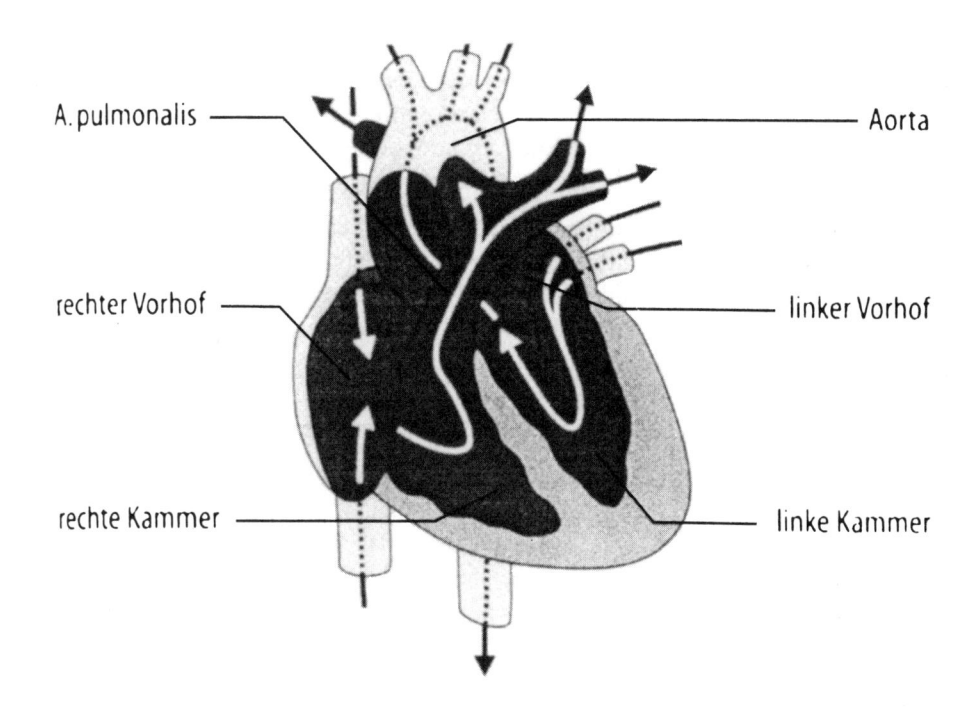

Abb. 2 Schematische Abbildung des menschlichen Herzens. (Aus: R.F. Schmidt und G. Thews: 1995)

Die Systole besteht ihrerseits aus zwei Phasen, der Anspannungsphase, bei der sich der Herzmuskel zusammenzieht, und der Austreibungsphase, bei der das Blut aus dem Herzen in die Aorta getrieben wird, ca. 70 ml bei jedem Schlag, das Schlagvolumen.

Dies geschieht in beiden Herzkammern bei jedem Herzzyklus, aus der rechten Herzkammer wird das Blut in den Lungenkreislauf, aus der linken Herzkammer in den Körperkreislauf getrieben. Dabei ist der in den Kammern entstehende Druck in der rechten Herzkammer sehr viel geringer als in der linken, im Normalfall ca. 10-22 mmHg, in der linken 80-120 mmHg.

Die Klappe zur Aorta öffnet sich, wenn der Druck im linken Ventrikel höher ist als in der Aorta. Der Blutdruck in der Aorta und den großen Arterien beträgt also während der Systole im Normalfall 120 mmHg, das ist der obere Wert bei der Messung des Blutdrucks. Das Herzzeitvolumen ist die Menge Blut, die vom Herzen in einer Minute gepumpt wird. Schließen sich die Klappen wieder, weil der Druck in der Aorta höher ist als im Ventrikel, beginnt die Diastole mit der Entspannungsphase. Durch den Schluß der Klappen bleibt der Druck in der Aorta unabhängig von dem im Ventrikel. Sinkt dieser unter den Druck im Vorhof, so öffnet sich die Mitralklappe zwischen linkem Vorhof und linkem Ventrikel, womit die Füllungsphase beginnt, d.h. das Blut strömt aus dem Vorhof in den Ventrikel.

Dies gilt ebenso für das rechte Herz. Dabei ziehen sich die Vorhöfe zum Schluß der Diastole zusammen, wodurch die Füllung der Ventrikel beschleunigt wird. Während der Zeit der Diastole sinkt der Blutdruck in der Aorta und den großen Arterien auf einen Wert von ca. 80 mmHg ab, das ist der untere Wert bei der Blutdruckmessung.

Man kann sich bei diesen Vorgängen gut vorstellen, daß ein reibungsloser Ablauf des Herzzyklus durch viele Einflüsse störbar ist. Schließt beispielsweise die Aortenklappe nicht richtig, so bewirkt dies, daß ein Teil des Blutes aus der Aorta in den linken Ventrikel zurückströmt und nicht für den peripheren Kreislauf zur Verfügung steht. Außerdem ändern sich dadurch die Druckverhältnisse zwischen dem Vorhof und dem Ventrikel, was durch die verzögerte Öffnung der Atrioventrikularklappe die Füllung des Herzens erschwert und die Herzleistung verringert.

Das Herz besteht aus den genannten Hohlräumen, die von Muskulatur, dem Herzmuskel („Myokard"), umgeben sind. Stellt man sich die oben geschilderten Abläufe des Herzzyklus vor, so ist es einleuchtend, daß sich der Herzmuskel „geordnet" zusammenziehen muß, um eine möglichst hohe Auswurfleistung zu erzielen. Zuerst müssen sich die Vorhöfe zusammenziehen, d.h. dieser Muskelanteil muß als erster elektrisch erregt werden. Die Erregung geht von sog. „Sinusknoten" an der Oberseite des rechten Vorhofs aus und breitet sich nach unten aus, wodurch zunächst nur die Vorhöfe kontrahiert werden. Die Erregung geht dabei auf den sog. „Atrioventrikularknoten" („AV-Knoten") über, der ungefähr am Übergang zwischen Vorhöfen und Kammern des Herzens etwas oberhalb der Trennung der beiden Herzkammern liegt. Erst wenn der Druck in den Vorhöfen angestiegen ist, breitet sich die Erregung vom AV-Knoten abwärts entlang den beiden Herzkammern aus, wodurch diese kontrahiert werden, was dann zur Austreibung des Blutes aus den Kammern führt. Diese zeitliche Abfolge ist wichtig für eine möglichst optimale Leistung des Herzens. Die Erregung kann sich aufgrund bestimmter Eigenschaften des Myokards über den Herzmuskel ausbreiten. Diese beinhalten auch, daß der Herzmuskel sich nicht „verkrampfen" kann, da die Muskelzellen sich nicht nach einer Kontraktion sofort wieder kontrahieren können.

Die Ausbreitung der elektrischen Erregung über den Herzmuskel läßt sich an der Körperoberfläche messen, diese Messung wird als „Elektrokardiogramm" (EKG) bezeichnet. Die Zacken oder Wellen im EKG entsprechen dabei der elektrischen Erregung bestimmter Anteile des Herzens im Herzzyklus. So entspricht die P-Welle der Vorhoferregung und der sog. „QRS-Komplex" der Erregung der Ventrikel, die ST-Strecke, d.h. die Strecke im EKG von der S-Zacke bis zur T-Welle, entspricht der anhaltenden Ventrikelerregung.

Für die Ausbreitung und Weiterleitung der elektrischen Erregung über das gesamte Myokard ist die Funktionstüchtigkeit des Myokards wesentlich. Wenn beispielsweise durch einen Herzinfarkt Myokard an bestimmten Orten, z.B. der hinteren Wand, zerstört worden ist, so breitet sich dort die Erregung verändert aus, was im EKG sichtbar wird. Dies ist auch der Fall, wenn durch eine verminderte Durchblutung des Myokards, z.B. bei einer „koronaren Herzkrankheit", die Erregungsleitung verändert ist. In diesem Fall ist die Geordnetheit der Kontraktion des Herzmuskels beeinträchtigt und damit auch die Herzleistung. Dies wird subjektiv am ehesten dann spürbar, wenn die Herzleistung durch eine Anforderung, z.B. Muskelarbeit, gesteigert werden muß.

5.1.1.2 Gefäße

Es gibt vier Arten von Blutgefäßen, die Arterien, die Arteriolen, die Kapillaren und die Venen. Die Arterien bilden ein System von Gefäßen unterschiedlicher Größe mit einem recht großen Querschnitt, das primär dem möglichst schnellen Transport des Blutes zu den einzelnen Organen dient. Vom Herzen gelangt das Blut zunächst in die Aorta, die Körperschlagader, und von dort in die Arterien. Das Herz pumpt das Blut mit jedem Herzschlag mit großer Kraft in die Aorta, die zusammen mit den großen Arterien die Stärke des Druckanstiegs durch ihre Dehnbarkeit abfängt („Windkesselfunktion"). Dies hat den Zweck, die Strömung des Blutes möglichst gleichmäßig zu machen. Von den Arterien gelangt das Blut in die Arteriolen, die wie Ventile die Durchblutung der nachgeordneten Organe durch Verengung („Konstriktion") oder Erweiterung („Dilatation") regulieren. Innerhalb der Arteriolen sinkt auf diese Weise der Blutdruck drastisch ab. In den Kapillaren findet der Austausch von den Atemgasen (Sauerstoff und Kohlendioxid), Nährstoffen und anderen Stoffwechselprodukten statt. Das System aus Aorta, Arterien, Arteriolen und teilweise Kapillaren wird „Hochdrucksystem" genannt, da in ihm die Werte des Blutdrucks viel höher sind als im System der Venen, dem „venösen System" oder „Niederdrucksystem". Ein kleiner Teil der Kapillaren wird zum venösen System gerechnet, da der Gasaustausch stattgefunden hat und die Druckwerte gering sind. Über die kleinen Venen („Venolen") kommt das Blut in die großen Venen und schließlich über die „Vena cava superior" und die „Vena cava inferior" (die obere und untere Vena cava) in das rechte Herz. In diesen herznahen Gefäßen ist der Druck fast auf Null abgesunken.

Die Gefäße des venösen Systems sind viel dehnbarer als die des arteriellen Systems. Etwa 85% des Bluts befindet sich aufgrund der größeren Dehnbarkeit der venösen Gefäße im venösen System, unter diesem Aspekt wird es daher auch als „Kapazitätssystem" bezeichnet. Die Körperposition (z.B. Liegen oder Stehen) übt einen großen Einfluß auf die Druckverhältnisse in den Gefäßen aus, da die Schwerkraft auf das Blut im Kreislauf einwirkt. Durch diesen Einfluß erhöht sich der Druck in den Beinvenen im Stehen gegenüber dem Liegen ca. um das Dreifache, und es könnte dazu kommen, daß das Blut in den Beinvenen versackt und nicht genügend zum Herzen zurückströmt. Die Venen besitzen jedoch Klappen, das sind Rückstromventile, die dies zusammen mit der die Venen umgebenden Muskulatur verhindern. Durch das Ansteigen der Muskelspannung in der Beinmuskulatur durch das Stehen werden die Venen zusammengedrückt, was ihre Dehnbarkeit verringert, die Venenklappen verhindern dann das Zurückströmen des Blutes, so daß es nur „vorwärts", zum Herzen gelangen kann.

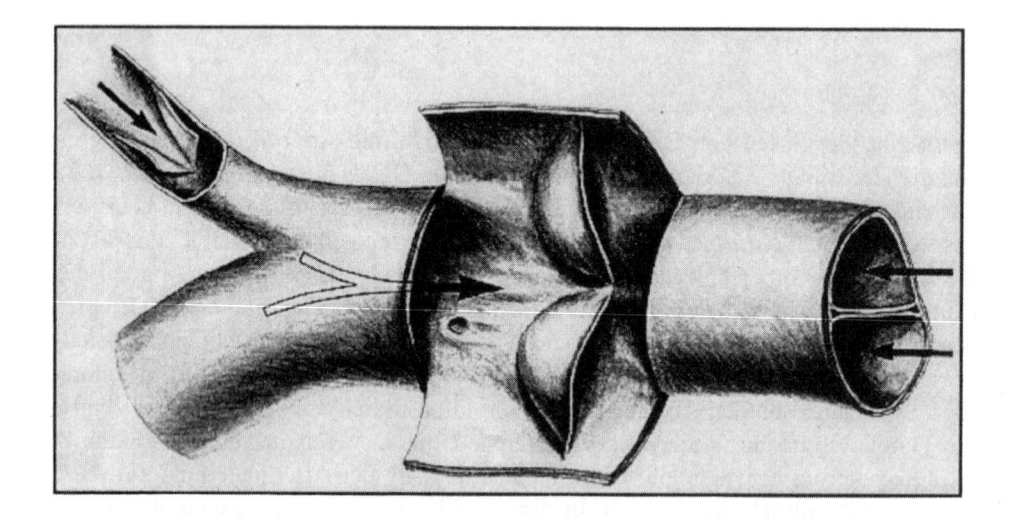

Abb. 3 Schematische Darstellung der Venenklappen (Aus: Sobotta 1993)

5.1.1.3 Blut

Das Mittel des Transports ist das Blut, das aus einer Vielzahl von Bestandteilen besteht, die in ihrer Zusammensetzung reguliert werden. Grundbestandteile sind die roten Blutzellen, die „Erythrozyten", die weißen Blutzellen, die „Leukozyten" und die sehr viel kleineren Blutplättchen, die „Thrombozyten". Diese Zellen befinden sich in einer Flüssigkeit, dem Blutplasma. Das Blutvolumen, also die Menge des Bluts eines jeden Menschen, beträgt ungefähr 6-8% seines Körpergewichts, das sind ungefähr 5-7 Liter. Ungefähr einmal pro Minute wird diese Menge vom Herzen gepumpt, sie heißt „Herzminutenvolumen" oder „Herzzeitvolumen". Die Erythrozyten haben als wesentliche Funktion den Transport von Sauerstoff und Kohlendioxid, den sog. „Atemgasen". Dabei wird der Sauerstoff an einen Bestandteil der Erythrozyten gebunden, das „Hämoglobin", das auch den roten Farbstoff enthält. Die Erythrozyten sind die häufigsten Blutzellen und bestimmen daher die sog. „Blutviskosität", d.h. die Steifigkeit des Blutes. Sie sind für die Fließeigenschaften des Blutes wichtig. Die Leukozyten sind für die Funktion des Immunsystems von zentraler Bedeutung. Die verschiedenen Arten von Leukozyten haben das Ziel, eingedrungene Fremdkörper zu zerstören. Dazu können sie die Blutgefäße verlassen und sich außerhalb von ihnen fortbewegen, um die Fremdkörper zu erreichen. So wird ein Teil von ihnen auch als „Freßzellen" bezeichnet, da sie die Fremdkörper in sich aufnehmen und auflösen. Eine wichtige Untergruppe der Leukozyten sind die sog. „Lymphozyten", von denen einige die verschiedenen Antikörper bilden, andere als sog. „Killerzellen" zusammen mit den Antikörpern z.B. für die Bekämpfung der Viren und Tumorzellen wichtig sind. Die Thrombozyten schließlich bewirken die Wundheilung durch mehrere Mechanismen. Sie reagieren sehr schnell auf Verletzungen mit Blutstillung durch Blutgerinnung. Dabei legen sich die Thrombozyten über die Gefäßverletzung, um sie abzudecken, klumpen sich zusammen und bilden einen sog. „Thrombus". Dabei werden Fibrinfasern gebildet, die sich an das verletzte Gewebe anfügen und zusammen mit den Blutzellen ein Netzwerk bilden.

5.1.1.4 Kreislaufregulation

Für den Kreislauf besteht die wesentliche Größe im Blutdruck, d.h. Kreislaufregulation ist im wesentlichen Blutdruckregulation. Wie in jedem geregelten System gibt es auch bei der Blutdruckregulation Fühler, die den aktuellen Blutdruck erfassen und an ein übergeordnetes Zentrum, an das „Kreislaufzentrum", melden. Diese Fühler sind Dehnungsfühler (Pressorezeptoren) in bestimmten Gefäßabschnitten, im Aortenbogen und dem Carotissinus, deren elektrische Aktivität mit zunehmender Dehnung stärker wird. Ihr Effekt besteht darin, daß der sympathische Einfluß auf das Herz-Kreislauf-System gehemmt wird und dadurch der Blutdruck wieder absinkt. Dieser Effekt bzw. diese Regelung geschieht sehr schnell und ist bei jedem Herzschlag, d.h. jedem Pulsschlag, wirksam, da der Blutdruck in den Gefäßen bei jedem Herzschlag kurzfristig ansteigt. Die Pressorezeptoren üben ebenfalls einen Einfluß auf das Atemzentrum aus und führen zu einer Senkung der Atemmenge.

5.1.1.5 Kreislaufreflexe

Wird durch Muskelarbeit der Bedarf an Sauerstoff und Energie erhöht, so werden u.a. durch spezifische Substanzen in der Muskulatur die versorgenden Gefäße erweitert. Dies führt zu einem Blutdruckabfall, der dazu führt, daß über den sympathischen Einfluß (s.u.) die Herzleistung und damit das Herzminutenvolumen gesteigert wird, um den Blutdruck aufrechtzuerhalten und dem erhöhten Bedarf gerecht zu werden. Der Einfluß des Parasympathikus wird gehemmt, die Gefäße in der Haut und in den Eingeweiden werden verengt, wodurch das für die Muskulatur verfügbare Blutvolumen erhöht wird. Die Herzfrequenz und das Schlagvolumen werden erhöht, d.h. die Menge Blut, die das Herz mit jedem Schlag in die Peripherie pumpt. Durch diese Mechanismen kann sich die Durchblutung eines Muskels bis zum 20fachen der Ruhedurchblutung steigern. Die so gesteigerte Herzleistung kann dann als „Herzklopfen" mit jedem Herzschlag spürbar werden, was vollkommen normal ist. Die geschilderten Mechanismen der Blutdruckregelung sind insofern autonom, als sie als sog. „Kreislaufreflexe" ohne Einwirkung höherer Zentren ablaufen können.

5.1.2 Atmung

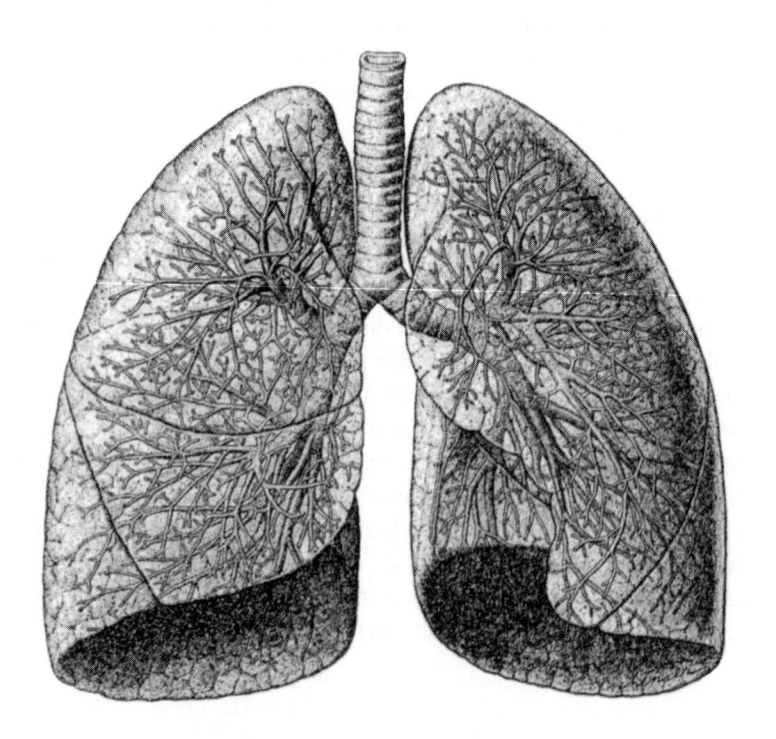

Abb. 4   Schematische Übersichtsdarstellung der gesamten Lunge. (Aus: Sobotta 1993)

Der Hauptmechanismus der Energiegewinnung im menschlichen Organismus ist die Verbrennung („Oxidation") von Nahrungsstoffen.

Dazu wird Sauerstoff (O2) benötigt, der aus der Umgebung aufgenommen werden muß. Bei der Verbrennung mit Sauerstoff entsteht Kohlendioxid (CO2), das an die Umgebung abgegeben werden muß. Dieser Gasaustausch mit der Umgebung geschieht in der Lunge durch die Atmung.

Nur ein Teil des Lungengewebes ist in der Lage, den Gasaustausch durchzuführen, er geschieht in den „Alveolen" (Lungenbläschen). Die Alveolen haben sehr dünne Wände und sind von einem Netz von feinsten Kapillaren umgeben, deren ebenfalls sehr dünnen Wände von den Alveolen durch eine sehr dünne Flüssigkeitsschicht getrennt sind. Beide menschlichen Lungenflügel beinhalten ca. 3 Millionen Alveolen, in denen der Gasaustausch stattfinden kann. Die gesamte Oberfläche der Alveolen beträgt ungefähr 70 Quadratmeter (m²).

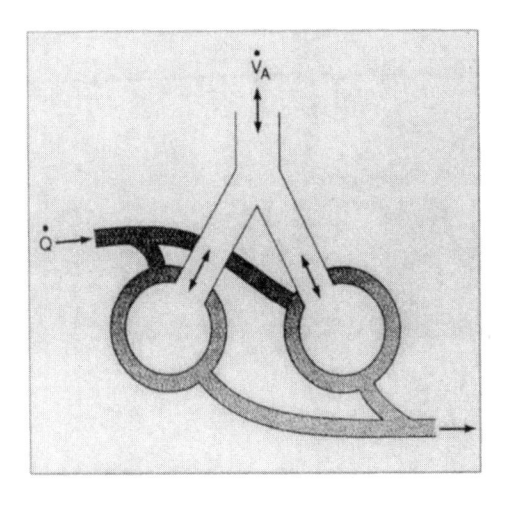

Abb. 5 Schematische Darstellung zweier Alveolen und des darin stattfindenden Gasaustauschs. (Aus P.E. Deetjen und J. Speckmann 1994)

5.1.2.1 Gasaustausch

Für den Gasaustausch in den Alveolen ist folgender, allgemein gültiger Sachverhalt von Bedeutung. Setzt sich ein Gasgemisch aus unterschiedlichen Gasen zusammen, so üben die einzelnen Gase im Verhältnis ihrer Teilmenge (relative Anzahl der jeweiligen Gasteilchen, bzw. „Gasmoleküle") einen Druck aus, einen Teildruck („Partialdruck"). Unterscheidet sich dieser Teildruck beispielsweise von Sauerstoff in zwei angrenzenden Räumen, die durch eine offene Tür verbunden sind, so gibt es eine Tendenz, ein Gleichgewicht zwischen den unterschiedlichen Teildrucken in den beiden Räumen herzustellen, d.h. wenn die Tür offen steht, wird sich der Teildruck des Sauerstoffs in den beiden Räumen angleichen. Dies kann geschehen, weil die Sauerstoffmoleküle durch die offene Tür von einem Raum in den anderen, in dem es zunächst weniger Moleküle gibt, gelangen können. Man könte sich nun vorstellen, daß ein Tuch an Stelle der Tür die beiden Räume voneinander trennt. Auch hierbei würde der Gasaustausch zwischen den beiden Räumen stattfinden, weil die Sauerstoffmoleküle durch das Tuch hindurchtreten könnten, weil das Tuch, anders als eine Glaswand, Lücken enthält. Ist also eine Wand, z.B. die einer Zelle, für eine bestimmte Substanz, z.B. Sauerstoff, durchlässig, so ist sie für diese Substanz „permeabel". Die Durchlässigkeit („Permeabilität") von Wänden (Zellwände („Zellmembran") oder Gefäßwänden) ist im gesamten Organismus in verschiedenen Zusammenhängen von großer Wichtigkeit.

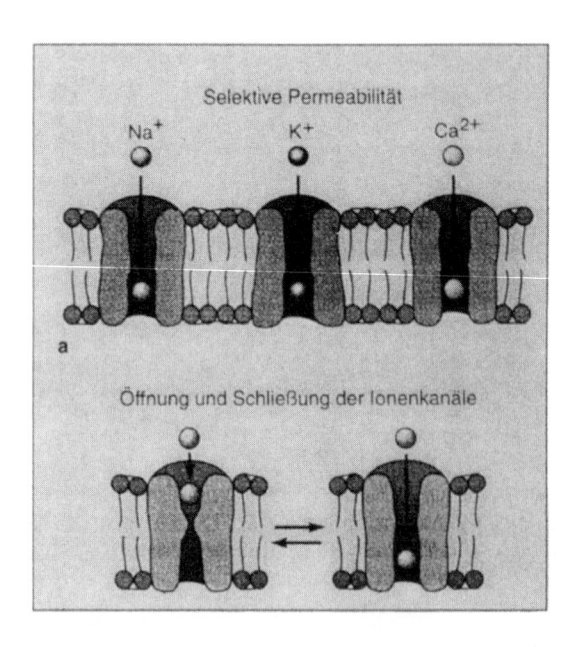

Abb.6 Schematische Darstellung der selektiven Permeabilität durch Ionenkanäle. (Aus P.E. Deetjen und J. Speckmann 1994)

Aufgrund der unterschiedlichen Partialdrucke von Sauerstoff und Kohlendioxid in den Alveolen und dem Blut in den umgebenden Kapillaren findet der Gasaustausch durch die Wände der Alveolen und der Kapillaren statt. Da im Blut der Partialdruck für Sauerstoff weniger als halb so groß ist wie in den Alveolen, strömen („diffundieren") die Sauerstoffmoleküle aus den Alveolen durch die sehr dünnen und permeablen Wände in die Kapillaren und binden sich an das Hämoglobin, umgekehrt geschieht es mit dem Kohlendioxid, das aus den Kapillaren in die Alveolen diffundiert.

5.1.2.2 Atemmechanik

Bei der Atmung gelangt die Atemluft durch den Nasenraum, den Rachen, die Luftröhre in die Bronchien und Bronchiolen bis hin zu den Alveolen. Dabei ist zu bedenken, daß nur derjenige Teil der Atemluft dem Gasaustausch dienen kann, der bis in die Alveolen gelangt, die eingeatmete Luft, die in der Luftröhre und den anderen Atemwegsabschnitten außer den Alveolen verbleibt, wird mehr oder weniger unverändert wieder ausgeatmet. Der Abschnitt der Atemwege, in den zwar Atemluft gelangt, in dem aber kein Gasaustausch stattfindet, wird „Totraum" genannt. Das Einatmen („Inspiration") ist ein aktiver Vorgang, der durch die Aktivität der Atemmuskulatur gegeben wird. Er vergrößert das Volumen im Brustraum („Thoraxraum"), wodurch ein Unterdruck entsteht, der zum Einströmen der Luft in die Lunge führt. Dabei geschieht die Inspiration gegen einen Widerstand, der durch die Beschaffenheit der Atemwege gegeben ist. Sind diese beispielsweise durch Schleimabsonderung oder sonstige Einflüsse teilweise verschlossen („obstruiert"), so ist der Widerstand gegenüber der Inspiration („Atemwiderstand") höher und die Atmung weniger effektiv, z.B. bei sog. „obstruktiven Atemwegserkrankungen", einigen Formen der chronischen Bronchitis.

Ähnlich wie das Herzzeitvolumen beim Herzen ist eine wichtige Größe bei der Atmung das Atemzeitvolumen, d.h. die Menge der Atemluft, die in einer Minute geatmet wird. Es beträgt ca. 7 Liter pro Minute unter Ruhebedingungen, kann sich unter extremer Belastung bis auf fast 100 Liter pro Minute steigern. Unter Ruhebedingungen beträgt die Atemfrequenz etwa 12-16 Atemzüge pro Minute.

Für die Effektivität der Atemfunktion ist natürlich das Funktionieren der einzelnen Komponenten wichtig. Ist beispielsweise das die Alveolen umgebende Netz von Kapillaren teilweise zerstört, so kann der Gasaustausch an diesen Stellen nicht stattfinden, dasselbe ist der Fall, wenn die Alveolen zerstört sind („Emphysem"), was häufig bei Rauchern der Fall ist oder bei Personen, die anderen Schadstoffbelastungen ausgesetzt sind.

5.1.2.3 Säure-Basen-Haushalt - pH-Wert und Atmung

Die Atmung spielt eine wichtige Rolle im Säure-Basen-Gleichgewicht im Organismus. Dieses wird als pH-Wert ausgedrückt, der im Normalfall bei 7,4 (+/- 0,02) liegt. Wird der pH-Wert höher, so spricht man von einer „Alkalose", d.h. z.B. das

Blut wird alkalisch, verringert er sich, so wird es sauer, dieser Zustand wird „Azidose" genannt. Die Abatmung des Kohlendioxids ist ein wesentlicher Regulator, um den pH-Wert konstant zu halten, wird viel Kohlendioxid abgeatmet, so erhöht sich der pH-Wert. Bei forcierter Atmung, z.B. bei Hyperventilation, kann es dabei zu einer atmungsbedingten („respiratorischen") Alkalose kommen, wobei der Kohlendioxidgehalt im Blut sinkt. Dies kann zu den typischen Symptomen der Hyperventilation führen, wie Mißempfindungen („Parästhesien") in Form von Kribbeln in den Extremitäten und im Mundbereich.

5.1.2.4 Atemregulation

Die Atmung hat das Ziel, einen möglichst konstanten pH-Wert zu halten. Das bedeutet, daß ebenfalls die Partialdrucke von Sauerstoff und Kohlendioxid möglichst gleich bleiben müssen. Spezielle Neurone in den untersten Teilen des Gehirns im Übergang zum Rückenmark, im „Hirnstamm", das „Atemzentrum", produzieren einen Grundrhythmus der Atmung. Ihre Erregung bewirkt das Einatmen, die „Inspiration" und ein kurzes Atemanhalten. Durch die elastischen Elemente des Atemapparats wird dann schließlich das Ausatmen, die „Exspiration", bewirkt. Ändert sich durch einen veränderten Stoffwechselbedarf der pH-Wert, so wird dies durch chemische Fühler („Chemorezeptoren") an das Atemzentrum gemeldet und dadurch die Atmung den Erfordernissen angepaßt.

5.1.3 Physiologische Regulation

Die vegetativen Funktionen bzw. Systeme sind in eine Hierarchie über- und untergeordneter Regulationsebenen geordnet, die die vegetativen Funktionen, wie sie eben beschrieben worden sind, steuern. Auf einer untersten Ebene gibt es eine sog. „Autoregulation", für den vorliegenden Zusammenhang ist jedoch vor allem die Steuerung durch die sympathischen und parasympathischen Anteile des vegetativen Nervensystems wichtig.

5.1.3.1 Autoregulation

So gibt es auf einer niedrigen, lokalen Stufe der Regulationshierarchie eine Autoregulation bestimmter Funktionen von Organen. Autoregulation bezeichnet in diesem Zusammenhang den Sachverhalt, daß die Regulation im Organ selbst, ohne den Einfluß übergeordneter Regulationsprozesse, stattfindet. Ein Beispiel hierfür ist die Autoregulation von Blutgefäßen, die das Ziel hat, die Durchströmung des Gefäßes mit Blut, die Stromstärke, in einem weiten Bereich gleich zu halten. Steigt der Druck in dem Gefäß an, so würde auch die Stromstärke zunehmen, wenn das Gefäß starr wäre. Verringert es jedoch seinen Durchmesser durch Konstriktion in Abhängigkeit vom Druck, so bleibt die Stromstärke gleich. Die Stromstärke ist nicht mit der Fließgeschwindigkeit zu verwechseln, sondern bezieht sich auf die Menge des durch das Gefäß strömenden Blutes. Damit wird die Durchblutung von Organen, die durch die Gefäße versorgt werden, unter normalen Bedingungen weitgehend gleich gehalten.

5.1.3.2 Sympathische und parasympathische Regulation

Anhand ihrer oft antagonistischen, d.h. gegensätzlichen Wirkung auf vegetative Funktionen wird das vegetative Nervensystem in zwei große Einheiten aufgeteilt, den Sympathikus und den Parasympathikus. Die sympathischen Neurone vermitteln Erregung und Aktivität des Organismus, die des Parasympathikus eher die Regeneration. Die Wirkung des Sympathikus wird „ergotrop", die des Parasympathikus „trophotrop" genannt. Die beiden Teile des vegetativen Nervensystems üben ihre regulative Funktion auf fast alle lebenswichtigen Organe aus, die des Kreislaufs, der Verdauung und Fortpflanzung. Die Blutgefäße und die Haut werden nur sympathisch innerviert, d.h. die Veränderung des Querschnitts der Blutgefäße durch Erweiterung („Vasodilatation") und Verengung („Vasokonstriktion") in der Muskulatur oder der Niere stehen nur unter sympathischem Einfluß, ebenso wie die Schweißsekretion der Haut oder die sog. „Piloarrektion", das Aufstellen der Haare, wie man es bei Hunden bei Erregung beobachten kann.

Die beiden Einheiten des vegetativen Nervensystems Sympathikus und Parasympathikus bilden einen Teil eines übergeordneten vegetativen Regulationssystems. Unter jeder Bedingung des Organismus wirken beide Teile des vegetativen Nervensystems auf die einzelnen Organe, je nach Anforderung, verschieden intensiv. So wird beispielsweise die Herzfrequenz unter Ruhebedingungen zum überwiegenden Teil durch den Parasympathikus (N. vagus) und kaum durch den Sympathikus beeinflußt. Die Regulation beinhaltet, daß ein Organsystem in seiner Funktion innerhalb bestimmter Grenzen bleibt bzw. daß das System nach Beendigung einer Anforderung in den „Ruhezustand" zurückkehrt.

Sowohl im sympathischen als auch im parasympathischen Teil des vegetativen Nervensystems sind es zwei nacheinander geschaltete Nervenzellen, die die Steuerinformation aus den Regulationszentren, z.B. dem Kreislaufzentrum, zu den gesteuerten Organen, also z.B. zum Herzen, übertragen. Eine Nervenzelle besteht aus einem Zellkörper, der über Nervenfortsätze verfügt, die teilweise sehr lang sein können (Axone) (s.u.). Diese Axone werden auch als Nervenfasern bezeichnet. Oft sind viele dieser Fasern zu „Strängen" zusammengefaßt und viele einzelne Nervenzellen zu „Ganglien". So verlaufen Nervenstränge im Rückenmark und treten zwischen den Wirbelkörpern aus dem Rückenmark heraus.

Die sympathischen Fasern aus den Steuerzentren treten aus dem Rückenmark in verschiedener Höhe aus, d.h. in verschiedenen Abschnitten der Wirbelsäule, und werden auf die zweiten Nervenzellen umgeschaltet. Die Ansammlung von Nervenzellen, auf die die Information außerhalb des Rückenmarks übertragen wird, heißen „sympathische Ganglien". Im parasympathischen Teil des vegetativen Nervensy-

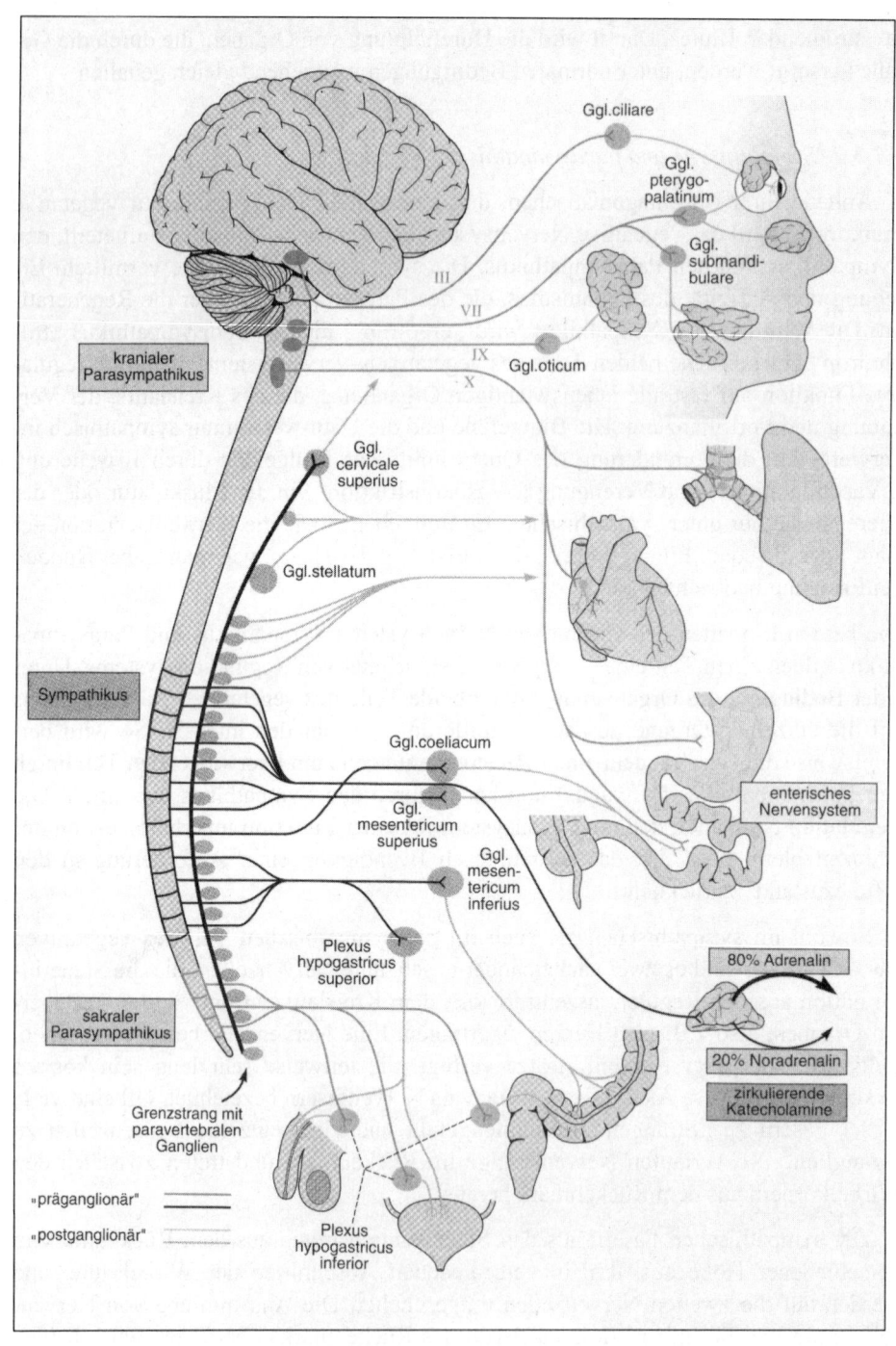

Abb. 7 Übersicht über die sympathische und parasympathische Steuerung im vegetativen Nervensystem. (Aus P.E. Deetjen und J. Speckmann 1994)

stems geschieht die Umschaltung nicht dicht bei der Wirbelsäule, sondern nahe an den regulierten Organen. In beiden Fällen heißen die Anteile der Nerven vor dem (Schalt)-Ganglion „präganglionär", die der zweiten Nerven, also nach dem Ganglion, heißen „postganglionär". Die Nervenfasern der ersten Nervenzelle, des ersten „Neurons", sind im sympathischen Teil des Nervensystems nicht so lang, die des zweiten Neurons dagegen können über einen Meter lang sein.

Im parasympathischen Teil ist es umgekehrt. Hier reichen die Axone des ersten Nervens bis dicht an das Organ heran, sind also lang, die Fasern des zweiten Nervens sind eher kurz. Die Ganglien des sympathischen Teils, die neben der Wirbelsäule in Abständen übereinander angeordnet sind, werden „Grenzstrang" genannt.

Das sympathische System innerviert außerdem direkt das Nebennierenmark, das unter seinem Einfluß die „Katecholamine", hauptsächlich Adrenalin und in geringerem Maße Noradrenalin, in die Blutbahn freisetzt (s.u.). Anders als bei der direkten Innervation einzelner vegetativer Organe und der damit verbundenen spezifischen Wirkung auf das Zielorgan, wird durch die Zirkulation der Katecholamine im Blut eine generelle, aktivierende Wirkung erzielt. Diese Substanzen werden daher gelegentlich etwasvereinfachend als „Streßhormone" bezeichnet. Im sympathischen Teil des vegetativen Nervensystems ist die Wirkung auf die entsprechenden Organe ohnehin viel allgemeiner, im parasympathischen Teil ist die Wirkung viel spezifischer, mitunter nur auf ein einziges Organ beschränkt.

5.1.3.3 Vorwärtsregulation

Um die vegetativen Funktionen an die Erfordernisse möglichst optimal und schnell anzupassen, gibt es das Prinzip der Vorwärtsregulation. Dies besteht darin, daß z.B. die Steigerung der Herzleistung und der Atmung bereits vor der tatsächlichen Muskelarbeit aufgrund der Wahrnehmung und Einschätzung der Situation erfolgt, also im Hinblick auf einen zu diesem Zeitpunkt noch zukünftigen Bedarf. Herzleistung und Atmung werden also bereits aktiviert, bevor ein Bedarf durch die entsprechenden Rezeptoren in der Peripherie gemeldet wird. Dieses Prinzip ist für das Verständnis psychophysiologischer Phänomene außerordentlich wichtig, da bei Situationen, die von einem Menschen als Bedrohung wahrgenommen bzw. eingeschätzt werden, eine Vorwärtsregulation einsetzen kann, die Energie für eine erhöhte Muskelarbeit für Kampf oder Flucht bereitstellt, die jedoch aufgrund zivilisatorischer Einflüsse nicht benötigt wird. Die veränderten physiologischen Funktionen können von der betreffenden Person wahrgenommen werden und zu einer Intensivierung des emotionalen Erlebens der entsprechenden Situation und der von ihr ausgehenden Bedrohung führen.

5.1.3.4 Hypothalamus - Verhalten und vegetative Funktionen

Das Prinzip der Vorwärtsregulierung macht deutlich, daß die Regulation vegetativer Funktionen einerseits zwar autonom geschieht, andererseits unter dem Einfluß weiterer höherer Zentren steht. Ein für die Verarbeitung emotionaler Informationen wichtiges Zentrum ist der Hypothalamus. In diesem Zentrum geschieht die Verknüpfung emotionaler und vegetativer Prozesse. Das bedeutet zunächst allgemein, daß für den Organismus wichtige Informationen im Hypothalamus zu gesteigerter Aktivität oder Erregung führt. Dies bewirkt einerseits bestimmte Reaktionen und Verhaltensmuster und hat andererseits einen Einfluß auf das vegetative Nervensystem und damit auf die vegetativen Organe, z.B. das Herz-Kreislauf-System. Dadurch wird die Energie für die Reaktionen des Organismus bereitgestellt.

Dies gilt beispielsweise für Verhaltensprogramme, die man als Kampf-Flucht-Reaktion bezeichnet. So kann man durch künstliche Reizung von Bereichen des Hypothalamus bei Tieren Teile des Angriffsverhaltens auslösen, wie Sträuben der Haare, Zähnefletschen usw., bei gleichzeitiger Steigerung der Kreislauffunktionen.

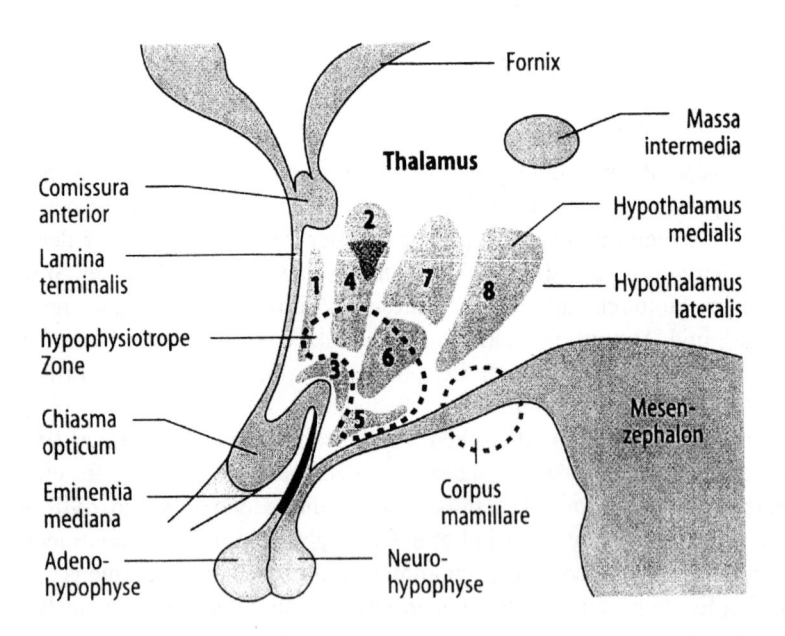

Abb. 8 Kerngebiete des Hypothalamus. (Aus: R.F. Schmidt und G. Thews 1995)

Der Hypothalamus ist also für die emotionale Aktivierung eines Organismus, auch des Menschen, eine außerordentlich wichtige Regulationseinheit. Er hat direkte Verbindungen zu denjenigen Nervenzellen, die zum Sympathikus gehören und beeinflußt auf diese Weise das Niveau der sympathischen Erregung. Die sehr vereinfacht beschriebene Funktion des Hypothalamus in der Beeinflussung vegetativer Funktionen über das sympathische System ist nur eine der Regulationseffekte des Hypothalamus. Eine weitere außerordentlich wichtige Funktion des Hypothalamus besteht in der Integration der kurz geschilderten vegetativen Reaktionen mit den hormonellen Reaktionen (s.u.).

5.1.3.5 Das „limbische System" - Emotionale Informationsverarbeitung

Der Hypothalamus ist Teil eines weiteren übergeordneten Systems, das für die Informationsverarbeitung emotionaler Inhalte von zentraler Bedeutung ist, des limbischen Systems.

Mit der Bezeichnung „limbisches System" wird eine Gruppe von Hirnstrukturen zusammengefaßt, die offensichtlich für das Erleben von Emotionen und für emotionales Verhalten von Bedeutung sind. Es beinhaltet einerseits Strukturen wie den Hypothalamus, der für die Integration vegetativer Funktionen mit emotionalem Verhalten ein Rolle spielt, als auch Strukturen, die für das Erkennen und Bewerten äußerer und innerer Reize wesentlich sind, beispielsweise den „Hippokampus".

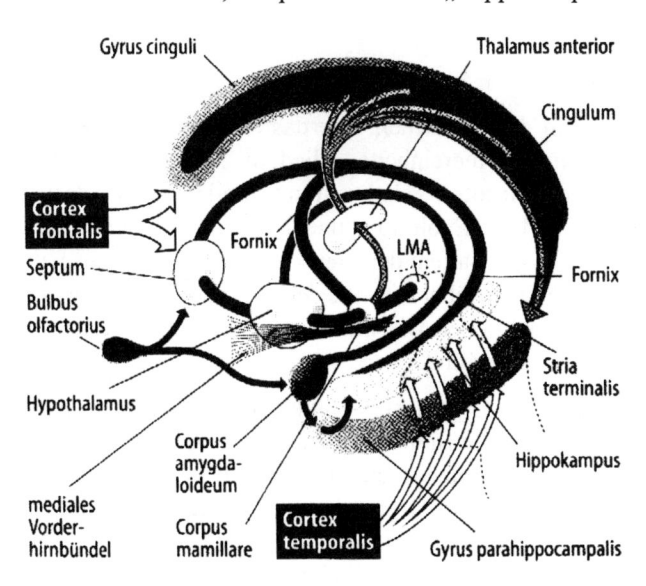

Abb. 9 Das limbische System. (Aus N. Birbaumer und R.F. Schmidt 1996)

Wird ein äußerer Reiz durch das Nervensystem verarbeitet, so beinhaltet das immer auch die Analyse der emotionalen Bedeutung des Reizes, beispielsweise als bedrohlich oder positiv. Diese Analyse beinhaltet den Vergleich des Reizes mit gespeicherter Information, d.h. der Reiz muß mit Gedächtnisinhalten verglichen werden. Dieser Vergleich geschieht im Hippokampus. Diese Struktur spielt eine zentrale Rolle für das Kurzzeitgedächtnis, aber auch für die längerfristige Speicherung (Konsolidierung) von Information und die Gewöhnung (Habituation) an Reize. Dieser kognitive Aspekt des emotionalen Geschehens ist eng verbunden mit der bewertenden Funktion, d.h. sie bildet deren Voraussetzung. Die eigentlich bewertende Funktion der vom Hippokampus verarbeiteten Informationen geschieht in einer Struktur mit dem Namen „Amygdala", die dicht beim Hippokampus lokalisiert ist und zu der viele Verbindungen bestehen. Die Intaktheit dieser Struktur ist beispielsweise für dominantes (aggressives) Verhalten innerhalb sozialer Strukturen notwendig, aber auch für die Wirksamkeit von belohnenden Reizen.

In das limbische System sind „kortikale" Strukturen integriert, die ganz allgemein für die Steuerung von Denk- und Verhaltensprozessen wesentlich sind, nicht nur für emotionales Verhalten. Es ist für die Orientierung, das Lernen und Speichern von Information, die Anpassung des Verhaltens an die Umgebung von zentraler Bedeutung. Damit stellt es die Verbindung zur Hirnrinde und deren Funktionen in höchster Komplexität her.

5.1.4 Funktionsweise des Nervensystems

5.1.4.1 Das Gehirn

Das Nervensystem des Menschen, wie das anderer Säugetiere, läßt sich anhand seiner Teilfunktionen in Untereinheiten gliedern. Diese Gliederung entspricht auch der Stammesgeschichte insofern, als bestimmte Teile des Nervensystems, vor allem des Gehirns, im Verlauf der Evolution zunehmend mehr betont und ausgebildet wurden. So haben Primaten, vor allem der Mensch, ein besonders ausgeprägtes Großhirn, das Funktionen ermöglicht, über die „niederere" Säugetiere, wie z.B. Ratten, nicht verfügen. Dies sind Funktionen wie Denken und Sprache, die bei Menschen besonders weit entwickelt worden sind.

In der „Peripherie" des Organismus gibt es Sinneszellen bzw. Fühler für verschiedene Reizarten. Dies sind die Sinne, wie Augen und Ohren, aber auch Fühler für interne Zustände wie beispielsweise Chemorezeptoren für das Säure-Basen-Gleichgewicht (s. Atmung) im Organismus. Von diesen peripheren Fühlern gehen Nervenfasern ab, die im Rückenmark weiter geschaltet werden und als Nervenstränge die Information ins Gehirn leiten. Das Gehirn gliedert sich in das Hinterhirn („Metenecephalon"), das Mittelhirn („Mesencephalon"), die zusammen den Hirnstamm bilden, und das sog. Vorderhirn, das aus dem Zwischenhirn und dem End- oder Großhirn mit der Hirnrinde („Kortex") besteht.

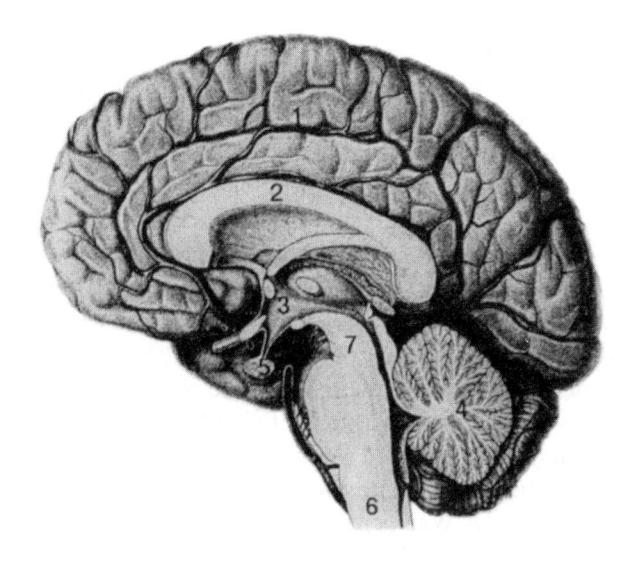

Abb. 10 Schnittansicht des menschlichen Gehirns. 1 - Großhirn; 2 - Corpus callosum; 3 - Hypothalamus; 4 - Kleinhirn; 5 - Hypophyse; 6 - Medulla oblongata; 7 - Mittelhirn (Aus: Sobotta 1993)

5.1.4.2 Der Hirnstamm

Zum Hirnstamm gehört auch das sog. „Nachhirn", das durch die Verlängerung des Rückenmarks gebildet wird. In ihm werden vor allem die vegetativen Funktionen integriert und gesteuert. Dies sind die sog. „autonomen" Funktionen, weil sie ohne Einflüsse des höheren Nervensystems ablaufen können. Sie sind dennoch von höheren Zentren beeinflußbar, wie dies bei der Atmung deutlich erlebbar ist. Die Atmung funktioniert, den Erfordernissen des Organismus entsprechend, ohne willkürliche Kontrolle, man braucht auf die Atmung nicht zu achten, sie funktioniert auch so. Andererseits kann man willkürlich die Atemtiefe oder die Atemfrequenz beeinflussen und schneller und tiefer atmen, wenn man das will. Andere autonome Funktionen, die auf der Ebene des Stammhirns autonom geregelt werden, können zwar durch situative Bedingungen beeinflußt werden, aber nicht direkt willkürlich. So kann man die Schlagfrequenz des Herzens nicht direkt beeinflussen, allerdings indirekt. So kann man durch Entspannung die Herzfrequenz senken oder diese durch die Vorstellung emotional bedeutsamer Inhalte steigern. Diese Beeinflussung ist aber mittelbar.

5.1.4.3 Das Zwischenhirn

Das Zwischenhirn enthält Strukturen, die im vorliegenden Zusammenhang sehr wichtig sind. Es sind der Thalamus und der Hypothalamus. Diese Strukturen sind für die emotionale Verarbeitung von Informationen sehr wesentlich und sind in dieser Funktion als „limbisches System" mit dem Großhirn verbunden. In diesen Hirnteilen wird Information aus der Umgebung auf ihre Bedeutung hin analysiert, und es werden u.U. unmittelbare Reaktionen des Organismus gesteuert. Diese Strukturen sind also auch für das emotionale Erleben von zentraler Bedeutung.

5.1.4.4 Das Endhirn - Neokortex

Das Endhirn oder „Neokortex" des Menschen unterscheidet sich am deutlichsten von dem anderer Säugetiere. Es hat eine Oberfläche von bis zu 2500 Quadratzentimetern und ist dabei nur 1,5 bis 3 mm dick. Die Oberfläche ist stark gefaltet, so daß in der relativ kleinen Schädelhöhle diese komplexe Struktur untergebracht werden kann. Das Endhirn, vor allem der Kortex, stellt die höchste Integrationsebene der Informationsverarbeitung dar. Hier wird Wahrnehmung im sensorischen Kortex integriert, und im motorischen Kortex wird Motorik gesteuert. Dabei lassen sich die einzelnen Körperregionen in der Wahrnehmung und Motorik in Arealen des Kortex lokalisieren. So weiß man, daß die Wahrnehmung aus dem Gesichtsbereich eine viel größere Fläche des Kortex beansprucht, als der Bereich des gesamten Körperrumpfes. Dies ist einsichtig, wenn man bedenkt, wie komplex beispielsweise die Sprachmotorik im Vergleich zu den motorischen Möglichkeiten des Rumpfes ist.

5.1.4.5 Elemente des Nervensystems

Die wichtigste Funktion des Nervensystems besteht in der Übertragung und Speicherung von Information. Diese Information stammt zum Teil aus der Umgebung des Organismus und wird über die Sinne, wie Hören und Sehen, aufgenommen. Das System der Sinne, das „sensorische System", hat als wesentlichen Bestandteil Nervengewebe, d.h. Nervenzellen. Nervenzellen („Neurone") bilden die Grundeinheiten des Nervensystems. Die unglaubliche Komplexität und Leistungsfähigkeit des Nervensystems beruht auf der großen Anzahl der Neurone und deren Verbindungen untereinander.

5.1.4.6 Nervenzellen

Jede Nervenzelle besteht aus einem Zellkörper, dem „Soma" der Zelle, Nervenfortsätzen („Axon") und den wie ein Wurzelsystem weit verzweigten „Dendriten". Über diese Bestandteile, die Axone und Dendriten, sind die Neurone untereinander verknüpft. Die Verknüpfung zwischen Neuronen geschieht an sog. „Synapsen", man nennt die Verknüpfung daher auch „synaptische Verbindung". Eine einzelne Nervenzelle kann Tausende von synaptischen Verbindungen zu anderen Nervenzellen aufweisen. Die Axone können mehr als einen Meter lang sein. Zusammengehörende Axone bilden Nervenstränge („Tractus"), die Information von den Organen zum Gehirn leiten. Vor allem im Rückenmark kommen derartige Nervenstränge mit großer Länge vor, d.h. ein großer Teil des Rückenmarks wird durch diese Nervenstränge gebildet.

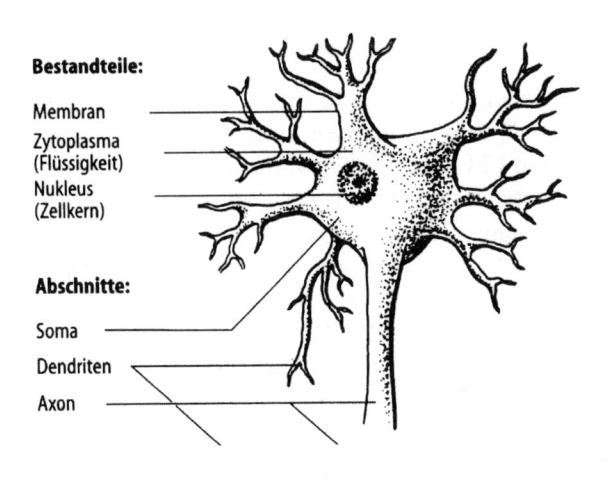

Bestandteile:
Membran
Zytoplasma (Flüssigkeit)
Nukleus (Zellkern)

Abschnitte:
Soma
Dendriten
Axon

Abb. 11 Neuron (Aus N. Birbaumer und R.F. Schmidt 1996)

Die Information wird jedoch ebenfalls vom Gehirn zu den Organen geleitet, beispielsweise zur Muskulatur, durch die dann Bewegungen ausgeführt werden, die vom Gehirn gesteuert werden.

5.1.4.7 Elektrochemische Prozesse der Nervenzelle

Eine der wesentlichsten Eigenschaften körperlicher Prozesse besteht in elektrochemischen Vorgängen. Ein Atom besteht aus einem Kern mit einer positiven elektrischen Ladung und den Elektronen, die diesen Kern in Hüllen umgeben. Die Elektronen sind negativ geladen. Im allgemeinen ist die elektrische Ladung des Atoms neutral, da die Anzahl der negativ geladenen Elektronen die positive Ladung des Kerns ausgleicht. Unter bestimmten Umständen, beispielsweise durch die Lösung eines Stoffes in Wasser, kann ein Ungleichgewicht zwischen der Ladung der Elektronen und der des Kerns entstehen, das Atom weist dann eine Ladung auf und wird „Ion" genannt. Sind zu wenige Elektronen vorhanden, so gibt es ein Übergewicht der positiven Ladung des Kerns und das Ion weist eine positive Ladung auf, gibt es ein Übergewicht an Elektronen, so ist das Ion negativ geladen.

Ein elektrischer Strom in einem Leiter, z.B. in einem Kabel, besteht in einem Überschuß oder einer Unterzahl an Elektronen, je größer dieser Überschuß oder die Unterzahl ist, desto größer ist die Spannung des Stroms, ausgedrückt in Volt. Ist beispielsweise in einer Zelle ein Übergewicht von Ionen im Vergleich zur Umgebung, so weist die Zelle eine elektrische Spannung bzw. ein elektrisches Potential auf. Das Zellinnere ist gegenüber der Umgebung durch eine Wand, die „Zellmembran", getrennt. Das durch das Ungleichgewicht der Ionenkonzentration bedingte Potential wird „Membranpotential" genannt, da es an der Trennung zwischen Zellinnerem und der Umgebung, der Membran, entsteht.

Für die Nervenzelle sind vor allem zwei Substanzen wichtig, das Kalium und das Natrium. Neben diesen positiv geladenen Ionen sind in der Nervenzelle weitere negativ geladene Ionen in Eiweißmolekülen vorhanden. Das Ruhepotential der Nervenzelle, das ist das Potential im unerregten Zustand, kommt durch ein Ungleichgewicht der Kalium- und Natriumionen im Inneren und Äußeren der Zelle zustande. Dabei spielt eine wesentliche Rolle, daß die Zellmembran für diese beiden Substanzen unterschiedlich durchlässig („permeabel") ist. Die Durchlässigkeit der Zellwand, die Permeabilität, ist durch sog. „Ionenkanäle" gegeben. Das bedeutet, daß in der Zellwand kleine Kanäle vorhanden sind, die für eine bestimmte Substanz offen sind, so daß die Substanz hindurch gelangen kann, während andere Substanzen nicht durch diese Kanäle gelangen können. Der Zustand dieser Ionenkanäle kann sich ändern, sie können offen oder geschlossen sein.

Im Ruhezustand der Nervenzelle sind die Ionenkanäle für Kalium geöffnet, d.h. bei einem Ungleichgewicht zwischen Kaliumionen zwischen dem Inneren und Äußeren der Zelle können diese Ionen durch die Zellmembran gelangen. Die Ionenkanäle für Natrium hingegen sind geschlossen, so daß Natrium nicht von selbst durch die Zellwand gelangen kann. Durch einen aktiven Prozeß, der einer Pumpe gleicht, werden nun Kaliumionen in die Zelle befördert und Natriumionen aus der Zelle heraus. Es entsteht sowohl für die Kaliumionen als auch für die Natriumionen durch diesen Pumpvorgang ein Ungleichgewicht zwischen dem Inneren und Äußeren der Zelle. Die Kaliumionen können durch die Kanäle wieder aus der Zelle heraustreten, und so das Gleichgewicht für Kaliumionen wieder herstellen. Die Natriumionen können jedoch nicht wieder in die Zelle hinein, da die Ionenkanäle für Natrium geschlossen sind. Da beide Ionenarten, also Kalium- und Natriumionen, positiv geladen sind und außerhalb der Zelle mehr Natriumionen vorhanden sind, weist die Zelle gegenüber ihrer Umgebung also ein negatives Potential von etwa -90 mV auf. Dies ist das „Ruhepotential" der unerregten Nervenzelle.

Wird die Nervenzelle erregt, so ändert sich die Permeabilität, d.h. die Durchlässigkeit für Natriumionen. Die Ionenkanäle für Natrium werden geöffnet, und es kommt zu einem starken Einströmen positiv geladener Natriumionen in die Zelle. Dadurch kommt es zu einer Depolarisation der Zelle, d.h. die elektrische Ladung der Zelle gegenüber der Umgebung ist nun nicht mehr negativ, sondern positiv. Diese positive Ladung der Zelle wird „Aktionspotential" genannt. Die Voraussetzung für diesen Vorgang ist ein Reiz, der aufgrund seiner Eigenschaften in der Lage ist, die Zelle elektrisch so zu verändern, daß das Ruhemembranpotential ausgeglichen wird. Dadurch werden die Natriumkanäle geöffnet, und es kommt zur Depolarisation. Da durch den vermehrten Natriumeinstrom in die Zelle das Gleichgewicht zwischen dem Inneren und dem Äußeren der Zelle überschritten wird, also ein Übergewicht von Natriumionen in der Zelle zustandekommt, schließen sich die Natriumkanäle nach kurzer Zeit wieder. Da ebenfalls Kaliumionen aus der Zelle herausströmen, wird das Membranpotential wieder aufgebaut. Dieser gesamte Vorgang dauert nur wenige Tausendstel Sekunden, also Millisekunden. Das Aktionspotential ist also eine Potentialspitze, die sich nach einer „Refraktärzeit", der Zeit, in der die Zelle nicht erregbar ist, wiederholen kann. Diese Refraktärzeit ist von verschiedenen Bedingungen abhängig, im wesentlichen von der Höhe des Natriumeinstroms in die Zelle, der um so größer ist, je höher das Ruhemembranpotential ist. Wesentlich ist dabei, daß eine Nervenzelle nicht dauerhaft erregt ist, sondern daß die Stärke der Erregung in der Häufigkeit, d.h. Frequenz der Aktionspotentiale der Zelle, ausgedrückt bzw. kodiert wird.

Es wurde bereits darauf hingewiesen, daß eine Nervenzelle Nervenfortsätze hat, ein Axon und die Dendriten. Im Axon pflanzt sich die Erregung über einen ganz ähnlichen Mechanismus fort, wie er für die Erregung der Zelle beschrieben wurde, also über das Strömen von Ionen. Auch die Nervenfaser hat ein Ruhemembranpotential, d.h. das Innere der Faser ist negativ geladen. Erreicht nun das Aktionspotential die Nervenfaser, so bedeutet das, daß sie in einer kurzen Strecke depolarisiert ist, also innen positiv und außen negativ geladen ist. Dies führt in der Nachbarschaft dieses Teilstücks zur Wanderung der äußeren positiv geladenen Ionen in Richtung auf die durch das Aktionspotential negativen und im Inneren der Faser zur Wanderung der positiven Ionen des Aktionspotentials in Richtung der negativen Ionen des benachbarten Ruhemembranpotentials. Die Erregung verschiebt sich auf diese Weise ein Stück in der Nervenfaser.

Die Geschwindigkeit, mit der die Erregung in einer Nervenfaser weitergeleitet wird, ist von der Art der Nervenfaser abhängig. Je dicker die Faser ist, desto schneller pflanzt sich die Erregung in ihr fort. Die Geschwindigkeit liegt zwischen einem und 80 Meter pro Sekunde. Ist die Zelle von einer Markscheide umgeben, so ist diese in Abständen unterbrochen („Ranvierscher Schnürring"). Die Erregungsleitung springt dann von Unterbrechung zu Unterbrechung und wird dadurch schneller.

Im vorangegangenen Abschnitt wurde sehr vereinfacht das elektrochemische Funktionieren von Nervenzellen beschrieben. Dabei ist deutlich geworden, daß ein enges Zusammenspiel elektrischer und chemischer Prozesse zur Informationsverarbeitung in der Zelle führt, die durch deren Erregung zustande kommt. Die beschriebenen Mechanismen, z.B. die beteiligten selektiven Ionenkanäle, die die Durchlässigkeit von Membranen für bestimmte Substanzen ermöglicht, spielen ganz allgemein in der Biochemie des Organismus eine ganz wesentliche Rolle.

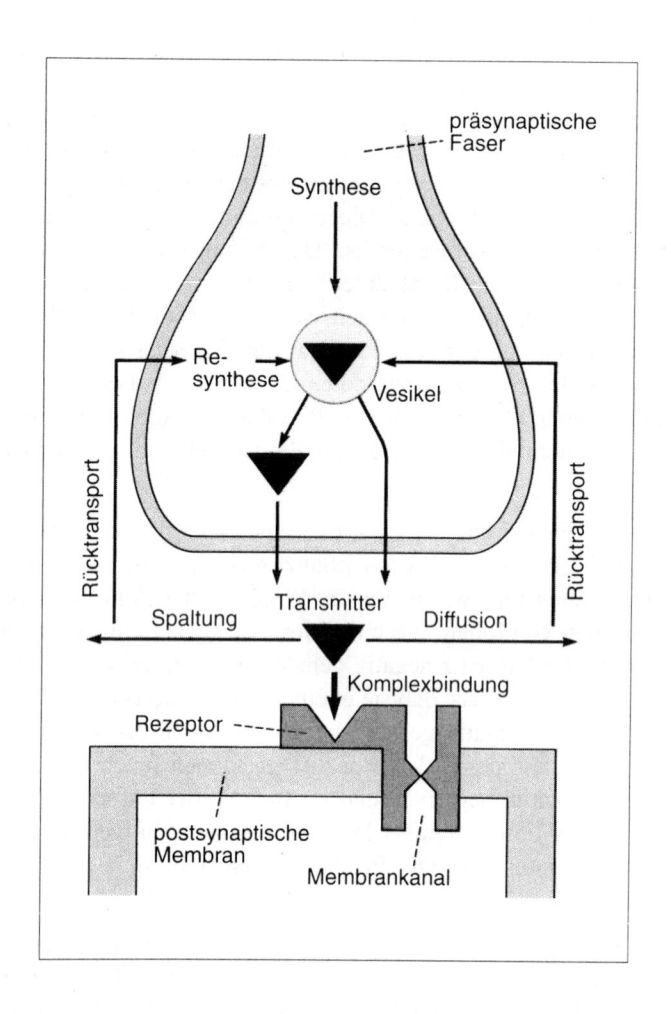

Abb. 12 Schematische Darstellung einer Synapse. (Aus J. Speckmann und Wittkowski 1994)

Bisher wurde eine einzelne Nervenzelle und die Prozesse derer Erregung usw. isoliert betrachtet. Es wurde oben darauf hingewiesen, daß die unglaubliche Leistung des menschlichen Gehirns sowie die Leistung von Gehirnen von Tieren u.a. davon abhängig ist, daß Nervenzellen in extrem vielfältiger Weise miteinander verknüpft sind. Die Verknüpfung oder Verbindung von Nervenzellen geschieht über sog. „Synapsen". Verbindung bedeutet in diesem Zusammenhang, daß zwei Zellen zusammen eine räumliche Struktur bilden, die es ermöglicht, daß die Erregung von einer Zelle auf eine andere Zelle übertragen wird, ähnlich wie dies in einer Steckdose beim Hausstrom der Fall ist. Dort führt ein Kabel Strom, der über die Steckdose auf ein anderes Kabel übertragen wird. Die Übertragung der elektrischen Erregung von einer Nervenzelle auf eine andere geschieht über Synapsen. Die erregte Nervenzelle, von der die Erregung auf eine zweite Nervenzelle übertragen wird, wird „präsynaptische" Zelle genannt, die die Erregung übernehmende Zelle die „postsynaptische" Zelle.

Es gibt zwei Arten von Synapsen, eine elektrische Synapse und eine chemische Synapse. Bei der elektrischen Synapse sind beide Zellen, also die präsynaptische und die postsynaptische Zelle, über einen gemeinsamen Ionenkanal verbunden, über den bestimmte Ionen strömen können. Für den vorliegenden Zusammenhang wichtiger ist die chemische Synapse. Hier sind beide Zellen durch einen Spalt, den „synaptischen Spalt", voneinander getrennt, sie haben also keinen direkten Kontakt. Die elektrische Erregung der präsynaptischen Zelle muß also über den synaptischen Spalt gelangen, um die postsynaptische Zelle zu erregen. Sehr häufig besteht der Kontakt zwischen Zellen über die Nervenfortsätze, also die Dendriten oder Axone.

Die Erregung der präsynaptischen Zelle gelangt auf chemische Weise über den synaptischen Spalt zur postsynaptischen Zelle. Hierfür wird eine chemische Übertragersubstanz benutzt, ein sog. „Transmitter", was nichts anderes als Überträger bedeutet.

Am Ende der präsynaptischen Faser ist ein sog. „synaptischer Endknopf", was bedeutet, daß sich die Faser verdickt und breiter wird. In diesem Endknopf wird der Transmitter hergestellt („synthetisiert") und in „Vesikeln" gespeichert. Wenn die Zelle erregt wird und die Erregung über den o.g. Vorgang der Erregungsleitung in der Nervenfaser den Endknopf erreicht, gelangt der hergestellte Transmitter durch die Membran des Endknopfes in den synaptischen Spalt und verbindet sich mit einer Struktur auf der Oberfläche der postsynaptischen Membran, d.h. auf der Zellwand der postsynaptischen Zelle, die zum Transmitter „paßt". Diese Struktur wird „Rezeptor" genannt. Der Transmitter paßt, ähnlich wie ein bestimmter Schlüssel in ein bestimmtes Schlüsselloch, in einen bestimmten Rezeptor. Das bedeutet, daß die Erregung nur übertragen werden kann, wenn Rezeptor und Transmitter zusammenpassen.

Der Rezeptor der postsynaptischen Zelle ist mit einem Ionenkanal verbunden, der für eine bestimmte Substanz, z.B. Natrium, geöffnet wird, nur dann, wenn ein Transmittermolekül sich mit dem Rezeptor verbindet. Nun geschieht das gleiche, das bereits oben für das Aktionspotential der Nervenzelle beschrieben worden ist: durch den Einstrom von Natrium (und den Ausstrom von Kalium) ändert sich das Potential der postsynaptischen Zelle, sie wird erregt. Dies ist der Fall bei den „erregenden" („exzitatorischen") Synapsen. Es gibt auch „hemmende" („inhibitorische") Synapsen. Bei diesen strömen Chlorionen in die Zelle, wodurch das Ruhepotential der Zelle verstärkt wird. Dadurch wird es schwieriger, die Zelle zu erregen, d.h. die Erregbarkeit der Zelle wird gehemmt.

Nachdem die Erregung auf diese Weise übertragen worden ist, wird der Transmitter aus dem synaptischen Spalt entfernt und zu einem Teil in Speicher („Vesikel") im präsynaptischen Endknopf zurücktransportiert. Dieser Vorgang wird Wiederaufnahme („Reuptake") genannt. In diesen Vesikeln steht er für weitere Erregungsübertragungen zur Verfügung. Ein Teil des Transmitters verbleibt im synaptischen Spalt und erleichtert damit die erneute Erregungsüberleitung.

Wie komplex die Möglichkeiten der Informationsverarbeitung durch Nervennetze ist, kann man daraus ersehen, daß jede einzelne Nervenzelle Tausende von synaptischen Verbindungen besitzen kann, die zum Teil erregend, zum Teil hemmend sind. Deren Einfluß ist außerdem noch abhängig davon, wie nah am Zellkörper die Synapse sich befindet, je näher sie dem Zellkörper ist, desto einflußreicher auf das Verhalten der Zelle ist sie. Das Verhalten der Zelle ist abhängig von der Summe der verschiedenen Einflüsse. Es sei noch auf die Möglichkeiten hingewiesen, die durch „systematische" Neuronenverschaltungen zustande kommen. Als Beispiel sei eine kreisförmige Verschaltung genannt, die dazu führt, daß eine Erregung für eine Zeit gespeichert werden kann, da das letzte Neuron des Kreises wieder die erste Zelle erregt und die Erregung damit im Kreis schwingt.

5.1.4.8 Neurotransmitter

Für den vorliegenden Zusammenhang sind bei der synaptischen Erregungsübertragung vor allem die verschiedenen Transmitter von hervorragender Bedeutung. Nervenzellen unterscheiden sich u.a. darin, welche Transmitter sie an ihren Synapsen benutzen. Meist benutzt eine Nervenzelle nur einen Transmitter, nur in sehr wenigen Ausnahmefällen kommen zwei Transmitter an den Synapsen vor. Nervenzellen lassen sich daher danach unterscheiden, welchen Transmitter sie benutzen.

Das Vorkommen von Neuronen im Nervensystem, die die verschiedenen Transmitter benutzen, ist unterschiedlich. Es wurde oben schon darauf hingewiesen, daß im Zentralnervensystem unterschiedliche Funktionen sich unterschiedlich lokalisieren lassen. Das bedeutet, daß bestimmte Strukturen im Gehirn bei bestimmten Funktionen aktiv sind. Früher wurde das an Tieren untersucht, bei denen derartige Strukturen zerstört wurden und der Effekt auf das Verhalten beobachtet wurde. Wurde das Verhalten eines Tieres durch Zerstörung („Läsion") beeinflußt, so schloß man daraus, daß diese Struktur für das Zustandekommen des Verhaltens notwendig ist. Vergleichbare Untersuchungen wurden auch bei Patienten durchgeführt, bei denen durch Unfälle, Krankheiten oder Kriegsverletzungen bestimmte Hirnstrukturen zerstört worden waren. In der Gegenwart gibt es „bildgebende" Verfahren, wie die „Positronen Emissions Tomographie" (PET), die es gestatten, die Aktivität des Gehirns bildlich darzustellen. Man kann auf diese Weise sehen, welche Strukturen bei welchem Verhalten oder Erleben besonders aktiv sind.

Es zeigt sich nun, daß in derartig nach Funktionen abgrenzbaren Strukturen im Gehirn Nervenzellen gehäuft vorkommen, die einen bestimmten Transmitter benutzen. Auf diese Weise lassen sich Strukturen und ihre Verbindungen anhand des vorherrschenden Transmitters unterscheiden. So gibt es ein noradrenerges, ein dopaminerges System usw., und man kann daher die Bedeutung eines Transmitters für bestimmte Funktionen erkennen. Auf diese Weise konnte man feststellen, daß eine „normale" Synthese bzw. Verfügbarkeit der Transmitter an den Synapsen für die Funktion des entsprechenden Systems wesentlich ist. So fand man beispielsweise, daß ein Medikament, das den Blutdruck senkt, das Reserpin, zu einer Verringerung der Freisetzung von Noradrenalin in den zentralen noradrenergen Synapsen führt. Bei den Patienten war gleichzeitig eine deutlich erhöhte Depressivität zu beobachten, und man fand weiterhin heraus, daß die Verringerung des in den Synapsen zur Übertragung der Erregung verfügbaren Noradrenalins die depressive Symptomatik zu bedingen schien. Aus derartigen Erkenntnissen leitete man ab, daß ein Mangel von Noradrenalin an der Entstehung, zumindest einiger Formen, der Depression beteiligt sein müsse.

Es werden folgende Transmitter unterschieden:

- Cholinerge Transmitter:
  - Acetylcholin (ACh)

- Adrenerge Transmitter

  - Noradrenalin (NA)
  - Adrenalin (A)
  - Dopamin (DA)
  - Serotonin (5HT = 5-Hydroxytryptamin)

- Aminosäuren

  - Gamma-Aminobuttersäure (GABA)
  - Glutaminsäure
  - Glycin

Acetylcholin

ACh spielt im autonomen Nervensystem eine zentrale Rolle. Alle Nervenzellen aus dem Gehirn mit Axonen im Rückenmark, die für die Steuerung der autonomen Funktionen wesentlich sind und in den „ganglionären Synapsen" enden, benutzen ACh als Transmitter und sind daher cholinerge Neuronen. Auch die postganglionären Neurone im parasympathischen Nervensystem (s.o.) sind cholinerg. Wichtig ist dieser Transmitter ebenfalls für die Erregungsübertragung auf die Skelettmuskulatur.

In der Vermittlung von Information zwischen dem Großhirn und dem limbischen System ist ACh wesentlich beteiligt, er ist also auch für die Verarbeitung emotional bedeutsamer Information wichtig. Auch in einer Hirnstruktur, die als „Hippokampus" bezeichnet wird, ist ACh wichtig. Diese Struktur ist einerseits wichtig für die emotionale Bewertung von Information, zum anderen sehr wesentlich für die Speicherung von Information, also für das Gedächtnis. So fand man eine Verringerung der ACh-Synthese bei Patienten mit der Alzheimerschen Erkrankung, bei der ein wesentliches

Symptom in der starken Beeinträchtigung der Gedächtnisbildung besteht. Man konnte ebenfalls die wichtige Rolle von ACh für die Aufmerksamkeit nachweisen.

Insgesamt ist ACh bei vielen psychischen Prozessen wichtig. Es gibt viele Interaktionen mit anderen Transmittern und chemischen Substanzen, die das Verhalten beeinflussen, den „Neuropeptiden" (s.u.) und Hormonen.

Noradrenalin, Adrenalin

Noradrenalin gehört mit Dopamin, Adrenalin und Serotonin zur Klasse der Katecholamine. Noradrenerge Fasern, d.h. Neurone, die als Transmitter das Noradrenalin benutzen, haben ihren Ursprungsort u.a. im „Locus coeruleus" im Hirnstamm. Diese Fasersysteme haben Verbindungen zum limbischen System, zum Hypothalamus und Thalamus sowie zum Neokortex. Dem Locus coeruleus wird inzwischen eine Art Integratorfunktion für die Informationsverarbeitung neuer und bedeutsamer äußerer Reize und innerer physiologischer Reize zuerkannt. Er vermittelt ebenfalls die emotionale Bedeutung von Reizen und steuert die Aktivierung der physiologischen Aktivierung in Abhängigkeit der Analyse äußerer Reize. Dies ist von besonderer Bedeutung für die Verarbeitung gefährlicher bzw. angstauslösender Reize.

Das Noradrenalin und das Adrenalin sind jedoch nicht nur als „Neurotransmitter" einzuordnen, sondern auch als Hormone. Dies betrifft die schon erwähnte Tatsache, daß sie vom Nebennierenmark unter sympathischen Einfluß in die Blutbahn ausgeschüttet werden und wie Hormone auf Organe wirken. So ist auch die Wirkung auf das Herz einzuordnen, denn es handelt sich dabei nicht im eigentlichen Sinne um eine Erregungsübertragung, die auf das Nervensystem begrenzt ist.

Noradrenalin und Adrenalin sind wichtig für die Vermittlung von Aktivierung, d.h. der Steigerung des Aktivitätsniveaus des Organismus. Die postganglionäre Übertragung im sympathischen Teil des vegetativen Nervensystems benutzt diese Transmitter, sie ist also „adrenerg". Diese Transmitter übertragen also die Information, die zu einer Steigerung der Herzleistung durch Anstieg der Herzfrequenz und erhöhte Herzkraft („Kontraktilität") führt. Für die Informationsübertragung in der Synapse wurde oben die Bedeutung der Rezeptoren dargestellt und darauf hingewiesen, daß Rezeptoren ganz allgemein wichtig sind für die Informationsübertragung zwischen Zellen. So besitzt beispielsweise der Herzmuskel („Myokard") adrenerge Rezeptoren, über die die sympathische Aktivierung an den Muskel übertragen wird und so zur Erhöhung der Kontraktilität führt. Die adrenergen Rezeptoren sind jedoch nicht alle gleich, man unterscheidet α- und β- Rezeptoren und unterscheidet dabei jeweils noch zwei α- und zwei β- Rezeptoren. Für die eben geschilderte Übertragung der aktivierenden Wirkung auf das Herz ist vor allem die erste Art der β- Rezeptoren, die $β_1$-Rezeptoren, wichtig. Hat eine Person einen chronisch erhöhten Blutdruck, so ist meist eine Erhöhung des sympathischen Einflusses auf das Herz gegeben. Dies muß nicht ständig der Fall sein, oft ist es so, daß der sympathische Einfluß auf das Herz im Falle einer Aktivierung größer ist als bei Personen, die keinen erhöhten

Blutdruck haben. Eine Art von Medikamenten zur Behandlung des erhöhten Blutdrucks sind die sog. „Beta-Blocker". Sie verändern die adrenergen Rezeptoren, so daß die Erregungsübertragung erschwert und dadurch der sympathische Einfluß auf das Herz verringert wird. Auf diese Weise steigt der Blutdruck weniger stark an. Die Tatsache, daß verschiedene Rezeptoren die Erregungsübertragung an verschiedenen Organen vermitteln, ermöglicht es, gezielt durch Medikamente auf derartige Prozesse Einfluß zu nehmen, d.h. eine recht spezifische Wirkung zu erzielen.

Dopamin

Dopamin ist ein Neurotransmitter, der großen Einfluß auf die Motorik hat. Sein Mangel spielt bei der Parkinsonschen Erkrankung eine zentrale Rolle. Die Hauptsymptome dieser Erkrankung bestehen in einem „Einfrieren" und Verlangsamen der Bewegungen bei einem gleichzeitigen Zittern der Extremitäten in Ruhe. Entsprechend finden sich bei den Patienten Veränderungen der „dopaminergen" Neurone in denjenigen Hirnstrukturen, die für die Motorik eine wesentliche Bedeutung haben, den sog. „Basalganglien".

Aber auch im limbischen System und Teilen des Neokortex, dem Vorderhirn, finden sich viele dopaminerge Neurone. Diese Strukturen haben eine Bedeutung für die emotionale Informationsverarbeitung und für Prozesse der Aufmerksamkeit. Eine Veränderung dieser Funktionen findet sich bei schizophrenen Patienten. Medikamente, die zu ihrer Behandlung eingesetzt werden, führen häufig zu Störungen der Bewegung („motorischen Symptomen"), wie sie bei der Parkinsonschen Krankheit gefunden werden. Aufgrund derartiger Befunde lag es nahe, an eine Beteiligung des dopaminergen Systems an der Schizophrenie zu denken, und umgekehrt führten die Beobachtungen über die motorischen Nebenwirkungen der Medikamente zur Behandlung der Schizophrenie zu der Erkenntnis, daß ein Dopaminmangel zu den motorischen Symptomen der Parkinsonschen Erkrankung führen kann. So wird heute angenommen, daß eine Überempfindlichkeit des dopaminergen Systems im limbischen System und Teilen des Vorderhirns einen Teil der schizophrenen Symptomatik bedingen.

Serotonin

Serotonin ist ein Transmitter, der ebenfalls im limbischen System die Anpassung an emotionale Reize vermittelt. Bei depressiven Patienten wird sowohl ein Fehlen von Noradrenalin als auch von Serotonin angenommen. Dies schließt man unter anderem daraus, daß Medikamente, die die Verfügbarkeit von Serotonin im zentralen Nervensystem steigern, antidepressive Effekte aufweisen, die Stimmung positiv beeinflussen, zu einem verbesserten Schlaf-Wach-Rhythmus und zu verringerter Aggressivität führen. Auch die Schmerzverarbeitung wird durch Serotonin vermittelt, d.h. ein Mangel an Serotonin führt zu einer verminderten „körpereigenen" Schmerzhemmung. All diese Prozesse sind durch einen Teil der depressiven Erkrankungen beeinflußt. Viele der Patienten klagen über Schlafstörungen, diffuse Schmerzen und eine negative Stimmung. In Handlungen der Selbsttötung kommt die gesteigerte Aggressivität zum Ausdruck.

Die Regulation von Noradrenalin und Serotonin sind eng miteinander verbunden, beide werden über dieselbe Substanz („Mono-Amino-Oxydase" (MAO)) abgebaut.

Gamma-Aminobuttersäure (GABA)

GABA ist der wichtigste hemmende Transmitter im Gehirn. An der Synapse (s.o.) führt er zu einem Einströmen von Chlorionen in die postsynaptische Zelle und damit zur Hyperpolarisation, was dazu führt, daß die Erregungsübertragung an der Synapse erschwert wird. GABAerge Neurone bzw. GABA-Rezeptoren finden sich fast überall im Gehirn, vor allem in den Regionen des Vorderhirns des limbischen Systems, dem Hippokampus und Hypothalamus. Die Rolle der GABA für Angst und Hemmung wird durch die Wirkung angstlösender Substanzen wie der von „Benzodiazepinen" (z.B. Valium, Tavor oder Tafil) deutlich. Derartige Substanzen steigern die hemmende Wirkung von GABA. Rezeptoren für Benzodiazepine und GABA-Rezeptoren liegen dicht beieinander und die Benzodiazepine beeinflussen die Wirkungsweise der GABA- Rezeptoren in der Synapse. Ähnlich bewirkt Alkohol eine Verstärkung der Wirkung der GABA-Rezeptoren, d.h. führt zu einer Öffnung der Chlorinionenkanäle (s.o.).

5.1.5 *Hormone*

Das Hormonsystem dient wie das Nervensystem der Übertragung von Information. Hormone werden auch als „Botenstoffe" bezeichnet, d.h. sie sind chemische Substanzen, die Nachrichten übertragen. Ähnlich wie das autonome Nervensystem dient das endokrine System zusammen mit dem vegetativen Nervensystem der Regulation der lebenserhaltenden autonomen Funktionen.

Hormone werden in Drüsen, den „endokrinen" Drüsen, gebildet und in Vesikeln gespeichert, ähnlich wie die Transmitter in den Vesikeln des präsynaptischen Endknopfes. So sind die Nebennieren eine derartige endokrine Drüse, in deren Mark das Adrenalin und das Noradrenalin gebildet werden. Aus der Drüse gelangen die Hormone durch die Zellmembran in den Raum zwischen den Zellen und schließlich durch die Gefäßwand in die Kapillaren und werden von dort im ganzen Körper verteilt. Hormone unterscheiden sich untereinander, ähnlich wie Transmitter, u.a. durch ihre Rezeptoren, d.h. die Rezeptoren auf der Oberfläche der Zellen, zu denen sie passen, beispielsweise des Herzmuskels (s.o.). Zu diesen Rezeptoren passen die Moleküle der Hormone wie ein Schlüssel in ein bestimmtes Schlüsselloch. Fast alle Körperzellen besitzen Rezeptoren für verschiedene Hormone. Bindet ein Hormonmolekül an den entsprechenden, d.h. passenden, Rezeptor einer Zelle an, so wird häufig ein zweiter Botenstoff im Inneren der Zelle gebildet, der die Zelle dazu veranlaßt, z.B. Eiweiß zu produzieren. Die „Reaktion" der Zelle auf die „Nachricht" hängt vom

Zelltyp ab, aber auch vom Hormon. So steigert Insulin den Glucoseverbrauch in fast allen Zellen, führt jedoch nur in den Leberzellen dazu, daß Glucose in Glykogen umgewandelt wird.

Die Verbindung des Hormonmoleküls mit dem Rezeptor ist zeitlich begrenzt. Ein Teil wird nach der Bindung an den Rezeptor in der Zelle abgebaut, ein Teil wird durch andere Substanzen („Enzyme") in den Organen abgebaut.

Für die Produktion und Regelung einer Reihe sehr wichtiger Hormone ist eine neurochemische Verbindung zwischen dem Hypothalamus, der Hypophyse und den Nebennieren sehr wichtig. Man spricht darum auch von der „Hopothalamus-Hypophysen-Nebennieren-Achse" (HHNA). Die Funktion dieser drei Systeme der HHNA sind sehr eng miteinander verbunden.

5.1.5.1 Hypophysenhormone

Es gibt sehr viele Hormone, die die unterschiedlichsten Funktionen haben. Im vorliegenden Zusammenhang sind vor allem die Hormone des Hypothalamus, der Hirnanhangdrüse („Hypophyse") und der Nebennieren von Bedeutung.

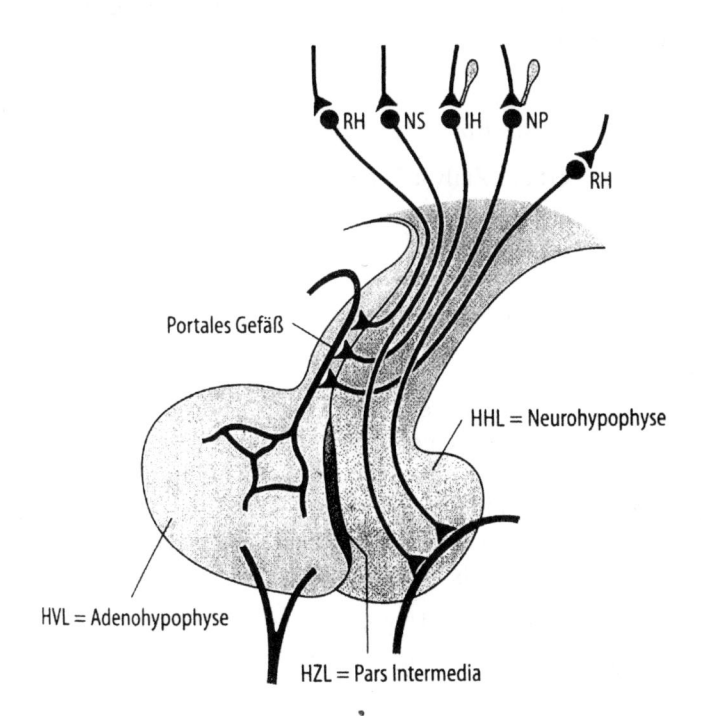

Abb. 13 Schematische Darstellung der Hypophyse mit den Verbindungen zu hypothalamischen Kernen (RH, NS, IH, NP) (Aus: R.F. Schmidt und G. Thews: 1995)

Adrenocorticotrope Hormon (ACTH; Corticotropin)

Das ACTH stimuliert die Freisetzung von sog. „Corticosteroiden", d.h. Hormonen, die in der Nebennierenrinde gebildet werden, z.B. Cortisol (im Gegensatz zum Nebennierenmark, in dem Adrenalin und Noradrenalin synthetisiert werden). Da die Cortisolkonzentration einen bestimmten Wert haben soll, führen hohe Konzentrationen von Cortisol zu einer Hemmung der ACTH Produktion in der Hypophyse („negative Rückkoppelung"), wodurch vermieden wird, daß zu viel Cortisol freigesetzt wird.

Thyreoidea stimulierendes Hormon (TSH)

Dieses Hormon stimuliert die Bildung und Freisetzung der Schilddrüsenhormone (Thyroxin).

Follikel stimulierendes Hormon (FSH)

Dieses Hormon stimuliert die Bildung von Östrogen

Luetisierendes Hormon (LH)

Dieses Hormon stimuliert bei der Frau die Bildung der Gestagene, beim Mann die der „androgenen Hormone".

Wachstumshormon („Growth Hormone" GH; Somatotropes Hormon STH)

Dieses Hormon fördert das Zellwachstum.

Prolaktin

Dieses Hormon fördert die Milchsynthese.

Die Regelung dieser Hormone geschieht u.a. über Substanzen, die im Hypothalamus, also einem Teil des Gehirns, gebildet werden und darum „Neurohormone" genannt werden. Da diese Hormone des Hypothalamus die Freisetzung (engl.: „Release") der Hormone der Hypophyse stimulieren, werden sie auch „Releasing Hormone" genannt. Sie werden in Neuronen des Hypothalamus gebildet und gelangen über die Axone der Neuronen (s.o.) bis in die Hypophyse.

So ist ein wichtiges Hormon der Hypophyse der „Corticotropin Releasing Faktor" (CRF). Er spielt bei der Beantwortung von psychischer Belastung eine wesentliche

Rolle und kontrolliert die Synthese von ACTH und damit Cortisol. Der Hypothalamus steuert also damit auch das endokrine System im Hinblick auf die Auseinandersetzung mit Belastungen. Das beinhaltet auch, daß die Hormone ihrerseits einen Einfluß auf Verhalten ausüben. So führen höhere CRF-Konzentrationen über ACTH zu gesteigerter Aufmerksamkeit und der Mobilisierung von Energie, d.h. sie bewirken eine Bereitstellung des Organismus im Hinblick auf eine aktive Auseinandersetzung mit der Umgebung.

Im Hinterlappen der Hypophyse werden zwei Neurohormone gespeichert, die bei Bedarf von dort freigesetzt werden:

Antidiuretisches Hormon (ADH oder Vasopressin),

das die Wasserausscheidung durch die Nieren beeinflußt und steuert.

Oxytocin,

das die Milchausscheidung beim Stillen fördert.

Beide Hormone beeinflussen jedoch auch Verhalten. So führen höhere Oxytocinkonzentrationen bei weiblichen Tieren zu Pflegeverhalten in bezug auf Jungtiere, Partnersuche und erhöhter Paarungsbereitschaft. Erniedrigt man die Oxytocinkonzentration, so führt dies auch zum Abbruch von Beziehungen zu eigenen Jungtieren.

5.1.5.2 Hormone der Nebennieren

Bei den Nebennieren muß zwischen dem Nebennierenmark und der Nebennierenrinde unterschieden werden. In beiden Untersystemen werden unterschiedliche Hormone gebildet, die z.T. gegenläufige („antagonistische") Wirkungen haben.

Im Nebennierenmark werden Adrenalin und Noradrenalin unter direktem sympathischen Einfluß gebildet und in die Blutbahn abgegeben. Beide Substanzen haben also einerseits die Funktion von Neurotransmittern (s.o.), aber auch die von Hormonen, indem sie an Organen eine direkte Wirkung ausüben. So wurde oben die Wirkung dieser Hormone auf den Herzmuskel beschrieben.

In der Nebennierenrinde werden Geschlechtshormone und die Corticosteroide gebildet. Bei den Corticosteroiden unterschiedet man die Glucocorticoide und die Mineralocorticoide. Das wichtigste Glucocorticoid ist das Cortisol. Es hat eine Wirkung auf Verhalten und beispielsweise das Immunsystem (entzündungshemmend) und die Glucosebildung in der Leber. Das Aldosteron ist ein wichtiges Mineralocorticoid, das die Nierenfunktion beeinflußt.

Die Nebennierenrindenhormone werden nicht wie das Adrenalin oder Noradrenalin direkt durch sympathische Nervenfasern stimuliert, sondern mittelbar über das ACTH der Hypophyse, das wiederum in Abhängigkeit vom CRF des Hypothalamus gebildet wird. Insofern steigt die Cortisolkonzentration im Blut bei psychischer Belastung viel langsamer an, als die des Adrenalins oder Noradrenalins.

In diesem ersten Teil des Kapitels wurden physiologische und biochemische Grundlagen dargestellt, die für ein Verständnis der psychobiologischen Annahmen zur Erklärung der Krankheitsentstehung der Herzphobie wichtig sind. Dies betrifft die Herz-Kreislauf-Funktion, die Atmung, das Nervensystem und die chemischen Substanzen (Transmitter und Hormone), die diese Funktionen ermöglichen und beeinflussen. Damit sind jene körperlichen Systeme dargestellt, die in irgendeiner Weise für das Zustandekommen der Symptomatik eine zentrale Bedeutung haben. Im folgenden Abschnitt werden diejenigen Grundkonzepte dargestellt, die das Zusammenwirken psychischer und physischer Prozesse beschreiben und systematisieren, was für das Erleben von Gefühlen wie Angst und Niedergeschlagenheit, wie sie bei der Herzphobie oft anzutreffen sind, verantwortlich ist.

5.1.6 *Streß und Aktivierung*

5.1.6.1 *Einführung*

Im folgenden werden Ansätze dargestellt, die für die Erklärung funktioneller Herz-Kreislauf-Störungen oder der Herzphobie Dispositionen annehmen, die insofern als psychophysiologisch bzw. psychobiologisch anzusehen sind, als sie körperliche und psychische Merkmale enthalten. Somatische Merkmale beziehen sich auf Eigenschaften, die ein Organismus auf seiner letztlich physikalischen Ebene hat. Psychische Merkmale beziehen sich auf Eigenschaften des Erlebens und Verhaltens eines Organismus in der Interaktion mit seiner Umgebung, beispielsweise in der Interaktion mit anderen Menschen oder bestimmten Situationen, wie Gefahren. Es wird sich zeigen, daß die Trennung in eine physikalische und psychische Ebene letztlich unzureichend ist, um Sachverhalte zu beschreiben, wie sie z.B. in dem Begriff „Gefühl" bezeichnet sind. So ist auch die Aufteilung des Organismus in Organsysteme für ein ordnendes Verständnis u.U. hilfreich, bei einer detaillierteren Betrachtung eines Organsystems zeigt sich jedoch schnell, daß seine Beziehungen zu anderen Organsystemen für seine Funktionen sehr wichtig sind. So kann man den Kreislauf durchaus als ein Organsystem betrachten, aber für wichtige Aspekte der Funktion des Kreislaufs, z.B. die Regulation des Blutdrucks, ist die Nierenfunktion außerordentlich wichtig.

Die Psychophysiologie als wissenschaftlicher Inhaltsbereich bezieht sich, sehr allgemein formuliert, auf das Zusammenwirken physiologischer und psychischer Prozesse. Dies ist beispielsweise der Fall beim Erleben von Emotionen. Die Redewendung „das Herz schlug ihm vor Freude bis zum Halse" drückt diesen Sachverhalt aus. Die Psychophysiologie würde bei diesem Beispiel u.a. versuchen zu klären, ob die Intensität des körperlichen Gefühls des Herzschlages, vielleicht auch der Ort der Empfindung, - „bis zum Halse"-, für die Art des wahrgenommenen Gefühls und dessen wahrgenommene Stärke eine Rolle spielt. Sowohl James (1884) als auch Lange (1885) nahmen beispielsweise an, daß emotionalem Erleben spezifische körperliche Prozesse zugrunde liegen, durch deren Wahrnehmung Emotionen bedingt werden. Die Autoren gingen davon aus, daß zuerst ein bestimmter Reiz die Sinnesorgane stimuliert, dann die Erregung zur Großhirnrinde gelangt und schließlich als unmittelbare Reaktion auf den Reiz periphere Organe, wie der Kreislauf, stimuliert werden. Diese Stimulierung werde der Großhirnrinde zurückgemeldet und führe so zu emotionalem Erleben. Wichtig an diesem Ansatz ist die Annahme spezifischer körperlicher Prozesse, die Emotion ist mehr oder weniger als Begleiterscheinung dieser spezifischen Prozesse anzusehen. Von James stammt der Satz: „Man weint nicht, weil man traurig ist, sondern man ist traurig, weil man weint". Diese Vorstellung über das Zustandekommen von Gefühlen hat auch heute noch eine gewisse Aktualität, wenn auch in abgewandelter Form.

Eine grundlegende Dimension in diesem Beispiel ist die Stärke der Erregung, ausgedrückt in der wahrgenommenen Stärke des Herzschlages bzw. der Stärke und Frequenz des Herzschlags selbst. Erlebt jemand Freude auf die in diesem Beispiel angesprochene Weise, so ist er gegenüber einem Ruhezustand verändert, aktiver bzw. aktivierter. Die unterschiedlichen Zustände der Aktiviertheit oder Aktivation stellen infolgedessen eine grundlegende Dimension psychophysiologischer Konzepte dar. Aktiviertheit als Zustand oder Aktivierung als Prozeß beschreiben also, in welchem Maße ein Organismus durch äußere oder innere Reize aus der Ruhe gebracht, aktiviert oder erregt wird.

Mit diesem Konzept der Aktivierung lassen sich eine ganze Reihe von Fragen verbinden, die in der Psychophysiologie untersucht worden sind und unterschiedliche Aspekte leib-seelischer Zustände betreffen. Der Aspekt der Intensität wurde bereits angesprochen, d.h. die Frage, inwieweit im o.g. Beispiel die Stärke der Freude die Größe der Veränderungen der Herzfrequenz oder des Herzschlages bedingt. Gefühle und Aktiviertheit können also unterschiedlich intensiv sein. Betrachtet man Aktiviertheit als Zustand des „Aus-der-Ruhe-gebracht-Seins", so entspricht das Ausmaß der Aktiviertheit dieser Definition zufolge dem Ausmaß der Veränderung im Vergleich zur Ruhe. Damit stellt sich die Frage nach dem, was Ruhe ist bzw. nach dem Ausgangswert, zu dem die Veränderung in Beziehung gesetzt wird und dann gemessen werden kann. Es ist sicher ein Unterschied, ob eine Person ohnehin durch irgendeinen Sachverhalt aufgeregt ist und sich dann aus irgendeinem Grund freut, oder ob sie in einem vorher entspannten Zustand ist und daraus freudig erregt wird. Die Veränderung etwa der Herzfrequenz wird in beiden Beispielen unterschiedlich groß sein. Das bedeutet, der Ausgangswert bzw. der Zustand vor dem Aus-der-Ruhe-gebracht-Werdens muß berücksichtigt werden.

Um Zustände unterschiedlicher Erregung zu erfassen, werden üblicherweise bestimmte physiologische und endokrine (hormonelle) Werte („Parameter") gemessen, während durch psychologische Bedingungen ein bestimmter psychischer Zustand hergestellt wird. So kann man durch experimentelle Bedingungen beispielsweise einen bestimmten Gefühlszustand herstellen, z.B. Ärger, und dann messen, wie sich die physiologischen oder endokrinen Meßwerte verändern. Es ist dann noch ratsam, mit psychologischen Methoden zu erfassen, inwieweit die beabsichtigte Emotion tatsächlich hergestellt worden ist. Nicht alle Menschen ärgern sich über etwas Bestimmtes gleichermaßen.

5.1.6.2 Aktivierung und Emotion

Kann man auf diese Weise den Zusammenhang zwischen Emotionen und bestimmten körperlichen Prozessen untersuchen, so ist die Frage, wie die Wahrnehmung der Veränderungen der physiologischen Prozesse das Erleben von Gefühlen beeinflußt, noch komplizierter. Dabei ist es denkbar, daß sich die Aktivierungseffekte addieren, oder es ist möglich, daß der aktivierende Effekt der Ausgangssituation gleichsam verrechnet, d.h. abgezogen wird. Schachter und Singer (1962) haben einen derartigen Aspekt des Erlebens von Emotionen untersucht. Sie gingen davon aus, daß Emotion zum einen auf der Wahrnehmung körperlicher Aktivierung oder Erregung beruht, zum anderen Merkmale der Situation und deren psychische Verarbeitung die Art der Emotion beeinflussen. So nahmen sie an, daß eine gleiche physiologische Aktivierung in Abhängigkeit vom emotionalen Gehalt einer Situation einmal als Freude, ein anderes Mal als Zorn oder Aggression erlebt werden kann. Die Autoren injizierten Versuchspersonen Adrenalin und informierten die Probanden über den physiologisch erregenden Effekt der Injektion auf unterschiedliche Weise. Ein Teil der Probanden wurde zutreffend über die aktivierende Wirkung des Adrenalins informiert, ein Teil der Probanden blieb jedoch darüber uninformiert. Einer Vergleichsgruppe wurde als Placebo eine Kochsalzlösung injiziert, die keine Wirkung hatte. Nach der Injektion kam eine in den Versuch eingeweihte Person in den Raum und verhielt sich entsprechend dem Versuchsplan in einem Falle ärgerlich, im anderen Fall euphorisch. Das Ausmaß der Information über den Effekt der Injektion hatte einen wesentlichen Einfluß auf die erlebte Emotion. So war zum Beispiel das Ausmaß der erlebten Euphorie in der uninformierten Gruppe etwa doppelt so hoch wie in der Gruppe, die über den aktivierenden Effekt der Injektion aufgeklärt worden war. Die eine Gruppe von Personen, die in der „euphorischen" Umgebung gewartet hatte und nicht über den Effekt der Adrenalininjektion informiert worden war, schätzte anschließend das Ausmaß von Euphorie höher ein als alle anderen Personen, vergleichsweise verhielt es sich mit den Personen in der „ärgerlichen" Situation, sie erlebten sich anschließend als ärgerlicher oder aggressiver.

Ähnlich fanden Marshall und Zimbardo (1979), daß mit steigender Dosierung von Adrenalin allerdings nur negative Emotionen und nicht Euphorie zunahmen. Eine Untersuchung von Erdmann und Janke (1978) zeigt ein der Untersuchung von Schachter und Singer vergleichbares Ergebnis für die Bedingung „Euphorie", nicht jedoch für Angst.

Derartige Fragen sind im vorliegenden Zusammenhang deshalb wichtig, weil beispielsweise für die Entstehung von Panikattacken von einigen Autoren (Margraf und Ehlers 1988) angenommen wird, daß die Wahrnehmung von physiologischen Veränderungen, insbesondere der Herztätigkeit, zu Panikattacken führen können, und daß Patienten, die unter solchen Attacken leiden, eine sensiblere Wahrnehmung für derartige Änderungen des Herzschlags besitzen.

5.1.6.3 Spezifität der Aktivierung

Neben der Dimension der Intensität bzw. Stärke von Aktivierung, also dem Mehr oder Weniger von Erregung, ist es wichtig zu bedenken, ob die Zustände von Aktiviertheit sich nur durch die Stärke voneinander unterschieden oder es andere Unterscheidungsmerkmale gibt, die spezifische, also unterschiedliche Aktivierungszustände kennzeichnen, so wie es ja auch unterschiedliche Gefühle gibt. Entsprechende Untersuchungen haben beispielsweise verschiedene Reaktionsmuster der Herz-Kreislauf-Funktion bei verschiedenen Emotionen wie Freude, Trauer, Angst und Aggression gefunden (Sinha, Lovallo und Parsons 1992). Es lassen sich im wesentlichen zwei Dimensionen von Spezifität unterscheiden, die der Einflüsse von verschiedenen Situationen und die des Individuums. Das bedeutet, daß sich verschiedene Situationen anhand ihrer aktivierenden Wirkung unterscheiden lassen. Es bedeutet weiter, daß Menschen sich darin unterscheiden, wie sie sich aktivieren bzw. aus der Ruhe bringen lassen. Das kann zum einen die Stärke der Aktivierbarkeit betreffen, manche Menschen regen sich stärker auf als andere, es kann aber auch die physiologische Art der Aktiviertheit betreffen, d.h. welche physiologischen Funktionen mehr oder weniger stark auf unterschiedliche Situationen reagieren. Das bedeutet, daß Menschen sich anhand der Art ihrer physiologischen Aktivierbarkeit unterscheiden lassen. Manche Menschen verspannen ihre Muskulatur bei Belastung, andere reagieren eher mit kardiovaskulären Funktionen, wie Blutdruckanstiegen usw. Dies könnte für die Pathogenese von verschiedenen Erkrankungen wichtig sein. So haben Menschen, die ein vererbtes Risiko haben, einen Bluthochdruck zu bekommen, bereits früh eine Tendenz, auf Belastung mit höheren Blutdruckanstiegen zu reagieren, als Menschen ohne dieses Risiko.

Diese beiden Dimensionen von Spezifität sind für psychosomatische Fragen sehr wichtig und auch für Fragen im Zusammenhang mit der Pathogenese von Erkrankungen, d.h. den Faktoren und Prozessen, die bedingen, daß jemand an einer bestimmten Krankheit erkrankt.

5.1.6.4 Streß und Belastung

Der Begriff „Streß" stammt aus der Materialprüfung. Wie belastbar ist eine Brücke, ein Seil oder ähnliches. Eine Brücke beispielsweise hat durch ihre Bauart eine bestimmte Belastbarkeit, sie hat also eine bestimmte Disposition. Solange die Belastung durch den Verkehr die dispositionelle Belastbarkeit der Brücke nicht übersteigt, hält sie. Das bedeutet, es gibt als äußere Bedingung eine besondere Belastung, die mit dazu beitragen kann, daß eine Brücke schließlich zu einem bestimmten Zeitpunkt einstürzen kann.

Wie unmittelbar einsichtig ist, hängen beide Bedingungen, Disposition und Belastung, zusammen, d.h. die Belastbarkeit bestimmt, ab welchem Gewicht oder welcher Schwingung die Brücke in irgendeiner Weise Schaden nimmt. Man könnte nun als Streß diejenige Belastung definieren, die zu irgendeiner Schädigung führt. Das muß im Falle der Brücke nicht unbedingt das Einstürzen bedeuten, es können sich zunächst Risse bilden usw., die jedoch von einer Belastung stammen. Das klingt zunächst trivial, ist es aber nicht, wenn das Verhältnis von Belastung und Organismus betrachtet wird. Selye (1981) definierte Streß in einem sehr breiten Sinne: „Streß ist die unspezifische Reaktion des Körpers auf irgendeine Anforderung". In dieser Definition kommt zur Belastung bzw. Anforderung ein weiteres Element hinzu, die „Reaktion" eines Organismus.

5.1.6.5 Streß und die Notwendigkeit zur Anpassung

Selyes erste Untersuchungen zum Streß waren scheinbar noch sehr nahe an der Herkunft des Begriffs aus der Materialprüfung. So tauchte er Ratten in Wasser und setzte sie anschließend in eine Kühltruhe oder setzte sie großer Hitze aus, um sie zu belasten. Die Nähe zur Materialprüfung ist jedoch nur scheinbar, denn er war nicht daran interessiert, wie lange es dauerte, bis die Ratten erfroren waren bzw. er ließ sie gar nicht erfrieren, sondern setzte sie dieser Belastung mehrfach aus. Er interessierte sich für Vorgänge, die in den Organismen stattgefunden hatten, für die Reaktionen der Tiere auf die Belastungen. Im Falle der Brücke wäre es sicher ganz sinnlos, davon zu sprechen, daß sie auf die Belastung in irgendeiner Weise reagiert, sie wird passiv u.U. durch die Belastung zerstört. Kälte oder Hitze war für Selye nur eine von vielen verschiedenen Belastungen, und seine Theorie des „Generellen Adaptationssyndroms" besagt, daß auf verschiedenste Belastungen immer eine vergleichbare Reaktion im Organismus erfolgt. Das Generelle Adaptationssyndrom beinhaltet noch etwas anderes, es läuft in den von ihm geschilderten Phasen, der Alarmreaktion, der Widerstands- und der Erschöpfungsphase, nur dann ab, wenn die Anpassung nicht gelingt, was keineswegs immer der Fall ist, sondern eher die Ausnahme.

5.1.6.6 Bedrohung und Homöostase

Bedrohung bzw. Gefahr für einen Organismus kann von einem biologischen Ungleichgewicht, mangelnder „Homöostase" kommen. Die Bedrohung der Ratten in den Versuchen Selyes bestand in der Abweichung der Umgebungstemperatur von einem Wert, der für die Ratten notwendig war. Die Situation verursachte Streß, weil die Ratten die Anpassung, d.h. Temperaturregulation, nicht leisten konnten, sich andererseits der Situation auch nicht durch Flucht entziehen konnten. Die längerfristige Unmöglichkeit, die Homöostase bzw. einen bestimmten Sollwert, z.B. der Körpertemperatur, herzustellen, kann die Integrität eines Organismus zerstören und damit ihn selbst. Sie stellt damit eine unmittelbare Bedrohung dar.

5.1.6.7 Streß und die emotionale Bedeutung einer Situation

Wichtig dafür, ob etwas als Streß zu bezeichnen ist, kommt der Bedeutung zu, die eine Situation für jemanden hat. Das heißt, daß es sich im Falle einer nur physikalischen Überbelastung, wie bei einem Beinbruch, nicht um Streß handelt, sondern einfach um eine physikalische Überbelastung. Dies wird auch an den Experimenten von Selye deutlich, die Veränderungen in den Nebennieren seiner Versuchstiere waren nicht Folge der unterschiedlichsten physischen Belastungen, denen die Tiere ausgesetzt waren, sondern der damit verbundenen Bedrohung, sowie der Unmöglichkeit, entkommen bzw. fliehen zu können.

In der Definition Selyes wird der Begriff der Anpassung als Bedingung für Streß benutzt, d.h. nach seiner Auffassung ist immer dann das Verhältnis zwischen Organismus und seiner Umgebung als Streß zu bezeichnen, wenn der Organismus sich anpassen muß. Es erscheint sinnvoll, den Begriff auf eine Anpassungsnotwendigkeit einzuschränken, die zumindest vorübergehend fraglich mit größerer Anstrengung verbunden ist, oder zu langfristig ist, was dann die Ressourcen des Organismus übermäßig beansprucht.

Eine Definition von Streß setzt also voraus, daß die Notwendigkeit zu einer Anpassung, z.B. eine unmittelbare Bedrohung, gegeben ist und bei der Bewertung der Situation zumindest fraglich ist, ob die Bewältigung gelingt. Eine unmittelbare Notsituation ist gegeben, wenn beispielsweise ein Tier vor einem anderen fliehen muß, dem es als Beute dienen könnte. Aber auch dabei ist es für das Ausmaß von Streß bedeutsam, ob das Tier einschätzen kann, daß die Flucht mit Leichtigkeit gelingen kann oder ob es knapp werden wird. Es ist die Frage, ob ein Hase wirklich Streß erlebt, wenn er spielerisch vor einem Hund davon läuft und die Situation zeitlich auszudehnen scheint, indem er immer wieder langsamer läuft, so als wolle er dem Hund eine Chance vormachen, damit der die Jagd nicht aufgibt. Der Hase scheint seine Kompetenz im Umgang mit der Gefahrensituation zu genießen, die durch seine läuferische Überlegenheit gegeben ist.

Für die emotionale Bedeutung einer bedrohlichen Situation ist beispielsweise die Anwesenheit vertrauter Personen von Einfluß und führt zu einer Verringerung der durch die Situation bedingten Erregung, wie die folgende Abbildung zeigt.

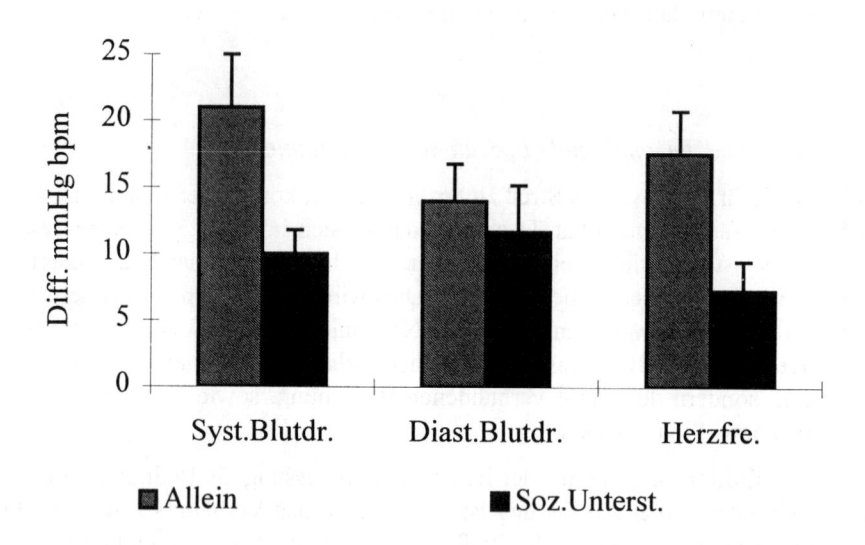

Abb. 14 Veränderungen von Blutdruck und Herzfrequenz während mentaler Belastung mit und ohne Anwesenheit eines Freundes. (Kamarck,T.W. et al. 1990)

5.1.6.8 Kognitive Aspekte von Streß

Aus diesen Überlegungen wird deutlich, daß Streß von der Bewertung der Situation abhängig ist, den Möglichkeiten der Problemlösung und den damit verbundenen Aussichten auf eine erfolgreiche Lösung. Streß ist kein punktuelles Ereignis, sondern ein interaktiver Prozeß zwischen einem Organismus und der ihn umgebenden Situation. Lazarus (1975) hat in seinem kognitiven Streßmodell diesen Aspekt besonders betont. Er unterscheidet zwischen den verschiedenen kognitiven Stufen der Auseinandersetzung des Organismus mit der belastenden Situation. Zunächst erfolgt eine primäre Bewertung der Situation, z.B. als bedrohlich. Dann eine sekundäre Bewertung der Möglichkeiten zur Bewältigung der Situation, dem folgt ein daraus resultierendes Verhalten und eine Neubewertung im Hinblick darauf, ob und in welchem Maße die Bewältigung erfolgreich war oder nicht. Eine besondere Bedrohung ergibt sich erst dann, wenn die Möglichkeiten der Bewältigung als nicht ausreichend eingeschätzt werden bzw. nach versuchter Bewältigung klar wird, daß sie nicht ausreichen.

Es ist einleuchtend, daß sich hieraus ergibt, daß es dafür, ob eine Situation als Streß erlebt wird oder nicht, sehr wichtig ist, wie eine Person ihre Möglichkeiten zur

Bewältigung einschätzt. Unterschätzt eine Person ihre Möglichkeiten, möglicherweise habituell, so wird sie recht häufig in vermeidbaren Streß geraten.

Aus diesen Überlegungen ergibt sich, daß es ebenfalls wichtig ist, eine Situation vorhersagen zu können. Nur wenn eine Person eine Situation in ihrem Verlauf vorhersagen kann, ist überhaupt die Möglichkeit gegeben, die eigenen Bewältigungsmöglichkeiten abzuschätzen. Mangelnde Vorhersagbarkeit von wichtigen Ereignissen ist bereits für sich belastend und stellt Streß dar.

Wird eine Situation in der primären Bewertung als bedrohlich eingeschätzt, so besteht die Möglichkeit, durch irgendein Verhalten die Situation so zu verändern, daß die von ihr ausgehende Bedrohung verringert oder beendet wird. Man kann fliehen oder kämpfen, aber es gibt auch Situationen, die es erfordern, sich anzupassen, also nicht die Situation, sondern sich zu ändern. Vor bestehender Kälte kann man sich durch Kleidung schützen, das ändert nichts an der Außentemperatur. Examensstreß kann durch Veränderung des Wissenszustands des Kandidaten durch ihn selbst geändert werden, auch in diesem Falle paßt sich die Person den Bedingungen einer Situation an und ändert nicht die Situation selbst.

Schließlich besteht für eine Person noch die Möglichkeit, die emotionale Bewertung einer Situation, ohne diese zu ändern oder sich anzupassen, zu ändern. Sie kann beispielsweise die Bedrohlichkeit einer Situation einfach verleugnen. So kommt es gelegentlich vor, daß mit einem Patienten über seinen für ihn u.U. gravierend bedrohlichen Gesundheitszustand gesprochen wird, z.B. im Falle einer schweren Erkrankung, aber der Patient scheint nicht angemessen darauf zu reagieren, es scheint, als habe er den Ernst der Situation nicht begriffen, auch wenn die entsprechende Information nochmals mitgeteilt wird. Ähnlich scheinen manche Patienten vor einem medizinischen Eingriff, der normalerweise Angst oder zumindest Besorgnis auslöst, in keiner Weise beunruhigt, sie verleugnen die Bedrohlichkeit der Situation.

5.1.6.9 Streß und Aktivierung

Organismen sind zu unterschiedlichen Zeitpunkten in einem unterschiedlichen Zustand von Aktiviertheit. Auch der spielerisch vor dem Hund davon laufende Hase ist in einem Zustand gesteigerter Aktiviertheit, auch er benötigt für die Muskelarbeit Energie, die über die entsprechenden körperlichen Prozesse bereitgestellt wird. Aber der Vorgang stellt trotz der gesteigerten Aktiviertheit und der gegebenen Notwendigkeit zu fliehen für das Tier keinen Streß dar, weil es die Situation ohne große Mühe vorhersehbar bewältigen kann. Dieser Unterschied zwischen einfacher Aktiviertheit und Streß ist wichtig für die Einschätzung der gesundheitlichen Auswirkungen von Streß und der möglichen therapeutischen Maßnahmen.

Es ist dabei allerdings zu bedenken, daß die Aktiviertheit über ihre Dauer zu Streß werden kann. In dem Beispiel des Hasen würde das bedeuten, daß er irgendwann dem Hund langfristig entkommen muß, ansonsten würde er bis zur Erschöpfung laufen müssen und sich dadurch überfordern. Dies würde dann bedeuten, daß er trotz seiner läuferischen Überlegenheit der Situation nicht entgehen könnte. Muß also jemand Energie aufwenden, um beispielsweise ein berufliches Problem zu lösen, so ist dies u.U. kein Streß, wenn es ihm gelingt, mit einem angemessenen Aufwand das Problem zu lösen. Gelingt ihm das nicht, so wird der Zustand gesteigerter Aktiviertheit zu lange anhalten, woraus sich dann Streß ergibt.

5.1.6.10 Streß und Kontrollierbarkeit

Die Bewältigung von Situationen, die die Notwendigkeit eines Verhaltens zur Aufrechterhaltung der Homöostase enthalten, wird durch Vorhersehbarkeit und Kontrollierbarkeit der situativen Gegebenheiten erleichtert bzw. ermöglicht. Vorhersehbar ist der Verlauf einer Situation für einen Organismus, wenn er in der Lage ist, frühere Erfahrungen mit derartigen Situationen zu speichern, d.h. zu lernen. Pawlow entdeckte das Lernen bzw. Konditionieren bei seinen Hunden, da diese bereits beim akustisch vernehmbaren Nahen der Versuchsleiter sekretorisch reagierten, d.h. sie hatten gelernt, wie die Situation verlaufen würde, d.h. die akustischen Reize beinhalteten für sie Vorhersagbarkeit. Es ist in zahlreichen Studien zum Lernen gezeigt worden, daß eine Assoziation zwischen Reizen nur dann gebildet wird, wenn die Vorhersagbarkeit des einen durch den anderen gegeben ist.

So wurden im Labor Pawlows Hunde dadurch gestreßt, daß ihnen Vorhersagbarkeit in einer ansonsten vollkommen harmlosen Situation genommen wurde. Sie hatten in diesem Beispiel gelernt, daß sie nach Darbietung eines Kreises Futter erhielten, nach Darbietung einer Ellipse nicht. So konnten die Hunde in Abhängigkeit des dargebotenen Reizes vorhersagen, was nun folgen würde. Dann verkürzte man schrittweise den horizontalen Durchmesser der Ellipse, bis die Hunde ab einem bestimmten Verhältnis die Ellipse nicht mehr von einem Kreis unterscheiden konnten. Zu diesem Zeitpunkt änderte sich das Verhalten der Hunde drastisch, sie wurden sehr unruhig und aufgeregt und schienen vollkommen verwirrt zu sein.

Bringt man beispielsweise einer Ratte bei, daß sie einen Schock durch das Drücken eines Hebels vermeiden kann, so ist das Auftreten des Schocks für sie kontrollierbar. Dabei ist natürlich die Vorhersagbarkeit des Schocks durch einen ankündigenden Reiz wichtig. Haben die Ratten gelernt, mit dem Hebeldruck die Schocks zu vermeiden, so verhalten sie sich ruhig in ihren Käfigen und drücken ab und zu ruhig auf den Hebel, wenn der ankündigende Reiz erscheint. Schlimmer als bei Pawlows Hunden wirkt es auf die Tiere, wenn sie eines Tages den Hebel nicht mehr im Käfig vorfinden und ihnen damit die Kontrollierbarkeit der Schocks genommen wird. Dann zeigen sie höchste Erregung.

Recht harmlos dagegen ist ein Versuch, in dem Personen eine bestimmte Anzahl einer recht schwierigen Aufgabe lösen müssen. Man ermittelt in der ersten Gruppe von Personen die durchschnittliche Anzahl der in 10 Minuten lösbaren Aufgaben mit der Instruktion, es komme nicht auf Geschwindigkeit, sondern auf Genauigkeit an.

Die Personen dieser Gruppe können die Geschwindigkeit des Lösens der Aufgaben selbst kontrollieren. Den Personen der zweiten Gruppe teilt man mit, sie müßten in 10 Minuten eine bestimmte Anzahl von Aufgaben lösen, es käme dabei auf die Geschwindigkeit an. Die Anzahl der zu lösenden Aufgaben, die vorgegeben wird, entspricht dem Mittelwert aus der ersten Gruppe. Es zeigte sich, daß die Personen in derjenigen Gruppe, die den Eindruck hatten, die Situation kontrollieren zu können, wesentlich geringere Veränderungen der Herzfrequenz und des Blutdrucks aufwiesen als diejenigen Personen, die meinten, keine Kontrolle über die Situation zu haben.

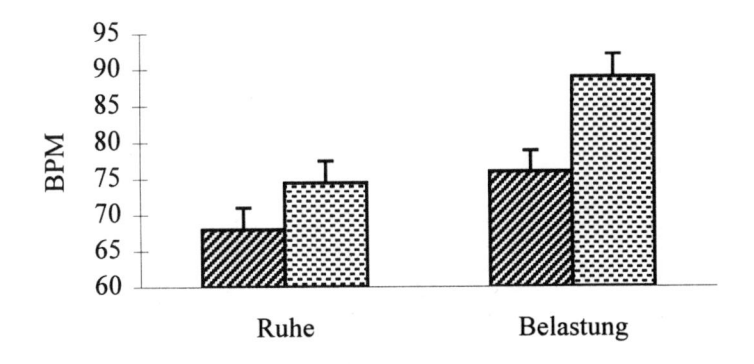

◨ eigene Geschw.   ▦ externe Geschw.

Abb. 15 Reaktion der Herzfrequenz auf eine Belastung mit extern vorgegebener oder eigener Arbeitsgeschwindigkeit (Steptoe, A. et al. 1993).

Der Unterschied zwischen beiden Gruppen besteht lediglich in dem unterschiedlichen Eindruck der Eigenkontrolle über die Situation, es werden in beiden Gruppen durchschnittlich dieselbe Anzahl von Aufgaben gelöst.

5.1.6.11 Die körperlichen Komponenten von Streß

Von Anfang an standen im Zusammenhang mit Streß dessen körperliche Komponenten im Mittelpunkt des Interesses. Dabei waren die Arbeiten Selyes richtungsweisend, er interessierte sich für die hormonelle Vermittlung der Streßreaktionen. Die von ihm dafür gezeigte Rolle der Hypophysen-Nebennieren-Achse hat nichts an Aktualität verloren und ist auch heute noch für die Auswirkungen von Streß auf den gesundheitlichen Zustand eines Organismus von besonderem Interesse.

Selye entwickelte das Modell des „Generellen Adaptationssyndroms", das er in drei Phasen gliederte, die Alarmphase, die Widerstandsphase und die Erschöpfungsphase.

- In der *Alarmphase* reagiert ein Organismus auf eine unmittelbare Bedrohung im wesentlichen durch die Bereitstellung von Energie für eine mögliche körperliche Auseinandersetzung mit der Situation. In diesem Prozeß spielt die Hypothalamus-Hypophysen-Nebennieren-Achse eine besondere Rolle.

In dieser Phase wird der Sympathikotonus erhöht, es kommt zur Ausschüttung von Katecholaminen und zeitlich verzögert über ACTH (**A**dreno-**c**ortico-**t**ropes **H**ormon) zur Freisetzung von Glucocorticoiden, vor allem Cortisol. Für die Freisetzung von ACTH im Hypohysenvorderlappen ist der Corticotrope Releasing Faktor (CRF) wesentlich, der im Hypothalamus, aber auch anderen Teilen des zentralen Nervensystems vorhanden ist. Selye (1981) schreibt dem Hypothalamus eine zentrale Überbrückungsfunktion zwischen dem Nervensystem und dem endokrinen System zu.

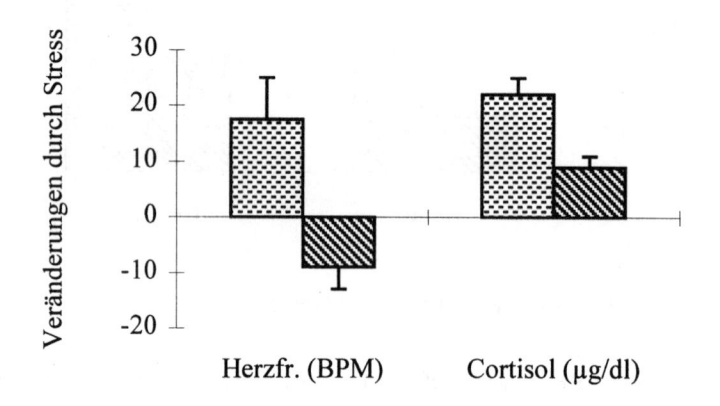

Abb. 16 Einfluß von Naloxon auf Stressreaktionen (Herzfrequenz und Cortisol) bei Affen (Makaken) mit hoher und niedriger Reaktivität der Herzfrequenz (McCubbin, J.A. et al. 1993).

Die über die Wahrnehmung von Streßreizen verursachte Erregung erreicht endokrine Zellen im Hypothalamus, vor allem im Nucleus paraventricularis, wo sie zur Synthese von CRF führt. Dieses stimuliert den Vorläufer des ACTH, das POMC (**Pro**-**O**pio-**M**elano-**C**orticotropin), aus dem sowohl ACTH als auch Endorphin synthetisiert wird.

Von Selye wurde vor allem die Wirkung des ACTH auf die Cortisolsekretion betont, in weiten Bereichen entspricht die Alarmphase jedoch auch der Notfallreaktion (emergency state) nach Cannon (1931). Von ihm wurde auch die Bereitstellung von Energie für die aktive Auseinandersetzung mit der Umgebung betont, also eine Erhöhung des Sympathikotonus. So erhöhen sich die für die muskuläre Leistung notwendigen kardiovaskulären Parameter wie Herzfrequenz und Blutdruck und damit das Herzminutenvolumen. Die Erhöhung dieser Parameter geschieht jedoch nicht nur sekundär durch einen erhöhten Stoffwechselbedarf, sondern bereits bei der Bewertung der Situation, der Organismus stellt die Mechanismen für die Energiemobilisierung prophylaktisch bereit. Dieser Sachverhalt ist für den vorliegenden Zusammenhang von besonderer Bedeutung.

- Die *Widerstandsphase* bezeichnet die Anpassung des Organismus an die Belastung. Die Symptome der Alarmphase reduzieren sich, aber diese Anpassung geschieht auf Kosten der Möglichkeit der Anpassung an andere Reize bzw. Belastungen.
- Die *Erschöpfungsphase* ist das Resultat der Tatsache, daß die adaptative Kapazität des Organismus begrenzt ist, wenn der Streß für zu lange Zeit anhält. Selye merkt an, daß die Kapazität zur Anpassung auch dann begrenzt ist, wenn der Organismus mit genügend Nahrung versorgt wird. Es sei noch nicht genau bekannt, wodurch diese Begrenzung gegeben ist. Sie sei vergleichbar mit dem Lebensabschnitt des hohen Alters, in dem sich die Anpassungsreserven des Organismus erschöpfen (Selye 1981).

Henry und Stephens (1977) stellten aufgrund ihrer wissenschaftlichen Untersuchungen fest, daß eine aktive und dominante Auseinandersetzung mit sozialem Streß mit einer Erhöhung der Katecholamine, vor allem Noradrenalin, einhergeht. Im Falle eines sozial submissiven Umgangs mit der sozialen Belastung ist das Cortisol erhöht. Anhand des Verhältnisses von Noradrenalin zu Cortisol vor dem sozialen Streß ließ sich in diesen Untersuchungen sogar die Art der Verhaltensreaktionen vorhersagen, d.h. ob sich die Tiere submissiv oder dominant verhielten. Sie betonen die Verknüpfung von erhöhten Katecholaminen mit der Flucht/Kampfreaktion, wahrscheinlich mit einem Übergewicht des Adrenalins bei Furcht und Flucht und des Noradrenalins bei aggressivem Verhalten. Unkontrollierbare Situationen führen zu einem Übergewicht von Cortisol.

5.1.6.12 Streßsymptome

So wie Streß auf verschiedenen, untereinander verbundenen Ebenen stattfindet bzw. aus verschiedenen Komponenten besteht, so sind auch die Symptome übermäßiger oder anhaltender Überlastung auf diesen Ebenen vorhanden. Es kann eine körperliche, eine kognitive, eine emotionale und Verhaltensebene von psychophysischen Gegebenheiten unterschieden werden.

Körperliche Streßsymptome
- Verschiedenste funktionelle Beschwerden des Herz-Kreislauf-Systems, wie Herz-

klopfen, Tachykardien, Rhythmusstörungen, Blutdruckschwankungen und des Verdauungssystems, wie Blähungen, sonstige Verdauungsstörungen
- Schlafstörungen, Müdigkeit und Abgeschlagenheit
- Schwitzen, Schwindelgefühle, Atembeschwerden
- u.U. häufigere Infekte
- Muskuläre Verspannungen, in diesem Zusammenhang Kreuz- und Kopfschmerzen, die durch die Schlafstörungen verstärkt werden

Kognitive Streßsymptome

- Störungen von Konzentration und Gedächtnis
- Sensorische Überempfindlichkeit, Abgelenktheit durch wiederkehrende und störende Gedanken

Emotionale Streßsymptome

- Nervosität, Angstgefühle
- Unzufriedenheit, Versagensgefühle, depressive Gefühle, Antriebsverlust, Unlustgefühle
- Gesteigerte Aggressionsneigung und Gereiztheit

Das Vorliegen derartiger Symptome macht es wahrscheinlich, daß ein Mensch sich in einer Überforderungssituation befindet. Dabei ist zu beachten, daß die Überforderung auch als Folge einer anderweitigen körperlichen Erkrankung auftreten kann, wenn dadurch die sonst üblichen Leistungsreserven nicht mehr zur Verfügung stehen. Aber auch in diesem Falle ist es notwendig, die Überforderung zu berücksichtigen.

5.2 Grundelemente der psychoanalytischen Theorie

Die von Sigmund Freud um die Jahrhundertwende entwickelte Theorie der Psychoanalyse ist für die Psychologie des 20. Jahrhunderts außerordentlich einflußreich gewesen und hat vor allem die klinische Psychologie und Psychotherapie für ein halbes Jahrhundert geprägt.

Als Freud kurz vor der Jahrhundertwende begann, sich mit „nervösen Störungen" zu beschäftigen, stellte er fest, daß die Motive, die seine Patienten für ihr Verhalten angaben, gelegentlich dieses Verhalten nicht erklären konnten. In der kleinen Schrift „Über den Gegenwillen" (Freud Ges.Werke I) beschreibt er eine Patientin, die ihn aufsuchte, weil sie ihr Kind nicht stillen konnte, obwohl sie dies wünschte. Somatische Untersuchungen hatten keine Ursache für das Nicht-stillen-Können gefunden. Im Verlauf der Gespräche, die Freud mit der Patientin führte, erfuhr er dann, daß das

Kind, um das es dabei ging, einer ungeliebten Beziehung entstammte und, verkürzt gesagt, ein „Todeswunsch" dem Kind gegenüber bestand. Es gab also ein anderes Motiv, dessen sich die Patientin nicht bewußt war. Dieses hatte das Verhalten der Patientin bestimmt und nicht die bewußte Motivation (Freud, Ges. Werke I). Freud entdeckte nun, daß Vergleichbares auch bei anderen Patienten stattfand, die ihn mit „nervösen Störungen" aufsuchten. Derartige Erfahrungen „zwangen ihn", wie er sagte, einen unbewußten Bereich seelischer Inhalte und Motive anzunehmen, das Unbewußte.

Aus diesem kleinen Beispiel lassen sich schon einige wesentliche Merkmale des Unbewußten entnehmen.

1. Es ist nicht unwirksam, weil es unbewußt ist, sondern wirksam.
2. Das im Unbewußten verborgene Motiv ist nicht bewußt, weil es „moralisch" nicht vertretbar ist. Die junge Mutter konnte sich den Wunsch, das kleine Kind möge doch am besten verhungern, nicht eingestehen, weil dies mit ihrem Gewissen nicht vereinbar gewesen wäre.
3. Das bewußte und das unbewußte Motiv gestalten einen Konflikt, da sie sich gegenseitig ausschließen. Aber nicht jeder Konflikt führt dazu, daß eine der beiden Möglichkeiten oder eines der Motive unbewußt wird.

Freud hat dann aus diesen Erfahrungen ein Modell zur Erklärung menschlichen Verhaltens entwickelt, wobei er im wesentlichen interne, der direkten Beobachtung nicht zugängliche, Verhalten vermittelnde Prozesse beschrieb. Die Gesamtheit dieser Prozesse, die auch „normales" menschliches Verhalten erklären sollen, nannte er den „psychischen Apparat".

Wesentliche theoretische Elemente der Theorie sind die Triebtheorie, die Vorstellungen des sog. „topographischen Modells", die sich auf den Ort - bewußt, vorbewußt und unbewußt - beziehen und das Strukturmodell, das psychische Instanzen beschreibt - Ich, Es und Über-Ich - und im Zusammenhang damit Annahmen über Merkmale psychischer Prozesse. Als ein übergeordnetes Prinzip wurde der „psychische Determinismus" angenommen, der besagt, daß jedes menschliche Verhalten kausal determiniert ist, also kein Verhalten zufällig ist. Ein weiteres in einem gewissen Sinne übergeordnetes Prinzip ist das „genetische Prinzip", das besagt, daß Menschen sich entwickeln und in ihrem Verhalten und Erleben von dieser Entwicklung abhängig sind. Es gibt also damit einen „historischen Bezug" eines Individuums zu seiner individuellen Geschichte.

5.2.1 Das topographische Modell

Das topographische Modell ordnet die psychischen Prozesse und Inhalte nach dem Grad ihrer Bewußtheit und Bewußtseinsfähigkeit. Unbewußtes kann nicht als solches bewußt werden, es kann nur durch eine Verbindung mit Wortvorstellungen bewußt werden. Das ursprünglich oder primär Unbewußte ist strukturlos und psychisch nicht repräsentiert. Das Unbewußte enthält jedoch auch Inhalte, die aufgrund von Wunschbildung entstanden sind und damit auf ein Triebobjekt bezogen sind. Dieses Material ist jedoch nicht bewußtseinsfähig, sondern wird aufgrund der Unverträglichkeit mit bewußten Normen verdrängt. Dies sind die Inhalte, die durch eine Verbindung mit Wortvorstellungen wieder bewußt gemacht werden können. Im Falle der jungen Frau aus der Schrift „Über den Gegenwillen" ist der verdrängte Todeswunsch dem Kind gegenüber an das Objekt Kind gebunden und an die Vorstellung des Verhungerns. In dieser Vorstellung ist der „Aggressionstrieb" dem Kind gegenüber psychisch repräsentiert. Ohne dieses Objekt jedoch ist dieser Trieb lediglich eine „blind" drängende Kraft. Es bleibt also festzuhalten, daß das Unbewußte im Prinzip zweierlei Inhalte umfaßt, das primär Unbewußte und das Verdrängte.

Neben dem Unbewußten gibt es das sog. „Vorbewußte", das aus bewußtseinsfähigem Material oder Inhalten besteht, die zu einem Zeitpunkt nicht im Bereich der Aufmerksamkeit sind, aber jederzeit in diesen Bereich gebracht werden können und damit bewußt werden können. Das „Bewußtsein" schließlich bezeichnet den Bereich von Inhalten, die in einem Augenblick bzw. in einem bestimmten Zeitabschnitt in unserem Bewußtsein sind.

5.2.2 Die Triebtheorie

Freud machte seine klinischen Erfahrungen im Wien der Jahrhundertwende. Eine wesentliche Entdeckung bestand darin, daß bereits im Alter der frühen Kindheit Sexualität eine Rolle spielt und zumindest teilweise unterdrückt wird. Dieses „Triebschicksal", wie Freud es nannte, wurde von ihm als wesentliche Bedingung des persönlichen Schicksals und als wesentliches Element zwischenmenschlicher Beziehungen erkannt.

Diese Gedanken sind kaum nachvollziehbar, wenn man sie in einem alltagssprachlichen Sinne vordergründig versteht. Im Zusammenhang mit der Gesamttheorie werden sie jedoch verständlicher. Freud hatte die Vorstellung, daß das bewegende Prinzip des Lebens einer biologischen Quelle entstammen müsse, die von ihm als unpersönliche bzw. noch nicht im eigentlichen Sinne psychische (Quelle), als „ES", also sächlich, bezeichnet wurde. Es stellt sich nun die Frage, wie diese biologische Energie psychisch wirksam werden könnte. Er nahm an, diese Energie richte sich auf ein Objekt außerhalb der Person und binde sich daran, der Begriff für diese Verbindung zwischen zunächst neutraler, biologischer Energie und einem Objekt wird „libidinöse Besetzung" genannt. Durch diese Verbindung wird der Trieb psychisch repräsentiert. Entsteht beispielsweise aufgrund von Mangel an Nahrung Hunger, so steht dieser in einem biologischen Ungleichgewicht und wird beispielsweise durch Leerkontraktionen des Magens spürbar. Hunger macht aktiv, aber zunächst, wenn man so will, blind, ohne Ziel. Verbindet er sich mit einem äußeren Objekt, z.B. einem Stück Brot, ist er psychisch durch die Vorstellung des Stücks Brot repräsentiert. Dies setzt wiederum die Erfahrung voraus, daß man von Brot satt werden kann. Das bedeutet, daß durch die wiederholte Erfahrung der Sättigung durch Brot eine psychische Struktur gebildet wird, die in einer Verbindung zwischen Brot und Hunger besteht. Habe ich also Hunger, wird diese psychische Struktur aktiv, so daß ich das Brot suchen kann, Verhalten wird daher zielgerichtet, und der Trieb ist nicht mehr „blind".

Überträgt man dieses Beispiel des Hungers und der Sättigung auf die Erfahrungsbildung, so wird deutlich, daß diese Erfahrungsbildung eine Person enthält, meistens die Mutter, die u.U. mit ihrem Körper die Sättigung auf angenehme Weise herstellt. Also wird eine Verbindung zwischen Trieb und Mutter hergestellt, sie wird psychisch repräsentiert oder - anders ausgedrückt - „libidinös besetzt". Das bedeutet aber auch, daß sie ein Triebobjekt, oder wenn man den lustvollen Vorgang des Sattwerdens betont, „Lustobjekt" wird. Aus der Sicht unseres heutigen Sprachgebrauchs klingt dies vielleicht etwas befremdlich, aus dem Beispiel wird jedoch deutlich, daß die Begriffe Trieb, Lust und Sexualität weiter gefaßt sind, als dies heute üblicherweise der Fall ist. Ein weiterer Aspekt an diesem Beispiel ist die Ausdehnung des Begriffs Sexualität auf den sog. „oralen" Bereich. Daß die Erfahrungen des kleinen Kindes im oralen Bereich zu Sexualität eine Beziehung hat, ist unschwer an der Rolle des Oralen im Bereich der erwachsenen Sexualität zu erkennen, insofern ist der Schluß, daß auch beim Kind die Oralität im weitesten Sinne als sexuell anzusehen ist, nicht mehr so fern liegend.

5.2.3 *Das Strukturmodell*

Das Strukturmodell beschreibt Funktionsgruppen seelischer Prozesse. Diese Funktionen überschneiden sich teilweise mit den Arten der Bewußtheit. So enthält das „ES" alle biologischen, psychisch nicht repräsentierten Trieb- oder Energieanteile. Man könnte es aus heutiger Sicht als „Schnittstelle" zur Biologie ansehen. Gleichzeitig enthält es auch die verdrängten Inhalte und bildet so ein Kontinuum mit dem Ich, was die psychische Repräsentierung anbelangt. Die Aussagen hierzu sind nicht immer einheitlich, gelegentlich wird der Übergang zum biologischen Bereich stärker betont, in anderen Zusammenhängen mehr der Aspekt der psychischen Strukturiertheit.

Die komplexeste Struktur stellt das „Ich" dar. Es wird als „Organ der Anpassung" bezeichnet. Es vermittelt zwischen den biologischen Bedürfnissen und den Erfordernissen der äußeren Realität als Garant eines „Realitätsprinzips". Es enthält Funktionen wie Sprache, Denken, Motorik, Intelligenz und Wahrnehmung. Es bildet den Kern der Identität des Menschen und ist unter dem Aspekt der Entwicklung gesehen in starkem Maße reifungsabhängig, aber auch von den Erfahrungen der Entwicklung. Das Ich reguliert das Gesamtverhalten des Menschen und beinhaltet damit auch die bewußten Motivationssysteme, ist also die Grundlage der Autonomie des Menschen als Person.

Wenn das o.g. Beispiel von Hunger und Sättigung nochmals aufgegriffen wird, so bildet sich aus der wiederholten Erfahrung eine Erinnerungsspur, die eine psychische Struktur generiert. Diese kann aktiviert werden, wenn wiederum Hunger eintritt, was eine sog. „halluzinatorische Wunscherfüllung" bedingt (Loch 1967). Diese hat die sehr wichtige Funktion, daß die unmittelbare Sättigung aufgeschoben werden kann, weil die Aktivierung der Phantasie der Sättigung ebenfalls eine gewisse Sicherheit beinhaltet, daß sich die Sättigung wiederholen wird. Dies ist eine Vorstufe des Denkens, insofern als auch beim Denken das Resultat einer fertigen Handlung in der Phantasie vorweggenommen wird.

Das „Über-Ich" ist diejenige „Gruppe seelischer Funktionen, die es mit idealen Aspirationen und moralischen Geboten und Verboten zu tun hat" (Freud, Ges. Werke XV). Es bildet sich im Verlauf des Entwicklungsprozesses und orientiert sich an den Normen und dem Vorbild, hauptsächlich der Eltern. In Übereinstimmung mit dem Ich enthält es das sog. „Ich-Ideal", das die Funktion eines Maßstabs der Selbstbewertung des Individuums darstellt. Alltagssprachlich werden Anteile des Über-Ichs als „Gewissen" bezeichnet, das bekanntlich gelegentlich strafenden Charakter hat. Der strafende Charakter leitet sich her aus der aggressiven Triebqualität, der in diesem Falle gegen sich selbst gerichtet ist. Er stellt eine unbewußte Umkehrung der eigenen Aggressivität gegen die Eltern dar, die als Antwort auf deren Strafen erlebt wurde. Dieser Vorgang ist mit der Introjektion der elterlichen Gebote verbunden, so daß das Gewissen auch ohne Anwesenheit der Eltern wirksam ist.

Zwei Arten seelischer Prozesse, die von der Psychoanalyse als entwicklungsabhängig beschrieben werden, sind der sog. „Primärprozeß" und der „Sekundärprozeß". Aus dem Primärprozeß entwickelt sich im Zuge der Ich-Entwicklung der Sekundärprozeß. Er ist der Prozeßtyp des Bewußten und Vorbewußten. Er operiert mit „Denkidentitäten" und nicht wie der Primärprozeß mit „Wahrnehmungsidentitäten". Das Handeln wird durch Aufmerksamkeit und durch Denkprozesse gesteuert. Das bedeutet, die psychische Energie besetzt die Aufmerksamkeit mit den entsprechenden Denkinhalten und macht diese damit möglich. Dies ist die Voraussetzung dafür, daß die Reduktion einer Triebspannung oder einer Motivation aufgeschoben werden kann und nicht unmittelbar befriedigt werden muß. Die erste Stufe dazu ist die „halluzinatorische Wunscherfüllung", die zwar noch an der wahrnehmbaren Erfahrung orientiert und verhaftet ist, aber dennoch dazu führt, daß die unmittelbare Triebbefriedigung aufgeschoben werden kann, wenn zunächst auch nicht für lange Zeit. Da diese Wunscherfüllung sich an der vorher erfahrenen Realität der Triebbefriedigung orientiert, ist es der erste Schritt vom „Lustprinzip" zum „Realitätsprinzip". Letzteres ermöglicht es, ein Triebziel zu erreichen, indem die Umwelt beeinflußt und verändert wird. Es werden Pläne möglich, die aber die Hemmung der Triebimpulse voraussetzen.

Mit dieser Entwicklung ist ein weiterer Aspekt verbunden, der für das Verständnis psychosomatischer und psychophysiologischer Störungen sehr wichtig ist. Dieser Aspekt wurde von Schur (1974) mit Desomatisierung bezeichnet. Danach erlebt ein neugeborenes Kind seinen Affekt in weitem Ausmaß in einem somatischen bzw. physiologischen Sinne, d.h. die Empfindung der körperlichen Erregung steht im Mittelpunkt des emotionalen Erlebens, das damit noch keine Emotion im eigentlichen Sinne ist. Im Abschnitt über die Psychophysiologie der Emotion wurde bereits auf die Bedeutung des Erlebens der eigenen Körpervorgänge für das Erleben von Emotionen oder Gefühlen hingewiesen. Die somatische Erregung ist zunächst auch noch unkoordiniert und nicht im Sinne von koordinierten Funktionsabläufen zu sehen, die dann später zu einer Handlung führen können, sie haben zunächst noch kein Objekt außerhalb von sich. Im Verlauf der frühen Entwicklung lernt das Kind dann jedoch zunehmend mehr, geordnet auf Reize zu reagieren, was auch zu einer Verminderung der physiologischen Erregung führt. Nach Schur (1974) kann eine unvollständige Ich-Entwicklung dazu führen, daß in besonders belastenden Situationen eine Ich-Regression auf diese frühen Stufen der Entwicklung stattfindet. Dies führt dann zu einem Anwachsen der körperlichen Erlebensanteile beim Auftreten von Emotionen. Die eigentliche Emotion wird psychisch nicht mehr repräsentiert, ist damit von der Person in der Situation auch nicht mehr als Emotion erlebbar, erlebt werden hingegen die körperlichen Erregungsanteile, die in den frühen Phasen der Entwicklung die Vorläufer der Emotion darstellten. So kann es dazu kommen, daß eine Person in einer belastenden Lebenssituation keine Angst erlebt, sondern die damit verbundenen physiologischen Erregungsabläufe.

Mit dem Begriff „Alexithymie" (Sifneos 1973) wurden bestimmte Merkmale bei Personen mit vergleichbaren Störungen der Ich-Entwicklung beschrieben, die Unfähigkeit, Gefühle sprachlich auszudrücken. Derartige Personen hätten ein geringes Symbolisierungsvermögen, einen Mangel an Phantasie, ein „hölzernes" und versachlichtes Ausdrucksverhalten. In ihren zwischenmenschlichen Beziehungen seien derartige Personen besonders an Schlüsselfiguren gebunden und aufgrund ihrer mangelnden eigenen Autonomie abhängig von der Harmonie mit diesen (v.Rad u. Zepf 1986). Daher komme eine besondere Tendenz dieser Personen, sich anzupassen. Wird die Harmonie mit der Schlüsselfigur gefährdet, kann dies zum Zusammenbruch der normalen Ich-Funktionen führen und zu einer direkten Umsetzung der Erregung in körperliche Prozesse. So seien Personen mit diesem Merkmal besonders gefährdet, psychosomatische Krankheiten oder funktionelle Störungen zu entwickeln. In vielen Studien wurde ein Zusammenhang vor allem zwischen dem Sprachverhalten und dem Vorliegen psychosomatischer Störungen gefunden (v.Rad u.a. 1986). Die Befunde im Hinblick auf funktionelle Störungen sind widersprüchlich (Bach et al. 1994; Wise und Mann 1994). Als Ursache für diese Entwicklungsstörung wird eine besonders überprotektive Mutterfigur angenommen, die es dem Kind nicht ermöglicht, eine psychische Repräsentierung äußerer Objekte zu erreichen, etwa durch Verhinderung der halluzinatorischen Wunscherfüllung. Deren Zustandekommen ist, wie oben dargestellt, an das Wahrnehmen und Erleben von Triebspannung, z.B. Hunger, gebunden und an das Erleben einer gewissen Regelmäßigkeit des Herstellens von Sättigung. Das bedeutet aber auch, daß der Mangel erlebt werden muß, da ansonsten die halluzinatorische Wunscherfüllung überflüssig wird.

5.2.4 Die Abwehrmechanismen

Unter „Abwehrmechanismen" versteht man unbewußte Funktionen des Ichs, die das Ziel haben, psychische Inhalte für das Bewußtsein zu verbergen, wenn sie mit der Realität oder sozialen Normen unvereinbar sind. Der wichtigste dieser Mechanismen ist die „Verdrängung". Daneben gibt es eine Reihe weiterer Mechanismen, die nur benutzt werden, wenn die Verdrängung versagt. Diese besteht darin, daß das Material, der Inhalt, ins Unbewußte verdrängt wird, wo es jedoch nicht wirkungslos ist, sondern weiterhin nach „Abfuhr" drängt.

Dieser auf diese Weise „dynamisch wirksame" Inhalt muß daher aktiv daran gehindert werden, bewußt zu werden. In diesem Zusammenhang wird der Begriff „Zensor" benutzt, eine Instanz des Ichs, die die unbewußten Inhalte aktiv daran hindert, bewußt zu werden. Findet die Verdrängung zu einem bestimmten Zeitpunkt in der Entwicklung statt, so wird die entsprechende Triebstruktur in diesem Zustand „fixiert", d.h. auch von der weiteren Entwicklung ausgeschlossen, sie bleibt infantil. Wird der der Verdrängung zugrunde liegende Konflikt später in irgendeiner Weise wieder aktiviert, durch eine Art von Ereignis, das „resonanzhaft" wirkt, so werden die infantilen Möglichkeiten des Umgangs einer entsprechenden Person oder anderen Objekten gegenüber wieder aktiviert, was meist dazu führt, daß die realen Probleme nicht gelöst werden können, da sich die Lösungsbemühungen nicht an der gegenwärtigen Realität, sondern an der infantilen Vergangenheit orientieren. Dies wäre in Kürze das Modell der „Übertragungsneurose", der in der Gegenwart aktualisierte alte Konflikt wird auf die gegenwärtige Realität übertragen und wird der Gegenwart daher nicht gerecht.

Ein wichtiger Abwehrmechanismus ist die „Verleugnung". Hier wird die Bedeutsamkeit eines Ereignisses nicht deutlich bzw. wird daran gehindert, deutlich zu werden. Dieser Abwehrmechanismus wird oft im Zusammenhang mit schweren Erkrankungen diskutiert und auch untersucht. So wird von Patienten mit einem Herzinfarkt angenommen, sie verleugneten die Schwere ihrer Erkrankung. Verleugnet wird in so einem Zusammenhang eigentlich die von einem Ereignis ausgehende Bedrohung, der Affekt der Angst bleibt dann aus.

Auch bei der „Rationalisierung" wird das einer Handlung zugrunde liegende Motiv zugedeckt und an dessen Stelle eine rationale Begründung gesetzt. Diese Begründung kann durchaus sinnvoll sein, das Wichtige an diesem Vorgang ist das Zudecken des eigentlichen dynamisch oder psychisch wirksamen Motivs und damit wieder des Triebanspruchs.

5.2.5 Psychoanalytische Entwicklungstheorie

Aus dem bisher Ausgeführten wird deutlich, daß für das Verständnis seelischer Vorgänge die Kenntnis der Entwicklung eine wichtige Voraussetzung ist. In der psychoanalytischen Theorie spielt die Entwicklung im Sinne des „genetischen Prinzips" des Verhaltens eine wichtige Rolle. Es besagt, daß jedes Verhalten wesentlich von den in der Kindheit gemachten Erfahrungen abhängt. Dabei wird der „frühen Kindheit" bis etwa zur Schulzeit eine besonders wichtige Rolle zugemessen. Dies ist ansatzweise im Zusammenhang mit der sog. „Übertragungsneurose" deutlich geworden und wird bei der Betrachtung des psychoanalytischen Krankheitsmodells wieder aufgegriffen und verdeutlicht.

Entwicklung verläuft nicht linear, sondern in Phasen oder Stufen. Dies ist auch abhängig von biologischer Reifung und der Anwort der sozialen Umgebung auf diese reifungsbedingten Veränderungen. Anhand dieser Faktoren organisiert sich die Steuerung des Verhaltens oder die Funktionalität seelischen Lebens, bis sie sich erneut anhand eingetretener Veränderungen organisiert. In diesen Zeiten des Übergangs besteht eine erhöhte Vulnerabilität für eine möglicherweise schädliche Wirkung von ungünstigen Außeneinflüssen. Dies ist darum der Fall, weil weder das Kind noch die soziale Umgebung in ihren Aktionen und Interaktionen sicher sind. Haben sich Kind und Eltern beispielsweise daran gewöhnt, daß das Kind mobil ist, weil es krabbeln kann, so ist der Schritt zum Laufenlernen wieder mit der Notwendigkeit der Anpassung verbunden. Das Kind muß seine Angst überwinden, hinzufallen, die Mutter muß ihre Angst überwinden, das Kind könne sich bei diesem Vorgang verletzen, beide müssen sich aufeinander einstellen.

In der psychoanalytischen Theorie sind es im wesentlichen zwei Aspekte, unter denen über Entwicklung nachgedacht wird, der der psychosexuellen Entwicklung und der der „Ich-Entwicklung", die bereits kurz bei der Betrachtung des Strukturmodells und des Sekundärvorgangs angesprochen wurde.

Die psychosexuelle Entwicklung vollzieht sich in den Phasen der Oralität, der Analität und schließlich der der Genitalität und schließt die frühe Kindheit durch die „Auflösung des Ödipuskomplexes" ab. Daran folgt die Latenzzeit, in der Sexualität als Entwicklungsgegenstand nicht im Vordergrund steht. Sie wird dann in der Pubertät wieder aufgegriffen und zur erwachsenen Sexualität ausgestaltet. Es wird angenommen, daß die Entwicklung zum normalen erwachsenen Sexualleben diese Stufen beinhalten muß. Mit den genannten Stufen ist die „Erogenität" bestimmter Körperregionen verbunden, vom Mund über den Analbereich bis zum Genitalbereich. Das bedeutet, daß organischer „Lustgewinn" in diesen Phasen hauptsächlich in diesen Körperbereichen angestrebt und erreicht wird.

Auf der „oralen Stufe", etwa bis zum Alter von 1 ½ Jahren, spielt die Mundregion eine wichtige Rolle, nicht nur im Zusammenhang mit der Nahrungsaufnahme, sondern auch als Organ der Erfahrungsbildung. Kleine Kinder nehmen Gegenstände in den Mund, um sie kennenzulernen. Das Kind erlebt in dieser Phase zunächst das „Objekt" der Lust und der Nahrungsaufnahme als noch nicht von sich getrennt, d.h. außerhalb von ihm selbst, sondern als Teil von sich. Erst durch die wiederholte Erfahrung des Hungers oder Mangels und der eigenen Hilflosigkeit bis zur Sättigung wird das Objekt zu einem „äußeren" Objekt. Dieser Schritt ist nicht nur im Sinne der psychosexuellen Entwicklung wichtig, sondern auch im Hinblick auf das „Erkenntnisvermögen" des Kindes, das damit den ersten Schritt tut, die Umgebung als etwas von ihm getrennt Erfahrbares zu erleben. Dies ist die Voraussetzung dafür, daß überhaupt eine Anpassung an diese Außenwelt geschehen kann.

Die „anale Phase" reicht bis etwa zum 3. Lebensjahr. Wesentliche Themen in dieser Phase sind die Sauberkeitsgewöhnung und damit die Funktion der Ausscheidung sowie die Gewinnung eigener Autonomie. Einerseits wird der Analbereich zur „erogenen Zone", andererseits ist mit dem Training der Ausscheidung ein Zugewinn an Autonomie und Kontrolle verbunden, was ebenfalls als lustvoll erlebt wird. Die Kontrolle bezieht sich dabei nicht nur auf die Kontrolle der Ausscheidung, sondern auch auf die der sozialen Umgebung. Das Kind erlebt, daß es mit seinem willkürlichen Verhalten vorhersagbare Reaktionen seiner Eltern bewirken kann, was das Gegenteil von Hilflosigkeit ist. Teilweise ruft es jedoch auch aggressive Reaktionen bei seinen Eltern hervor, die es selbst ebenfalls mit Aggression beantwortet. Da jedoch zu diesem Zeitpunkt die Phantasie der Triebbefriedigung, in diesem Falle der Destruktion, recht absolut ist, beinhaltet für das Kind die eigene Aggression, die Eltern zu vernichten und damit die Gefahr, sie zu verlieren. Dies wiederum kann mit Angst beantwortet werden, da das Kind sich gleichzeitig als abhängig von den Eltern erlebt. Das Kind erlebt auch, daß die Eltern sich u.U. von ihm zurückziehen, wenn es aggressiv ist, d.h. der befürchtete Verlust der Eltern wird partiell auch erlebt. Neben dem Thema Sauberkeit gibt es also auch noch die Themen Selbständigkeit, Aggression und Kontrolle.

War in der oralen Phase die Angst vor dem Verlassenwerden, der Hilflosigkeit, so bezieht sie sich jetzt auf die möglichen Ergebnisse der eigenen Impulse. Das Kind ist nicht in der Lage, die Auswirkungen seiner Impulse und Gedanken realistisch einzuschätzen, sondern ist quasi überwältigt von der Erfahrung, daß es äußere Ereignisse, wie das Verhalten der Eltern, vorhersagen kann, daß es Kontrolle ausübt. Es glaubt an die „magische" Macht seiner Gedanken und kann nicht unterscheiden zwischen Vorhersagen und Bewirken und zwischen Wünschen und Bewirken. Infolgedessen muß es u.U. Angst vor seinen eigenen Gedanken und Wünschen haben.

In der genitalen Phase wird die Genitalregion zur erogenen Zone. Die Vorstellungen, den sexuellen Bereich betreffend, sind noch diffus und nicht anatomisch orientiert. Erst in der sog. „ödipalen Phase" wird das Objekt ein äußeres, die Mutter oder der Vater. In dieser Zeit wird die Unterschiedlichkeit der Geschlechter eher verstanden und Phantasien und Gedanken über Geburt und Zeugung sind von Interesse. Mit der Tatsache, daß ein äußeres Objekt für die nun genitale Sexualität vorhanden ist, wird jedoch auch ein Konflikt wirksam, der zwischen dem Kind und dem gleichgeschlechtlichen Elternteil. Der Vater wird zum Rivalen des Sohnes und die Mutter zur Rivalin der Tochter. Der Ausgang dieser Angelegenheit hängt sehr vom Verhalten der Eltern ab. Wenn alles gut geht, identifizieren sich die Kinder mit dem entsprechenden Elternteil und verzichten zu dessen Gunsten auf das „Objekt der Begierde". Diese Identifikation entspricht dem Abwehrmechanismus der „Identifikation mit dem Aggressor", denn als solcher wird der Rivale gesehen. Der Verzicht führt dann dazu, daß Objekte dieser Art insgesamt weniger Interesse auslösen, gleichgeschlechtliche Gruppen von Kameraden werden interessanter.

5.2.6 Das Krankheitsmodell der Psychoanalyse

Für die Entwicklung neurotischer, aber auch sog. psychosomatischer Erkrankungen sind einerseits die Bedingungen der Entwicklung und dispositionelle, auch körperliche Bedingungen wichtig. Im Mittelpunkt des Modells stehen jedoch Aussagen über das Verhältnis von Entwicklung und späterer Pathologie. Freud nahm zunächst an, daß am Beginn jeder Entwicklung zur Neurose eine traumatische Situation in der Kindheit stehe. Der Organismus schütze sich vor zu starken äußeren Reizen dadurch, daß er sich ihnen entziehe. Vergleichbar verhielte es sich auch, wenn es sich bei den Reizen um innere Reize, genauer Triebspannung, handelt. Diese entsteht durch einen Konflikt zwischen den „Ansprüchen" des ES und den Normen des Über-Ich oder den an der Realität orientierten Zielen des Ichs. Es kommt in solchen Situationen dazu, daß über die Regression eine frühere, infantile Trieborganisation zur Geltung kommt. Das Resultat ist eine Symptomatik, die eine Triebbefriedigung beinhaltet, die der erwachsenen Realität auf diese Weise nicht entspricht. Gelingt es jedoch, durch Sublimation den Trieb zu befriedigen, so resultiert aus dieser Situation keine neurotische Symptomatik. Als dispositionelle Faktoren sind Unterschiede in der Triebstärke zu nennen und natürlich solche der Ich-Stärke. Das Ich muß Triebspannungen ertragen können und funktionstüchtig bleiben, wie es oben bei der Angst beschrieben worden ist. Ein anderer Begriff, der hierher gehört, ist die sog. „Frustrationstoleranz".

Es werden nun mehrere Arten von Konflikten angenommen. So kann der Konflikt zwischen dem Ich und der Realität bestehen, im Sinne einer äußeren Versagung. Dies ist im eigentlichen Sinne kein Konflikt, man würde auch nicht von einem Konflikt sprechen, wenn man nichts zu essen hat und verhungert. Zur Dekompensation kann es kommen, wenn eine Person im Rahmen einer Beziehung zufrieden, d.h. befriedigt lebt. Wird der Partner verloren, z.B. weil er sich von einem trennt, so werden Bedürfnisse nicht mehr befriedigt. Es besteht natürlich die Möglichkeit, einen neuen Partner zu finden, gelegentlich gelingt dies aber nicht. Es kommt damit zu einer anhaltenden Versagung, die dann oft in der Phantasie befriedigt wird, ebenfalls oft in Wunschbildungen früherer Entwicklungsstufen, d.h. regressiv. Dies führt zu den häufig von Patienten beklagten Konzentrationsstörungen, zu der es aufgrund häufiger Tagträume kommt. In diesem Beispiel wird es nur dann zu einer anhaltenden Versagung kommen, wenn kein neuer, für die Bedürfnisse der Person angemessener Partner gefunden wird. Dies wiederum kann mehrere Ursachen haben. Es können reale äußere Umstände vorhanden sein, die dies unmöglich machen, es kann aber beispielsweise auch der Fall sein, daß die Bindung an den verlorenen Partner nicht gelöst werden kann und so die Bindung an einen neuen Partner unmöglich wird. Ebenso kann es sein, daß die verlorene Beziehung auf dem Boden überhöhter Abhängigkeitsbedürfnisse an den Partner bestanden hat, was es nach seinem Verlust unwahrscheinlicher macht, daß sich ein Partner findet, der diesem überhöhten Abhängigkeitsbedürfnis entsprechen kann.

Der zweite Typ des Konflikts besteht zwischen Ich und ES. Hierbei handelt es sich um das Resultat der Fixierung der Trieborganisation auf einer früheren Entwicklungsstufe. Diese Fixierung ist das Resultat eines nicht lösbaren Konflikts zwischen den Ansprüchen des sich entwickelnden Kindes auf einer bestimmten Entwicklungsstufe und der Umgebung, den Eltern. Bleibt dieser Konflikt in der Kindheit dauerhaft unlösbar, so findet zu diesem Zeitpunkt eine Regression statt und eine Fixierung auf dieser Stufe der Trieborganisation. Die entsprechenden Bedürfnisse bleiben dauerhaft infantil organisiert und bleiben damit von der weiteren Entwicklung ausgeschlossen, während sich andere Bereiche normal entwickeln.

Der dritte Typ des Konflikts schließlich besteht zwischen einem besonders stark und aggressiv ausgestalteten Über-Ich und dem Ich. Das Ich ist durchaus bemüht, eine Triebbefriedigung zu ermöglichen und ist in diesem Konflikt eigentlich Verbündeter des ES. Das Über-Ich seinerseits ist auch darum besonders strafend oder aggressiv, da das Kind in seiner Entwicklung auf sehr restriktive Normen in der Umgebung gestoßen ist, was als Reaktion viel Aggression ausgelöst hat. Da diese jedoch im Zuge der Auseinandersetzung nicht gelebt werden konnte, wendet sie sich gegen das eigene Ich und wird so der Motor des strafenden Gewissens, als Resultat der Introjektion der äußeren Normen und Gebote. Auch hier ist als Resultat der gestörten Entwicklung die Trieborganisation auf der analen Stufe. Die geschilderten Bedingungen führen dazu, daß bestimmte Probleme im erwachsenen oder adoleszenten Leben nicht oder nur schwer lösbar sind. Besonderheiten dieser Art weist praktisch jede Entwicklung auf, und aus ihnen resultiert nach psychoanalytischer Auffassung unter anderem die Art der Persönlichkeit.

5.2.7 Tiefenpsychologische Erklärungen der Pathogenese

Der wesentliche Teil tiefenpsychologischer Erklärungen der, wie sie meist genannt wird, „Herzneurose" betrachtet diese als Form einer psychischen bzw. neurotischen Störung. Körperliche bzw. somatische Erklärungsinhalte sind kaum vorhanden. Allerdings beschrieb Freud um die Jahrhundertwende eine Störung als „Angstneurose", die der Herzphobie entspricht. Das Auftreten dieser Störung erklärt Freud unter anderem durch sexuelle Abstinenz, was zu körperlichen Veränderungen führe. Auch übermäßige Belastung, etwa durch Arbeit, Schlafentzug oder den Genuß von Koffein, könnten die Angstneurose auslösen. Von dieser Störung nahm er an, daß sie nicht Folge einer neurotischen Entwicklung sei, sondern durch körperliche Prozesse ausgelöst werde. Um die tiefenpsychologischen Erklärungsmodelle der Pathogenese der Herzphobie verständlich zu machen, sollen zunächst die Erklärungselemente der psychoanalytischen Theorie kurz zusammengefaßt dargestellt werden.

5.2.8 Das psychoanalytische Modell der „Herzneurose"

Die tiefenpsychologisch-psychoanalytische Auffassung betrachtet funktionelle Herz-Kreislauf-Störungen meist als im wesentlichen neurotische Störungen. Daher rührt der Begriff der „Herzneurose", der in diesem Bereich am häufigsten verwendet wird. Für die Herzneurose gilt also, daß sie eine Entstehungsgeschichte hat, die als Resultat einer inadäquaten Konfliktbewältigung anzusehen ist.

Freud (1895) beschrieb allerdings ein Krankheitsbild, das er als „Angstneurose" bezeichnete. Die Symptomatik, die er dabei beschrieb, kommt in weiten Bereichen den funktionellen kardiovaskulären Beschwerden sehr nahe. In seinen Überlegungen zur Pathogenese spielt die Annahme einer gestörten Sexualität eine wesentliche Rolle. Er beschreibt seine Erfahrungen mit Patienten, bei denen es aus verschiedenen Gründen nicht zu einer normalen „Abfuhr" der Sexualerregung kommt. Er führt aus, „der Mechanismus der Angstneurose sei in der Ablenkung der somatischen Sexualerregung vom Psychischen und einer dadurch verursachten abnormen Verwendung dieser Erregung zu suchen. ... zur Angstneurose aber führen alle Momente, welche die psychische Verarbeitung der somatischen Sexualerregung verhindern" (Freud 1895). Die Quelle der Angst wird in einer inneren als gefährlich eingeschätzten Erregungsquelle gesehen. „Sie (die Psyche) benimmt sich also, als projiziere sie diese Erregung nach außen" (Freud 1895). Es ist wichtig, festzuhalten, daß Freud also als wichtige Bedingung dieser Störung die mangelnde psychische Verarbeitung körperlicher Prozesse annahm sowie den Sachverhalt, daß sich daraus die körperliche Wahrnehmung der Erregung ergibt.

Freud verneint ausdrücklich für die Angstneurose, daß sie durch ungelöste neurotische Konflikte verursacht sei. Vielmehr macht er die Tatsache, daß die innere Erregungsquelle nicht psychischer, sondern somatischer Natur sei, zu einem wichtigen Unterscheidungspunkt der Angstneurose im Vergleich zu anderen Neurosen. Es bleibt also festzuhalten, daß in diesem Erklärungsmodell von einer „somatisch wirksamen" Erregungsquelle ausgegangen wird, d.h. daß somatischen Bedingungen einer Erregung und ihrer inadäquaten Verarbeitung eine wesentliche Bedeutung beigemessen wird. „Mit der Neurasthenie teilt sie den einen Hauptcharakter, daß die Erregungsquelle, der Anlaß zur Störung, auf somatischem Gebiete liegt, anstatt wie bei der Hysterie und Zwangsneurose auf psychischem" (Freud 1895).

Richter (1964) kritisierte das ätiologische Konzept der Angstneurose Freuds, demzufolge diese nicht als Resultat eines psychischen Konflikts erschien, sondern als „Resultat eines gestörten Ablaufs körperlicher Sexualerregung". Bräutigam (1964) verweist bei der „Herzphobie" zumindest auf die „Minderung der sexuellen Libido", die - auch von Freud so beschrieben - mit den Angstzuständen einhergehe. Fraglich bleibt dabei allerdings, ob diese Minderung eine Folge der Angst oder eher die Folge der häufig anzutreffenden Depression der Patienten ist, was wohl eher anzunehmen ist.

Für die Entstehung einer Herzneurose ist nach psychoanalytischer Meinung (Fürstenau et al. 1964; Richter 1964; Bräutigam 1964; Baumeyer 1966; Dieckmann 1966;

Zauner 1967; Richter und Beckmann 1973; Maas 1975; Studt 1979) vor allem die Mutter-Kind-Beziehung in der frühen Kindheit wesentlich. Die Mütter der Patienten seien selbst oft unsicher und hätten deswegen ihre Kinder in zu starker Weise an sich gebunden, weil sie sie für die Bewältigung ihrer eigenen Angst bräuchten. So entstehe eine häufig als „symbiotisch" bezeichnete Beziehung zwischen den späteren Patienten und ihren Müttern.

Diese Bindung führe meist zu einem überprotektiven Verhalten von seiten der Mütter. Für das sich entwickelnde Kind ergebe sich dadurch ein zu starker Schutz, der verhindere, daß das Kind eigene, unabhängige Verhaltensweisen zur Bewältigung von Angst entwickeln könne. Gleichzeitig diene die Mutter, die ihre überprotektive Erziehung aufgrund ihrer eigenen erhöhten Ängstlichkeit ausübe, als Modell für das sich entwickelnde Kind im Hinblick auf die Verarbeitung von Angst. Insofern ist der Konflikt der Patienten als prägenitaler anzusehen, anders als bei der Hysterie; er bezieht sich auf die oben erwähnte Unvereinbarkeit von Autonomiegewinn und Festhalten und von der Mutter Festgehaltenwerden in der ursprünglichen symbiotischen Beziehung. Dieser Aspekt der an sich selbst wahrgenommenen eigenen Hilflosigkeit steht in Beziehung zu der bei diesen Patienten immer wieder festgestellten Depressivität. „Bei den Herzneurotikern trägt die augenfällige Ohnmacht in der Auseinandersetzung mit der Mutterfigur noch deutlich die Züge der oralen Frühphase, eben der von Benedek (zit. nach Fürstenau et al. 1964) charakterisierten Symbiose-Phase. Dieser frühe Fixierungspunkt wird übrigens auch durch die relativ häufige Verknüpfung mit depressiven Zügen belegt" (Fürstenau et al. 1964).

Am Beispiel des Laufenlernens kann dies verdeutlicht werden. Es wurde oben darauf hingewiesen, daß sowohl das Kind als auch die Mutter jeweils ihre eigenen Ängste überwinden müssen, damit das Kind lernen kann, selbst zu laufen. Die Mütter der Herzphobiker sind nun ängstlich, und es fällt ihnen schwer, das Kind loszulassen. Ohne daß die Mutter es merkt, rührt die Ängstlichkeit jedoch auch daher, daß sie selbst das Kind als psychische Stütze braucht. Das Kind spürt die Ängstlichkeit und orientiert sich daran und hält das, was es eigentlich will, selbst, ohne Hilfe, zu laufen, für zu gefährlich. Es lernt dabei, daß es auf die Mutter angewiesen ist, um zu laufen. Damit erwirbt es nicht die Möglichkeit, sich von der Mutter selbst zu entfernen, also selbständig zu werden. Indem es sich graduell von der Mutter entfernt, würde das Kind zunehmend die Erfahrung machen, daß es die Mutter nicht braucht und die zunächst damit verbundene Angst überwinden bzw. bewältigen. Dieses Beispiel ist ein Bild für die Entwicklungssituation der späteren Patienten. Das Ergebnis dieser Entwicklung läßt sich ebenfalls an dem Bild einer Situation verdeutlichen, wie sie bei Kindern beobachtbar ist. Die Situation besteht einfach darin, daß das Kind und die Mutter sich gemeinsam in einem Raum aufhalten und scheinbar gar nichts miteinander zu tun haben. Die Mutter geht irgendeiner Tätigkeit nach, und das Kind spielt alleine in irgendeiner Ecke des Zimmers. Nach einiger Zeit verläßt die Mutter das Zimmer, vielleicht, um etwas zu holen. Das Kind unterbricht daraufhin sein Spiel und scheint beunruhigt. Die Mutter kehrt zurück, und das Kind spielt weiter. Das Kind kann in diesem Beispiel nur in Anwesenheit der Mutter spielen oder beruhigt leben, entfernt sie sich, ist es besorgt und unterbricht das Spiel. Es ist also angewiesen auf die Anwesenheit einer Person, die als Schutz erlebt wird. Solange die Mutter anwesend ist, merkt das Kind vermutlich gar nicht, daß ihre Anwesenheit für das sorglose Spiel notwendig ist, es merkt es erst, wenn die Mutter das Zimmer verläßt.

Nicht selten litten die Mütter selbst unter herzneurotischen Beschwerden. Dies führt dazu, daß die späteren Patienten als Kinder die auf den Körper bezogene Angst bei ihren Müttern oder Vätern erlebten. So bieten die Eltern oft ein Modell für die besorgte und ängstliche Einstellung der Funktionstüchtigkeit dem eigenen Körper gegenüber.

Diese überbeschützende Haltung der Mutter hat andererseits verwöhnenden Charakter, da sie das Kind von Unangenehmem und von Bedrohungen abschirmt. Dadurch wird das Kind allerdings in seinen Entfaltungsmöglichkeiten behindert. Richter (1964) weist entsprechend darauf hin, daß die Mutter für die Patienten immer noch die Bedeutung des „ersten Angstschutzes" besitze. Eine Konsequenz dieser Erfahrungen besteht für das Kind darin, daß es den Eindruck gewinnt, ohne die Mutter hilflos zu sein, auf sie angewiesen zu sein, zum Beispiel, um mit angstauslösenden Objekten umgehen zu können bzw. ganz allgemein im Leben bestehen zu können. „In der Anamnese der Herzneurotiker findet sich gehäuft der Bericht über eine Mutter, die anscheinend aus eigenen Konflikten heraus den Patienten als Teil von sich festhalten wollte und dementsprechend seine Angst verstärkte, daß er ohne sie oder im Widerspruch zu ihren Forderungen nicht gesund oder überhaupt nicht am Leben bleiben dürfe" (Richter 1964). Mit fortschreitender Entwicklung des Kindes werden dessen Selbständigkeitswünsche zunehmend wichtig. In dem Maße, in dem das Kind versucht, seinen Bestrebungen nach Autonomie und eigener Kompetenz nachzugehen, stößt es auf die Grenzen, die die Haltung der Mutter diesen Tendenzen zur Autonomie und Selbständigkeit setzt.

Treffen die Autonomiewünsche auf diese engen Grenzen, so wird das Kind aufgrund seiner dadurch bedingten Frustrationen aggressive Reaktionen und Tendenzen gegenüber der Mutter entwickeln. Diese eigene Aggression bedroht allerdings gerade die Person, die in besonderem Maße für das eigene Wohlergehen und den Schutz notwendig ist, ohne die das Kind sich hilflos fühlt. Auf diese Weise ergibt sich aus den Aggressionen der Person der Mutter gegenüber eine Bedrohung der eigenen Person, da die Ausübung der Aggression das Fundament für das eigene „Leben-Können", die Mutter, vernichten würde. So bemerken Fürstenau und Mitarbeiter (1964): „Bei unterschiedlichen Graden von Anspruchsniveau, Aktivität und äußeren sozialen Erfolgen fanden wir bei diesen Patienten im Hintergrund die Phantasie von der frühen Mutter-Kind-Symbiose wirksam. Allerdings stets in der Weise, daß diese Symbiose zugleich als bedroht erlebt wird: Man darf nichts tun, was die Anklammerung an die Mutterfigur gefährdet, weil man ohne diesen Halt nicht existieren kann". Hieraus ergibt sich der Konflikt für das Kind und später für den Patienten: die Unvereinbarkeit eigener Selbständigkeitswünsche mit dem Angewiesensein auf die beschützende Mutter. Ein Ergebnis dieses Konflikt besteht darin, daß das Auftreten von aggressiven Tendenzen mit Angst beantwortet wird, vor allem, wenn sie sich gegen eine „beschützende" Person richtet.

Die Angst vor dem Objektverlust gilt als ganz wesentliches Element der Bedingungen, die schließlich zur herzneurotischen Störung führen. Solange die Beziehung zur Mutter oder zu äquivalent beschützenden Personen im späteren Leben gewährleistet bleibt und nicht durch eigene Wünsche nach Selbständigkeit gefährdet wird, bleibt das System in einem Gleichgewicht. Wird diese Beziehung jedoch gefährdet, so tritt die Angst vor der Trennung von einer Person in den Vordergrund, die Halt verleiht und die zum Leben notwendig ist. Die dadurch eintretende phantasierte Bedrohung der eigenen Existenz drückt sich möglicherweise in der mit der Herz - Kreislauf - Symptomatik verbundenen Todesangst aus. Dies soll im folgenden Fallbeispiel verdeutlicht werden.

Fallbeispiel 6:

Eine 30jährige Patientin litt unter einer intensiven Herz-Kreislauf-Symptomatik, die sie weitgehend in ihrer Bewegungsfreiheit eingeschränkt hatte. Diese Symptomatik war aufgetreten, nachdem ein Mitbewohner ihres Hauses von einer Wespe gestochen worden war und eine allergische Reaktion entwickelt hatte, die bedingt hatte, daß er vom Ersticken bedroht gewesen war.

Die Frau dieses Mannes war zur Patientin gekommen und hatte sie gebeten, den Mann zum nächsten Arzt zu fahren, da sie selbst kein Auto besaß. Die Patientin willigte sofort ein und fuhr den zumindest in ihrem Erleben fast sterbenden Mann zum Arzt. Während dieser Fahrt hatte sie ständig das Gefühl, vielleicht etwas falsch zu machen. Nach Hause zurückgekehrt - der Nachbar hatte alles überstanden - fühlte die Patientin sich sehr schlecht und legte sich ins Bett. Es kam zu intensiven tachykarden Beschwerden zusammen mit Todesangst. Der Notarzt mußte gerufen werden, aber es stellte sich bei dieser und vielen anschließenden Untersuchungen kein organischer Befund heraus, der die Herzbeschwerden hätte erklären können. In den darauf folgenden Jahren verstärkten sich die Symptome und traten vor allem immer häufiger in den verschiedensten Situationen auf und zwangen die Patientin mehr oder weniger zu Hause zu bleiben. Auch der Haushalt konnte kaum noch bewältigt werden. Es gab eine ganze Reihe von Situationen, in denen es mit großer Wahrscheinlichkeit zu den körperlichen Beschwerden kam, am deutlichsten war es jedoch für die Patientin während Besuchen bei der Mutter.

Nach einer verhaltenstherapeutischen Behandlung, mit der es gelungen war, die Symptomatik fast vollständig zu beseitigen, berichtete die Patientin, daß sie neuerdings beim Anblick des oben genannten Mitbewohners Angst spüre. Das störe sie nicht sehr, da sie ihn nicht sehr oft sehe, und wenn, auch nur für kurze Zeit, sie wolle es jedoch mitteilen. Im weiteren Verlauf des Gesprächs wurde die Patientin aufgefordert, den Vorgang, der zum Beginn ihrer Beschwerden geführt hatte, nochmals so detailliert wie möglich zu schildern. Während sie dies tat, brach sie in Tränen aus, was sie sich selbst nicht recht erklären konnte. Schließlich erinnerte sie sich auf die Frage, ob sie irgendwann jemals jemanden gekannt habe, der Atembeschwerden gehabt hätte, daran, daß ihre Mutter als Folge einer später operativ behandelten Vergrößerung der Schilddrüse ganz erhebliche Atembeschwerden gehabt hätte, die bis zu Erstickungsanfällen gereicht hätten. Bei einer solchen Gelegenheit sei sie als Kind einmal losgeschickt worden, um in der Apotheke ein schnell wirksames Mittel zu beschaffen. Unterwegs habe sie zu ihrem Entsetzen festgestellt, daß sie das Rezept vergessen hatte und nochmals nach Hause zurück mußte. Sie habe das entsetzliche Gefühl gehabt, daß ihre Mutter jetzt wegen dieses Fehlers möglicherweise sterben müsse und sie dann daran schuld gewesen sei.

In früheren Gesprächen war die Mutter als rechthaberisch und bevormundend geschildert worden, die sich auch heute noch besserwisserisch in alles einmischen würde. Bei Besuchen bei der Mutter habe es häufig Streit gegeben, und in diesem Zusammenhang seien die Beschwerden dann häufig sehr heftig aufgetreten.

An diesem Beispiel wird deutlich, prägnanter als das gewöhnlich der Fall ist, wie die ambivalente Einstellung der Mutter gegenüber für die Patientin ein Problem darstellt, das in dem Augenblick zu einer Dekompensation führt, in dem durch ein „Resonanzereignis" die Thematik des Verlustes der Mutter ganz aktuell wird. Inwieweit das für die Patientin unerklärliche Gefühl, irgend etwas falsch zu machen, während sie den Mitbewohner zum Arzt fuhr, dem Gefühl entsprach, das sie damals gehabt hatte, als sie das Rezept vergaß, läßt sich nur vermuten. Ebenfalls nicht zwingend belegen läßt sich die Annahme, daß dadurch eigene aggressive Tendenzen der Mutter gegenüber aktualisiert wurden. Eine psychodynamische Deutung dieses Geschehens würde beinhalten, daß die Patientin in ihrer Kindheit der Mutter gegenüber wegen deren bevormundender Art Todeswünsche gehabt hatte, die durch den Vorfall beim Besorgen des Medikaments aktualisiert worden waren, jedoch im Affekt der Angst für die spätere Patientin nicht erkennbar gewesen waren, da sie mit ihrem Gewissen nicht vereinbar gewesen waren. Der Affekt der Angst ist auch darin begründet gewesen, daß der Todeswunsch nur eine Seite der Beziehung zur Mutter repräsentierte, die schützende Seite jedoch verloren gegangen wäre, wäre der Wunsch realisiert worden.

Es stellte sich bei diesem Vorgang noch eine Besonderheit heraus, die eine derartige Annahme stützen könnte. Als die Patientin damals nach Hause gekommen war, um das Rezept zu holen, waren ihr Vorhaltungen gemacht worden. Sie hätte das Medikament auch ohne Rezept bekommen, da die Erkrankung der Mutter und die Patientin dem Apotheker wohl bekannt gewesen seien und er sofort gewußt hätte, was er ihr hätte geben müssen. Tatsächlich hätte die spätere Patientin dies wissen und sich entsprechend verhalten können. Möglicherweise war diese „Fehlleistung" durch die aggressiven Tendenzen der Mutter gegenüber zustande gekommen, zumindest hatte sie dazu geführt, daß der Mutter das hilfreiche Medikament erst später zur Verfügung stand. Ungewöhnlich ist an diesem Beispiel sicher der Verlauf. Tatsächlich war die Angst vor dem Nachbarn, die nach der verhaltenstherapeutischen Behandlung aufgetreten war und vielleicht als Symptomverschiebung interpretiert werden kann, nach der Erinnerung, allerdings auch ohne die psychodynamische Deutung, verschwunden, und auch die Herzangst war nicht mehr aufgetreten.

Das Fallbeispiel zeigt den oben geschilderten Konflikt der Patientin im Verhältnis zur Mutter. Dies wurde auch in ihrem Verhalten der Mutter gegenüber deutlich. So hätte sie sie einerseits gerne viel seltener besucht, gerade weil es sehr häufig zu Streit mit ihr während solcher Besuche kam. Sie wagte es jedoch nicht, ihren eigenen Standpunkt, etwa im Hinblick auf die Erziehung ihrer Kinder, der Mutter gegenüber durchzusetzen, und sie wagte es auch nicht, die Besuche einzuschränken, wegen der Angst, sie könne ihre Mutter nachhaltig verärgern, und diese könne sich von ihr zurückziehen, d.h. sie könne die Mutter verlieren. Trotz aller Schwierigkeiten war es für die Patientin wichtig gewesen, daß die Mutter als Instanz für sie vorhanden war und dies auch blieb.

So findet man recht häufig eine tatsächliche oder nur befürchtete Trennungssituation in der Vorgeschichte des Krankheitsbeginns funktioneller Herz-Kreislauf-Störungen. Im Fallbeispiel war die Trennung bzw. der Verlust der Mutter lediglich befürchtet und zwar aufgrund der eigenen aggressiven Tendenzen ihr gegenüber. Nun sind Trennungen von wichtigen Personen oder deren Verlust, etwa durch den Tod oder eine räumliche Trennung, ganz allgemein Belastungen, nicht nur für solche mit der geschilderten Konfliktdisposition. Diese Disposition führt jedoch dazu, daß derartige Belastungen nicht angemessen verarbeitet werden können, sie wirken also stärker, weil eine besondere Empfindlichkeit für diese Art von Belastung vorliegt, und sie wirken länger, weil es keine Lösung für das Problem gibt bzw. keine Anpassung an eine Situation ohne die Person, die verloren wurde.

Neben der geschilderten Konfliktdisposition wird jedoch noch eine weitere Bedingung angenommen, die mit dazu beiträgt, daß es bei Belastungen zu den körperlichen Beschwerden kommt. Diese weitere Bedingung wird in einer, wie bereits oben geschildert, mangelnden Ichentwicklung, spezieller mangelnder Desomatisierung angenommen. Es ist bereits dargestellt worden, daß ein wesentlicher Aspekt der menschlichen Entwicklung im Wechsel von „primärprozeßhaftem" Reagieren zu „sekundärprozeßhaftem" Handeln besteht, von zunächst fast ausschließlich körperlichem Reagieren zu „bedachtem" Handeln. Gelingt diese Entwicklung zumindest nur eingeschränkt, so bleibt eine Tendenz bestehen, Erregung hauptsächlich körperlich zu erleben und weniger psychisch oder inhaltlich. Als eine Bedingung für diese Art unvollkommener Entwicklung wurden übermäßig schützende und verwöhnende Mütter genannt (v.Rad und Zepf 1986), die ihrerseits unfähig sind, sich von ihrem Kind zu trennen oder eine Trennung durch dessen Entwicklung und Verselbständigung zuzulassen. Dies bewirkt die eben geschilderte Konfliktdisposition, aber diese Bedingungen der Entwicklung bewirken auch die mangelnde Ichentwicklung und die Tendenz zur Somatisierung. Unter besonders belastenden Bedingungen komme es zu einer sog. Ichregression, d.h. das Ich zieht sich auf eine frühere Organisationsform zurück, es kommt zur sog. „Resomatisierung", die körperlichen Erlebnisanteile rücken in den Vordergrund.

Denkt man dieses Modell weiter, so hat dies einige Konsequenzen. Wenn ein kindlicher Konflikt im Erwachsenenalter aktualisiert wird, so wird eine psychische Struktur aktiviert, die den Konflikt und dessen früheres Erleben enthält. Zu diesem früheren Erleben gehören ebenfalls Körpersensationen, die in mit dem Konflikt verknüpften Ereignissen aufgetreten sind. Dies könnte in besonderem Maße der Fall sein, wenn die Desomatisierung im Rahmen einer gestörten Ich-Entwicklung nur ungenügend gelungen ist. Es ist nun denkbar, daß bei einer Reaktualisierung des Konflikts auch diese frühen Erlebnisse und damit auch die erlebten Körpersensationen aktualisiert werden und möglicherweise wieder erlebt werden. Da in der frühen Kindheit die körperlichen Erregungsanteile vermutlich erheblich stärker sind als im Erwachsenenalter, werden bei der Aktualisierung des Konflikts auch diese starken körperlichen Erlebnisanteile wieder erlebt. Das würde bedeuten, daß sie für den gegebenen Zusammenhang im erwachsenen Leben als nicht passend oder zu stark erlebt werden. Das bedeutet, daß diese körperlichen Empfindungen als ungewöhnlich bzw. ungewohnt, zu den Abläufen nicht passend und daher stark beunruhigend oder ängstigend wirken, sie sind aus der Gegenwart nicht erklärlich.

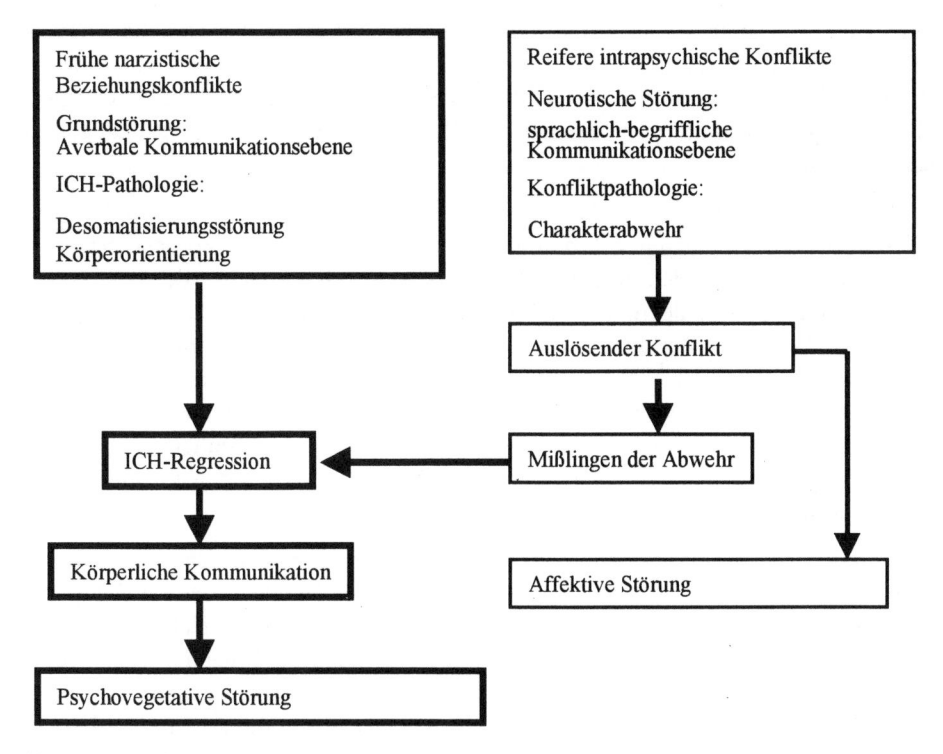

Abb.17 Schematische Darstellung der „doppelten Pathologie" in der Pathogenese der Herzphobie. (nach Ermann, M. 1987)

Auf dieser Grundlage wäre es damit erklärlich, warum bei funktionellen Störungen Befund und Befinden häufig so verschieden sind, warum Körpersensationen wahrgenommen werden, die weder aus der Situation, noch aus körperlichen Funktionsänderungen erklärlich sind. Steigt jemand eine Treppe hinauf, so ist die wahrgenommene Beschleunigung des Herzschlags durch die Situation bzw. die in ihr enthaltene körperliche Belastung erklärbar. Sitzt jemand in einem Sessel oder liegt im Bett, so ist dieselbe Körpersensation nicht erklärlich. Bei einer starken Emotion wäre sie ebenfalls erklärbar, d.h. es entspricht der normalen Erfahrung, daß bei starken Emotionen Körperempfindungen vorhanden sind. Wird jedoch aus den oben geschilderten Gründen der „psychosomatischen Struktur" die eigentliche Emotion nicht oder nur sehr abgemildert erlebt, so werden die Körperempfindungen wiederum nicht erklärlich sein.

So besteht bei funktionellen Störungen „eine doppelte Pathologie" (Ermann 1987), einerseits eine „Konfliktpathologie" und eine „Ich-Pathologie", die von Ermann (1987) folgendermaßen zusammengefaßt wurde. *„Die Konfliktpathologie* besteht darin, daß im Rahmen mißglückter Konfliktlösungen Triebspannungen und Störungen im affektiven Erleben auftreten, z.B. Angst oder Depressionen als seelisch-körperliche Gesamtreaktionen; die *Ich-Pathologie* besteht in der Somatisierungsbereitschaft und darin, daß die Affekte in der Wahrnehmung vernachlässigt werden, so daß sich die psychische Aktivität auf die begleitenden und neu auftretenden körperlichen Störungen konzentriert (Ermann 1987). Abb. 17. faßt diese Überlegungen zusammen.

Aus den Überlegungen zur Psychodynamik der Patienten mit funktionellen Herz-Kreislauf-Störungen lassen sich bestimmte Hypothesen über das Vorhandensein von Persönlichkeitsmerkmalen ableiten. Auch aus psychodynamischer Perspektive sind Persönlichkeitsmerkmale relativ stabile, zu einem wesentlichen Teil von der Entwicklung abhängige Merkmale psychischer Funktionen. Sie basieren unter anderem auf der unterschiedlichen Nutzung von Abwehrmechanismen und Ich-Funktionen. Weiterhin sind davon bestimmte Lebensbereiche in unterschiedlichem Ausmaß betroffen. Es hat immer wieder Versuche gegeben, derartige Persönlichkeitsmerkmale mit Methoden, die aus der psychologischen, empirisch orientierten Persönlichkeitstheorie entstammen, zu erfassen.

Von der Herzneurose werden von einigen Autoren „herzphobische Zustände" abgegrenzt (Hahn 1965). Tatsächlich werden die Begriffe Herzneurose und Herzphobie meistens auswechselbar verwendet. Dennoch ist die Auffassung Hahns bedenkenswert, da er von der Herzphobie annimmt, daß sie nicht das Ergebnis einer neurotischen Konfliktentwicklung ist, sondern auf somatischen, wenn auch teilweise vorübergehenden, Bedingungen beruht. Hierbei spiele eine erhöhte Erregbarkeit des Sympathikus eine wesentliche Rolle und damit eine erhöhte physiologische Erregbarkeit. Es gebe dabei körperliche Bedingungen, die entweder durch körperliche oder psychische Prozesse ausgelöst werden können. Sie werden bei ihrem Auftreten von intensiver Angst begleitet. Diese Angst fixiere sich und führe zu einer „Angst vor der

Angst". Am Anfang einer solchen Herzphobie stehe immer genau datierbar ein sympathikovasaler Anfall, der aufgrund der erlebten Dramatik zu der phobischen Entwicklung führe.

Bräutigam (1964) verwendete ebenfalls den Begriff der Herzphobie zur Kennzeichnung eines Krankheitsgeschehens, bei dem körperliche Bedingungen eine wesentliche Rolle spielen. Er geht jedoch davon aus, daß bei genauerer Analyse stets eine Konfliktproblematik aufzufinden sei und für den Ausbruch der Erkrankung eine wesentliche und notwendige Bedingung darstelle. Andere psychoanalytische Autoren unterscheiden dagegen „Herzfunktionsstörungen" mit und ohne spezifischen psychodynamischen Hintergrund (Zauner 1967), wobei es, wie von Hahn (1965) angemerkt wurde, bei Störungen ohne spezifischen psychodynamischen Hintergrund häufig sekundär zu einer phobischen Fehlverarbeitung komme. Zauner zieht die Folgerung: „Es liegt auf der Hand, daß bei allen Erkrankungen mit psychogener Teilursache, der keine neurotische Verarbeitung zugrunde liegt, die Anwendung psychotherapeutischer Behandlungsmethoden nicht sinnvoll erscheint" (Zauner, 1967). Die Auffassungen von Hahn und Zauner kommen in die Nähe psychophysiologischer Modelle im weiteren Sinne, indem sie annehmen, daß ein Zusammenspiel psychogener und somatischer Bedingungen als Prozeß eine Krankheit auslöst und stabilisiert. Hahn nennt in diesem Zusammenhang auch das Vorhandensein von vorübergehenden durch äußere Einflüsse verursachte Steigerungen der Erregung oder Labilität der vegetativen Regulation, etwa durch übermäßigen Genuß von Koffein oder Alkohol sowie Schlafdeprivation.

Im ersten Fallbeispiel war dies der Fall. Die Patientin hatte sich durch den Genuß von Alkohol am Vorabend, Schlafdeprivation und Kaffee in einem Zustand erhöhter vegetativer Labilität und Erregung befunden. Dies kann als eine wesentliche Bedingung dafür angesehen werden, daß sie in der akuten Situation im Sessellift, als sie ihre Freundin beobachtete, die intensive Angst erlebte, selbst ihrerseits mit starker Angst reagierte, die sich dann bis zur Panik steigerte. Dieses Geschehen entspricht den Annahmen von Hahn (1965) zur Pathogenese der Herzphobie im Gegensatz zu der der Herzneurose. Allerdings wurde an diesem Beispiel auch deutlich, daß, ähnlich wie Bräutigam dies annimmt, ebenfalls eine Konfliktdisposition vorliegt.

Fallbeispiel *1 (Forts.)*

So kann die Patientin sich erinnern, daß sie im Alter von 15 Jahren aus Platzmangel aus der elterlichen Wohnung in eine kleine Wohnung auf der anderen Straßenseite zog bzw. ziehen mußte. Einerseits sei sie davon ganz angetan gewesen, weil sie sich damit erwachsener und unabhängiger fühlte, sie kann sich jedoch auch daran erinnern, sich einsam und verstoßen gefühlt zu haben und abends öfter mit einer gewissen Sehnsucht zur elterlichen Wohnung hinüber gesehen zu haben. Diese Ambi-

valenz in bezug auf Bindungen bestimmte ihr weiteres Leben. So heiratete sie zwar, die Ehe blieb ohne Kinder, und sie empfand diese Beziehung in irgendeiner Weise stets als vorläufig oder nicht endgültig. Tatsächlich ließ sie sich nach einigen Jahren wegen eines anderen Mannes scheiden, bereute diesen Schritt jedoch schnell. Die Beziehung zu ihrem Mann konnte sie jedoch nicht mehr aufnehmen. Nach einigen wechselnden Beziehungen ging sie dann die bereits geschilderte Beziehung zu einem Mann ein, der diese Beziehung, ebenso wie sie selbst, nur sporadisch leben konnte.

5.2.9 Empirische Befunde zur psychoanalytischen Theorie der Pathogenese der Herzphobie

Die psychoanalytischen Modelle der Pathogenese der Herzphobie gingen, wie oben dargestellt wurde, von einer Entwicklungs- und Konfliktdisposition aus, die das Auftreten der Herzphobie bedingen soll. Wie im allgemeinen Teil zur Psychoanalyse kurz dargestellt worden ist, führen „schädigende" Bedingungen in der Entwicklung zu nicht lösbaren Konflikten, woraufhin durch die Abwehrmechanismen die entsprechenden seelischen Inhalte für das Bewußtsein unkenntlich, jedoch nicht unwirksam, gemacht werden. Derartige Bedingungen in der Entwicklung führen zu Störungen im erwachsenen Leben, wenn sie ein bestimmtes Ausmaß überschreiten, so daß die normalen Lebensfunktionen nicht aufrecht erhalten werden können, was zu Symptomen und einem entsprechenden „Leidensdruck" führt. Aber auch im Normalfall bedingen die Bedingungen der Entwicklung die Art erwachsenen Lebens, die Persönlichkeit. Der Übergang zwischen normalen und pathologischen Verhältnissen ist nicht scharf abgegrenzt, sondern fließend. Ausschlaggebend dafür, ob eine Variante pathologisch oder normal ist, ist die Möglichkeit oder Unmöglichkeit, die Funktionen, die zum Leben notwendig sind, auszuüben, ohne Leid zu erleben oder bei anderen zu verursachen. Die oben genannte Konfliktdisposition bezeichnet also auch Merkmale der Persönlichkeit, die dazu führen können, daß eine Herzphobie entsteht.

Auf der Grundlage derartiger Überlegungen liegt es nahe, nach meßbaren Merkmalen der Persönlichkeit zu suchen, die bei Patienten stärker ausgeprägt sein könnten als bei gesunden Personen.

So konnten Richter und Beckmann (1973) bei Patienten mit funktionellen Herz-Kreislauf-Beschwerden zwei Typen der Angstverarbeitung feststellen, die sich mit Hilfe des MMPI (Minnesota Multiphasic Personality Inventory), einem sehr umfangreichen Fragebogenverfahren zur Messung unterschiedlicher Merkmale der Persönlichkeit, unterscheiden lassen. Die Patienten des einen Typs zeichnen sich dadurch aus, daß sie ihre Angstproblematik nicht verleugnen und so auch im Test recht offen darstellen. Diese Patienten können ihre Ängste, wie die Autoren schreiben, nicht abwehren und werden von ihnen „überflutet". Im Gegensatz dazu gelingt den Patienten eines zweiten Typ eine Angstabwehr im Sinne der Verleugnung. Diese Tendenz zeigt sich auch bei der Beantwortung des Fragebogens, vor allem in den Kontrollskalen, die das Ausmaß einer Tendenz erfassen, in der Beantwortung der Fragen Probleme eher gering darzustellen. Die Angstabwehr gelingt jedoch nur oberflächlich und hat den Charakter des „krampfhaft Normalen". Nach Richter und Beckmann lassen sich 84% der Herzneurotiker einem der beiden Typen zuordnen, wobei 48% zum ersten Typ zu zählen sind, 36% zum zweiten. Die Patienten beider Typen unterscheiden sich jedoch nicht im Hinblick auf das Beschwerdebild.

Andere Autoren (Mayer u.a. 1973) konnten ähnliche Befunde mit einer eigenen Stichprobe bestätigen. Sie teilten in ihrer Untersuchung die Patienten anhand des Angsterlebens bei anfallartigen Beschwerden ein. Sie fanden dabei zwei Gruppen, von denen die eine mit einem großen Ausmaß von Angst auf die Beschwerden reagierte, die andere weit weniger. Beide Gruppen unterschieden sich im Profil des FPI (Freiburger Persönlichkeitsinventar). Es zeigte sich weiterhin eine gewisse Übereinstimmung mit der Typen-Klassifizierung von Richter und Beckmann.

Daß Patienten mit funktionellen Herz-Kreislauf-Beschwerden ein höheres Maß von Angstneigung zeigen, kommt auch in einer Untersuchung von Oberhummer und Mitarbeitern (1979) zum Ausdruck, die die Patienten mit einer normalen Kontrollgruppe verglichen haben. Die Autoren benutzten dabei den MAS (Manifest Anxiety Scale), ein Verfahren, das nicht so sehr die Angstverarbeitung, sondern eher die Angstneigung erfaßt. Schonecke (1987) fand mit unterschiedlichen Methoden zur Messung der Angstneigung und Angstverarbeitung sehr deutliche Unterschiede zwischen Patienten mit Herzphobie bzw. funktionellen Herzbeschwerden und gesunden Kontrollpersonen. Dabei zeigte sich bei den Patienten ein eher vermeidender Umgang mit Belastungen, eine höhere Tendenz zur Resignation, zu sozialem Rückzug und ein stärkeres Erleben körperlicher Symptome bei Belastung.

Neben der Angst spielt die Depression eine wesentliche Rolle. Wie bereits aus der Untersuchung von Richter und Beckmann hervorgeht, läßt sich dieser Sachverhalt mit Hilfe des MMPI verdeutlichen. Auch in der Untersuchung von Schonecke (1987) zeigt sich eine stärkere Depressivität der Patienten im Vergleich zu den Kontrollpersonen.

Neben der Konfliktdisposition wird von psychoanalytischer Seite, worauf ebenfalls bereits hingewiesen wurde, eine Störung der Ich-Entwicklung angenommen, die dazu führt, daß Emotionen eher als körperlich und weniger als psychisch repräsentiertes Erleben wahrgenommen werden, im Sinne der Alexithymie. Das dieser Annahme zugrunde liegende Konzept wurde als Resomatisierung bezeichnet. In entsprechenden Untersuchungen, in denen das Merkmal der Alexithymie bei Patienten mit somatoformen Störungen untersucht wurde, zeigte sich meist kein Zusammenhang der Diagnose „somatoforme Störung" mit dem Merkmal der Alexithymie (Cohen u.a. 1994; Bach u.a. 1994; Wise und Mann 1994).

Derartige Befunde bestätigen im wesentlichen die psychoanalytischen Annahmen zur Konfliktdisposition für die Herzneurose oder Herzphobie, weniger die einer sich im Merkmal der Alexithymie abbildenden Ich-Störung. Es ist dabei allerdings zu bedenken, daß offen bleibt, ob die Merkmale, die mit den verschiedenen Testverfahren erfaßt werden, denen entsprechen, die von der Psychoanalyse angenommen werden, dafür spricht lediglich eine gewisse Plausibilität.

5.3 Lernpsychologie

Die Lernpsychologie hat für die klinische Psychologie und Psychotherapie besondere Bedeutung, da sie die theoretische Basis für die Verhaltenstherapie darstellt. Verhaltenstherapeutische und lerntheoretische Erkenntnisse sind für pathogenetische Erklärungen der Herzphobie und ihre Behandlung von besonderer Bedeutung. Dies gilt ebenso ganz allgemein für das Verständnis normaler und pathologischer Angst.

Lerntheoretische Konzepte beziehen sich ganz allgemein auf die Beeinflussung bzw. Veränderung von „Lebensvorgängen", von Verhalten. Verhalten kann sowohl in physiologischen Reaktionen bestehen, als auch in recht komplexen Verhaltensweisen oder Handlungen. Dabei wird kein grundlegender Unterschied gemacht, ob eine physiologische Reaktion oder eine Verhaltenssequenz auf einen Reiz konditioniert wird.

Für diesen Sachverhalt ist der funktionale Charakter lerntheoretischer Modelle von Bedeutung. Diese Modelle beschreiben Regelmäßigkeiten bestimmter Lebensvorgänge, aber nicht deren Inhalt. Der jeweilige Inhalt des Lernens ist vom einzelnen Organismus und von den Ereignissen, auf die er in seiner Umgebung trifft, abhängig, d.h. jeder macht unterschiedliche Erfahrungen, die ihn in seinem Verhalten und Erleben beeinflussen. Da die jeweiligen Inhalte dessen, was gelernt wird, nicht Teil der lernpsychologischen Modelle sind, gehen auch die von ihnen abgeleiteten Therapieformen der Verhaltenstherapie (s. Kap. Therapie) am Einzelfall orientiert vor, um jeweils zu ermitteln, was in der individuellen Lerngeschichte an Erfahrungen wirksam geworden ist. Das bedeutet allerdings nicht, daß es nicht eine Fülle von Forschungsergebnissen gibt, die sich auf die Auseinandersetzung von Organismen mit bestimmten Ereignissen beziehen und die ebenfalls zum Bereich der Lernpsychologie gehören, wie z.B. Angststörungen.

In der Lernpsychologie werden verschiedene Aspekte des Lernens unterschieden, die im folgenden dargestellt werden sollen. Einer der Ausgangspunkte der Lernpsychologie waren die Arbeiten des russischen Physiologen Pawlow, der sich eigentlich mit der Physiologie des Verdauungssystems beschäftigte und dabei das sog. „Klassische Konditionieren" entdeckte. Er stellte fest, daß seine Versuchshunde nicht nur auf Nahrungsreize mit der Sekretion von Magensaft reagierten, sondern auch auf andere Reize, die mit dem Verdauungssystem überhaupt nichts zu tun hatten. Dies hing, wie er feststellte, von den Erfahrungen ab, die die Tiere in seinen Laboratorien gemacht hatten.

5.3.1 Das Klassische Konditionieren

Die Lernpsychologie geht davon aus, daß das Verhalten von Tieren und Menschen von den sie umgebenden Reizen beeinflußt und verändert wird, und daß diese Beeinflussung nach bestimmten Regeln erfolgt, die man erforschen kann. Findet ein Verhalten statt, beispielsweise eine Bewegung, so sind dieser Bewegung Reize vorausgegangen, es treten gleichzeitig Reize auf und es folgen Reize auf die Bewegung. Es gibt nun Reize, die aufgrund einer angeborenen Bedeutung für den Organismus immer eine bestimmte Reaktion auslösen. So reagiert ein hungriges Tier, auch ein hungriger Mensch, auf den Anblick von Nahrung mit Speichelsekretion. Diese Reaktion ist unmittelbar und nicht von Erfahrung abhängig. In der Lernpsychologie wird die Nahrung in diesem Falle als „unkonditionierter Reiz" bezeichnet, die Reaktion als „unkonditionierte Reaktion". Ein Grundgedanke des „klassischen Konditionierens" besagt, daß eine Verbindung zwischen Reizen hergestellt wird, wenn sie in zeitlicher Nähe miteinander auftreten, es findet eine „Assoziation" zwischen beiden statt. Tritt mit einem unkonditionierten Reiz (Nahrung) in bestimmten Grenzen „gleichzeitig" ein für die unkonditionierte Reaktion neutraler Reiz (Glockenton) auf, d.h. ein Reiz, der die unkonditionierte Reaktion nicht hervorruft, so wird durch das wiederholte gemeinsame Auftreten der Reize eine Assoziation gebildet. Diese führt dazu, daß dieser zweite Reiz nach einigen Wiederholungen ebenfalls eine Reaktion hervorruft, die der unkonditionierten Reaktion zumindest ähnlich ist, die „konditionierte Reaktion". Der neutrale Reiz ist zu einem „konditionierten Reiz" geworden. Dieser Vorgang wird „Akquisition" genannt. Aufgrund der Tatsache, daß der konditionierte Reiz dem unkonditionierten zeitlich vorausgeht, wird der konditionierte Reiz auch als „Signalreiz" bezeichnet, er kündigt gleichsam an, daß der unkonditionierte Reiz auftreten wird.

Betrachtet man den Vorgang der Akquisition, bei dem die Reaktionsamplitude der konditionierten Reaktion mit der Anzahl der mit dem unkonditionierten Reiz gemeinsamen Darbietungen ansteigt, so wird deutlich, daß die gleichzeitige Darbietung der beiden Reize die genannten Verbindungen „verstärkt". Wird der konditionierte Reiz nur noch alleine, ohne den unkonditionierten Reiz, beispielsweise das Futter, dargeboten, so wird die genannte Verbindung zwischen den Reizen, d.h. die Assoziation, abgeschwächt. Dieser Vorgang wird „Extinktion" oder Löschung genannt. Auch dabei ist die Löschung ein gradueller Vorgang, d.h. die konditionierte Reaktion wird zunehmend schwächer.

Der Vorgang der Löschung ist außerordentlich wichtig, wenn man sich vergegenwärtigt, daß er eine Anpassung an veränderte Umgebungsbedingungen darstellt. Hat sich ein Tier daran gewöhnt, daß bestimmte Reize beispielsweise die Verfügbarkeit von Nahrung ankündigen und ändert sich dieser Sachverhalt, d.h. der ehemals ankündigende Reiz kündigt keine Nahrung an, so wäre es für das Tier ungünstig, wenn es diesen Reizen weiter nachginge. Die Tendenz des Tieres, auf diese Reize mit Suchverhalten usw. zu antworten, muß gelöscht werden, will es überleben.

Es läßt sich nun auch feststellen, daß nicht nur der konditionierte Reiz eine konditionierte Reaktion hervorruft, sondern auch andere, ihm ähnliche Reize. Mit abnehmender Ähnlichkeit verringert sich die Stärke der hervorgerufenen Reaktion. So nimmt die Häufigkeit des Auftretens der Reaktion ab, ihre Stärke wird geringer, die Latenz nimmt zu, d.h. die Zeit, die von der Darbietung des Reizes bis zum Auftreten der Reaktion vergeht. Dieser Sachverhalt wird „Generalisierung" genannt.

Der Vorgang der Generalisierung ist beispielsweise wichtig bei der „Ausbreitung" von Angst in einer zunehmenden Anzahl von Situationen. So kommt es oft vor, daß Patienten, die etwa in einem Stau auf der Autobahn Angst erlebt haben, zuerst bestimmte Strecken nicht mehr befahren können, schließlich gar nicht mehr auf der Autobahn, dann zu bestimmten Zeiten nicht mehr in der Stadt oder auf der Landstraße, dann u.U. gar nicht mehr Auto fahren können usw. Auf vergleichbare Weise treten auch häufig soziale Ängste in immer mehr Situationen auf, die dann vermieden werden. Wichtig ist dabei, daß es in diesen Fällen von Generalisierung um „Ähnlichkeit" von Situationen geht, die im Hinblick auf ein bestimmtes Merkmal der Situation ähnlich sind. Im Falle des Autofahrens geht es meist darum, daß die Autobahn oder sonstige Straßen im Stau nicht verlassen werden können, d.h. die Situation nicht kontrolliert werden kann. So ist eine kritische Situation dann oft das Warten in einer Schlange an der Kasse eines Supermarktes.

Der Vorgang des Diskriminationslernens beruht prinzipiell auf der unterschiedlichen Verstärkung bestimmter Reize. Er bewirkt, daß die Reizgeneralisierung im Hinblick auf bestimmte Reize nicht stattfindet. Es wird dabei ein bestimmter Reiz stets mit dem unkonditionierten zusammen dargeboten, ein weiterer dagegen stets ohne den unkonditionierten Reiz. Der Organismus lernt dabei „diskriminativ", daß der eine Reiz den unkonditionierten Reiz ankündigt, der andere Reiz jedoch keinen Zusammenhang mit diesem aufweist.

Das Diskriminationslernen spielt in vielen Situationen „natürlichen" Verhaltens, d.h. außerhalb der Laboratorien, eine ganz wesentliche Rolle, ebenso wie Vorgänge der Generalisierung. In Situationen werden ständig neue Reiz-Konfigurationen vorhanden sein, deren untereinander bestehende Beziehungen das Verhalten beeinflussen und damit auch ständig verändern. Sich in vergleichbaren (ähnlichen) Situationen vergleichbar zu verhalten (Generalisation) oder etwa bei der zusätzlichen Anwesenheit einer anderen Person verschieden zu verhalten (Diskrimination), setzt eine Menge von Lernleistungen voraus.

Pawlow (III,1) merkt an, daß das „Psychische" am Vorgang des Lernens darin besteht, daß vom Organismus eine Beziehung hergestellt wird zwischen Reizen, die für die (in seinen Versuchen physiologischen) Reaktionen „unwesentlich" sind. Für eine unkonditionierte Reaktion ist nur der unkonditionierte Reiz „wesentlich", er ist fest mit der Reaktion verbunden. Ein akustischer Reiz beispielsweise ist zunächst für den Speichelfluß unwesentlich. Macht ein Organismus jedoch die Erfahrung, daß der akustische Reiz die Bedeutung erhält, ein Signal für Futter zu sein, so wird er für diesen Organismus und dessen Reaktion des Speichelflusses wesentlich. Das „Psychische" im Sinne Pawlows besteht demnach darin, daß ein Reiz eine Bedeutung erhält, die er vorher nicht hatte, zusätzlich zu der, die er schon haben mag. Es besteht damit im Vorgang des Lernens selbst, d.h. das Psychische ist in der Funktionalität des Lernens und nicht in dem, was gelernt wird, gegeben.

Pawlow hat häufig die Anpassungsqualität des Lernens betont. „Es besteht kein Zweifel, daß wir die Tatsache einer weiteren Anpassung vor uns haben. Im gegebenen Fall lenkt eine derart feine Verbindung auf Distanz, wie die Verbindung der charakteristischen Schrittgeräusche eines bestimmten Menschen, der dem Tier gewöhnlich die Nahrung bringt, mit der Funktion der Speicheldrüse, sicher nur wegen ihrer Feinheit und nicht wegen einer besonderen physiologischen Wichtigkeit, die Aufmerksamkeit auf sich" (Pawlow III/1). Er betont weiterhin, daß der Organismus durch das Lernen „vorbeugend" auf seine Umgebung reagieren kann. Lernen ist „zukunftsorientiert", ein Merkmal, das häufig mit dem Begriff des Handelns in Verbindung gebracht wird. Dieser Aspekt wird um so deutlicher, wenn daran gedacht wird, daß Lernen ebenfalls durch die Konsequenzen, die auf ein Verhalten folgen, beeinflußt wird.

Bei seinen Untersuchungen zum Konditionieren, bei denen er den Tieren einen Glockenton zusammen mit dem Futter dargeboten hatte, entdeckte Pawlow zwei weitere Phänomene, das der „Orientierungsreaktion" und das der „Habituation". Bietet man einem Tier in einer bestimmten Situation, beispielsweise bei der Fütterung, einen für diese Situation unerwarteten Reiz, beispielsweise einen Glockenton, dar, so zeigt das Tier eine Reaktion, die sich darauf bezieht, daß der Reiz in der Situation neu bzw. unerwartet ist. Diese Reaktion wird Orientierungsreaktion genannt und besteht darin, daß der Organismus sich darauf einstellt, Information über seine Umgebung aufzunehmen (Sokolov 1963). So nimmt die Hirndurchblutung zu, die Augen wenden sich dem Reiz zu usw. Tritt nun der Reiz wiederholt in der entsprechenden Situation auf, so verringert sich die Orientierungsreaktion nach und nach, es kommt zur Habituation, man könnte sagen zur Gewöhnung an den Reiz, er überrascht nicht mehr in der Situation, bzw. er wird Teil des Modells der Situation, das von ihr gespeichert ist. Die Orientierungreaktion ist nicht zu verwechseln mit der sog. „Defensivreaktion", die auftritt, wenn der Reiz eine besonders hohe Intensität hat oder besonders aversiv ist. Die Defensivreaktion ist Teil der Alarmreaktion, die bereits im Abschnitt über Streß behandelt worden ist. Es wird sich zeigen, daß Menschen sich darin unterscheiden, wie schnell sie auf die wiederholte Darbietung eines unerwarteten Reizes habituieren, und daß die unterschiedliche Geschwindigkeit der Habituation ein Kennzeichen des Merkmals der Angstneigung ist.

5.3.2 *Operantes Lernen*

Im vorangegangenen Abschnitt über das klassische Konditionieren ging es hauptsächlich um das Verhältnis von Reizen, die einem Verhalten vorausgehen, auf deren Vorhandensein das Verhalten erfolgt. Beim operanten Lernen geht es um Reize, die auf ein Verhalten folgen.

Beim klassischen Konditionieren geht es gleichsam um die Erweiterung des „Verhaltensrepertoirs" eines Organismus, indem neue Beziehungen zwischen Reizen und Reaktionen gebildet werden. Wenn man bedenkt, daß eine konditionierte Reaktion nicht identisch ist mit der unkonditionierten, zu der eine Beziehung besteht, so werden durch den Vorgang des klassischen Konditionierens auch neue Reaktionen erworben. Beim operanten Lernen ist dies zunächst prinzipiell nicht der Fall. Hierbei wird lediglich die Wahrscheinlichkeit für das Auftreten einer im Repertoire eines Organismus vorhandenen Reaktion verändert oder beeinflußt.

Ein Reiz hat für einen Organismus die Wirkung der Verstärkung, wenn er die Auftretenswahrscheinlichkeit eines zeitlich vor ihm stattfindenden Verhaltens des Organismus erhöht. Als positive Verstärker werden Reize bezeichnet, deren *Vorkommen* die Auftretenswahrscheinlichkeit von Verhalten erhöht, bei der negativen Verstärkung wird sie durch die *Beendigung* von Reizen erhöht. Somit ist die negative Verstärkung nicht zu verwechseln mit Strafreizen, deren Vorkommen die Auftretenswahrscheinlichkeit verringert. Diese Verringerung ist jedoch nur vorübergehend, die Reaktion wird nicht aus dem Verhaltensrepertoire gelöscht, sondern wird wieder auftreten. Als Verhaltensmaß für die Wirkung der Verstärkung bzw. des operanten Konditionierens wird die Reaktionsrate benutzt.

Durch die Verbindung eines Reizes mit einem primären oder sonst wirksamen Verstärker erwirbt auch dieser Reiz verstärkende Wirkung. Er wird sie verlieren, wird er nicht gelegentlich von einem primären Verstärker gefolgt, vergleichbar der Löschung beim klassischen Konditionieren. Ähnlich gelten hierfür auch die Gesetze der Generalisierung im Sinne des klassischen Konditionierens. Geld ist wohl das beste Beispiel für einen sekundären Verstärker.

Die operante Löschung besteht in der Wegnahme des verstärkenden Reizes. Dadurch wird die Verhaltenshäufigkeit reduziert. Die Resistenz gegenüber der Löschung wird als ein Maß für die Wirksamkeit der Verstärkung benutzt. Dabei kann sich zeigen, daß bereits eine einzige Verstärkung eine gewisse Löschungsresistenz erzeugt.

Es wird beim operanten Lernen zwischen zwei Arten der Diskrimination unterschieden. In einem Fall wird die Verstärkung gegeben, wenn ein Verhalten, z.B. Hebeldruck in Gegenwart eines Reizes, z.B. grünes Licht, stattfindet. Das Verhalten wird bei Abwesenheit des Reizes (Licht) nicht verstärkt. Der Lichtreiz ist in diesem Falle ein diskriminativer Reiz, diese Diskrimination heißt „Reizdiskrimination". Bei der „Reaktionsdiskrimination" wird dagegen nur eine Reaktion einer bestimmten Art verstärkt, z.B. wenn der Hebeldruck mit der linken Vorderpfote durchgeführt wird, so wie man als Kind lernt, jemandem zur Begrüßung die rechte und nicht die linke Hand zu geben.

Unter Verstärkungsplänen versteht man die Art, mit der die Verstärkung auf ein Verhalten folgt. Es lassen sich prinzipiell kontinuierliche und intermittierende Verstärkung unterscheiden. Bei der kontinuierlichen Verstärkung wird jedes Verhalten verstärkt, bei der intermittierenden nur eine bestimmte Anzahl von Reaktionen.

Durch intermittierende Pläne etablierte Verhaltensraten sind schwerer löschbar als solche, die durch kontinuierliche Verstärkerpläne aufgebaut worden sind. Dies ist beispielsweise bei Erziehungsmaßnahmen wichtig. Läßt man ein unerwünschtes Verhalten, das für das Kind belohnende Konsequenzen hat, gelegentlich zu, so wird es intermittierend verstärkt und ist dann sehr schwer zu löschen, einer mehrerer Gründe für den Vorteil „konsequenter" Erziehung.

Unter Verhaltensformung versteht man das schrittweise Annähern an eine Zielreaktion, die ursprünglich nicht im Repertoire des Verhaltens vorhanden ist. Zunächst wird eine vorkommende, der Zielreaktion möglichst ähnliche Reaktion verstärkt. Da diese Reaktion nicht immer genau die gleiche ist, sondern es kleine Abweichungen gibt, wird es zu Reaktionen kommen, die der erwünschten noch ähnlicher sind. Diese werden selektiv weiter verstärkt usw., bis die erwünschte Reaktion schließlich erreicht ist. Dieser Vorgang spielt eine wichtige Rolle im alltäglichen Leben. Skinner (1953) vergleicht ihn mit der Tätigkeit eines Bildhauers, der das Ausgangsmaterial in kleinen Schritten in einen Zielzustand überführt. Durch diesen Vorgang lerne ein Kind zu stehen, zu laufen, nach Objekten zu greifen usw..

5.4 Die Rolle von Angst und Angstbereitschaft bei der Herzphobie

Angst ist ein biologisches Phänomen, das sowohl bei Tieren als auch bei Menschen auftritt. Jeder Mensch hat schon einmal Angst erlebt, und sie hat ihn u.U. davor bewahrt, verletzt oder gar getötet zu werden. Angst ist eine Emotion bzw. ein Gefühl, das durch irgendeine Art von Bedrohung ausgelöst wird. Der Begriff Angst beschreibt jedoch eher die emotionale Qualität, die durch eine unmittelbare Bedrohung ausgelöst wird. Aus den Ausführungen über Streß läßt sich leicht ableiten, daß nicht jede Form von Streß das Gefühl von Angst auslöst. Andererseits hat das Phänomen der Angst Merkmale, die über den Begriff Streß hinausgehen, z.B. der motivierende Aspekt der Angst.

Die Unterschiede zwischen Streß und Angst werden deutlich, wenn man Angst anhand der verschiedenen psychobiologischen Ebenen betrachtet, der biologisch-physiologischen, der Verhaltens- und kognitiven oder Erlebensebene. Diese Ebenen zu trennen ist sicherlich künstlich und läßt sich nicht wirklich konsequent durchführen. Sie ist auf der anderen Seite hilfreich, um bestimmte Aspekte des Phänomens der Angst zu verdeutlichen.

Es wird häufig, jedoch nicht durchgängig, zwischen Angst und Furcht unterschieden. Mit dem Begriff Furcht wird ein negatives, auf ein abgrenzbares und bedrohliches Objekt gerichtetes Gefühl beschrieben. Angst wird häufig benutzt, um ein eher diffuses Gefühl unterschiedlich starker Beunruhigung zu beschreiben, aber häufig auch, um das Gefühl, das durch eine Bedrohung ausgelöst wird, darzustellen. Umgekehrt wird Furcht nie benutzt, um das diffuse Gefühl von Beunruhigung zu beschreiben. So richten sich Phobien immer auf ein abgrenzbares Objekt, beispielsweise Tiere, während die Generelle Angststörung sich auf ein übermäßig ausgeprägtes Gefühl der Beunruhigung bezieht.

Angst wird in der Psychologie unter zwei Aspekten behandelt, einmal als psychischer Prozeß der Auseinandersetzung mit Bedrohung, zum anderen aber auch im Sinne eines Merkmals einer habituellen Art der Auseinandersetzung mit Bedrohung, dem Merkmal „Angstneigung", „Ängstlichkeit" oder „Angstbereitschaft", anhand dessen man Personen unterscheiden kann. Beide Aspekte spielen in der Psychophysiologie eine Rolle. So wird Angst als psychophysisches Geschehen betrachtet und Ängstlichkeit als Merkmal der Persönlichkeit, beispielsweise mit der Frage, ob Personen mit einer hohen Angstneigung physiologisch reagibler sind als Personen mit einer niedrigeren Angstneigung.

5.4.1 Angst - Psychophysiologie

Angst ist eine Reaktion von Organismen auf Bedrohung oder Gefahr, die zunächst als nicht zu bewältigen eingeschätzt wird. Es kommt zu einer allgemeinen sympathisch vermittelten Erregung (Aktivierung) mit Anstieg der Herzfrequenz, des Blutdrucks, Erhöhung der Hautleitfähigkeit aufgrund erhöhter Schweißsekretion, Erhöhung des Muskeltonus und so u.U. zur Inhibition motorischer Reaktionen, Anstieg der Atemfrequenz bis zur Hyperventilation, jedoch ohne daß die Veränderungen der CO_2-Konzentration im Blut damit einhergehen (Suess 1980). Die Veränderung dieser Parameter bietet auch die Möglichkeit, Angst bei Patienten zu erkennen. Eine beschleunigte Atmung, beim Händedruck feuchte Hände, die u.U. leicht zittern, eine veränderte höhere und vielleicht etwas heisere Stimme und Schweißperlen auf der Stirn, die nicht durch die Umgebungstemperatur erklärbar sind, sprechen für das Vorliegen von Angst. Auch eine gewisse „Starre" aufgrund des erhöhten Muskeltonus und reduzierte Aufmerksamkeit im Hinblick auf die Umgebung (weniger Blickbewegungen) ist beobachtbar.

Es kommt weiterhin zur Ausschüttung von Katecholaminen, wobei die Anstiege der Konzentration von Adrenalin gegenüber der von Noradrenalin bei Angst im Vergleich zu Zuständen von hoher Aggression überwiegen sollen (Funkenstein 1955, Frankenhaeuser und Rissler 1970). Netter (1987) fand bei gesunden Personen einen Einfluß der erlebten Angst auf das Niveau des Adrenalins. Das Ausmaß erlebter Aversivität eines Schmerzreizes beeinflußte die Reaktionen des Noradrenalins, jedoch nicht bei Personen mit erhöhter Angstneigung.

Bei Ausmaßen hoher Erregung kommt es zu einer veränderten Aufmerksamkeit bzw. zu einer eingeschränkten Aufmerksamkeit, so daß die kognitiven Leistungen in Situationen mit hoher Angst eingeschränkt sind (z.B. Wirkung von Examensangst in Prüfungssituationen). Dabei spielt das Ausmaß von Besorgtheit um die zu erbringende Leistung eine Rolle, da ein Teil der informationsverarbeitenden Kapazität durch Gedanken an die Leistung besetzt ist und auf diese Weise nicht für die Lösung von

Aufgaben zur Verfügung steht. Ebenso ist es wahrscheinlich, daß ein Teil der Aufmerksamkeit durch die mit der Angst verbundene körperliche Erregung und die dadurch vorhandenen körperlichen Empfindungen in Anspruch genommen wird. Dies gilt vor allem, wenn die körperliche Erregung mit der Erwartung von Mißerfolg erklärt wird, d.h. als Anzeichen von Mißerfolg interpretiert wird (Douglas und Anisman 1975).

Neben der körperlichen Reaktion kommt es zu einer intensiven Tendenz, dem bedrohenden oder angstauslösenden Reiz zu entkommen. Zunächst handelt es sich dabei um eine Fluchtreaktion, die zur Folge hat, daß die Erregung nachläßt und damit auch die negative Emotion. Durch diesen Vorgang, der als negative Verstärkung wirkt, wird auch die Tendenz verstärkt, den Reiz immer wieder zu vermeiden, wodurch die Vermeidungsreaktion weiter verstärkt wird. Als Zwei-Stufen-Theorie der Angstentstehung wurde von Mowrer (1956) ein Modell vorgestellt, das als erste Stufe das klassische Konditionieren eines neutralen auf einen aversiven Reiz annimmt und als zweite Stufe die eben beschriebene negative Verstärkung. Ein Organismus kann auf diese Weise kaum die Erfahrung machen, daß ein konditionierter Angstreiz harmlos ist, da er sich ihm nicht aussetzt. Als Modell zur Erklärung persistierender, unrealistischer Ängste ist dieses Modell sicher nicht ausreichend, enthält jedoch wesentliche, zu ihrer Erklärung notwendige Elemente. So enthalten fast alle therapeutischen Ansätze in irgendeiner Weise die Konfrontation mit den angstauslösenden Reizen, verhindern also die Vermeidungsreaktion.

Das Inkubationsmodell der Angstentstehung nach Eysenck (1968) versucht ebenfalls den Sachverhalt zu erklären, daß Angstreaktionen sich relativ schnell verselbständigen, die Reaktion also trotz ausbleibender externer, negativer Konsequenzen nicht gelöscht wird. Sein Grundgedanke in diesem Modell besteht darin, daß die physiologischen Anteile der konditionierten Angstreaktion in sich stark aversiv erlebt werden, so daß erstens die sie auslösenden Reize nicht als harmlos erlebt werden, da sie zu den aversiven Körperreizen führen, und zweitens die konditionierte Reaktion durch diese Anteile eher noch verstärkt wird. Es handelt sich dabei also um eine Angst vor der Angst bzw. vor der Angsterregung, ein Sachverhalt, der in vielen Aussagen von Patienten enthalten ist. Dieser Ansatz versucht zu erklären, warum Menschen, die sich einem Angstreiz regelmäßig aussetzen, wie dem Fahren mit einem Fahrstuhl, ihre Angst vor dieser Situation nicht verlieren, obwohl sie die Konfrontation nicht vermeiden.

Die von Seligman (1971) als „Preparedness-Hypothese" bezeichnete Auffassung versucht ebenfalls zu erklären, warum Angstreaktionen u.U. sehr schnell gelernt werden und in hohem Maße löschungsresistent und damit stabil sind. Dieser Auffassung nach treffen diese Merkmale von Angstreaktionen nur auf solche zu, die durch bestimmte Reize ausgelöst wurden. Gerade bei Tierphobien erscheint die Annahme plausibel, daß in der Evolution Angstreaktionen auf gefährliche Reize durch andere Tiere ein gewisser Überlebenswert zukommt, so daß Tierphobien aufgrund einer Art phylogenetischen Gedächtnisses schneller zustande kommen und auch schwerer zu löschen sind; Organismen sind also vorbereitet („prepared"), auf diese Weise auf Reize, die von Tieren ausgehen, zu reagieren. In zahlreichen Untersuchungen wurde die Hypothese psychophysiologisch untersucht und konnte hauptsächlich im Hinblick auf die Löschungsresistenz bestätigt werden, jedoch weniger für die Schnelligkeit des Erwerbs der Angstreaktion (McNally 1987). In derartigen Untersuchungen wird im allgemeinen so vorgegangen, daß die zur Diskussion stehenden Reize mit einem aversiven Reiz, z.B. einem elektrischen Schock als Schmerzreiz, konditioniert werden. Die abhängigen Variablen sind dann meist Veränderungen der elektrodermalen Aktivität oder der Herzfrequenz. Im zweiten Teil der Untersuchung werden dann die unterschiedlichen konditionierten Reize (z.B. Schlange, Spinne, Gewehr) ohne die aversiven Reize dargeboten (Extinktion oder Löschung), und die Schnelligkeit der Löschung wird durch die Stärke der physiologischen Reaktion erfaßt.

Es konnte ebenfalls für den emotionalen Gesichtsausdruck von menschlichen Gesichtern ein ähnlicher Zusammenhang ermittelt werden. Zornige Gesichter als konditionierte Reize resultierten nur dann in einer höheren Löschungsresistenz für Angstreaktionen, wenn sie auf die Probanden gerichtet waren, diese also direkt ansahen. Die Autoren interpretieren dies ebenfalls in einem phylogenetischen Sinn, da von zornigen Personen eine Gefahr ausgeht (Dimberg und Öhman 1983).

5.4.2 Angstbereitschaft

Im Vorangegangenen wurde Angst kurz als ein allgemeines Phänomen menschlicher Existenz beschrieben. Es ist nun möglich, Menschen im Hinblick auf ihre Bereitschaft und das Ausmaß zu unterscheiden, mit dem sie mit Angst z.B. auf Bedrohung reagieren. Dies bedeutet, daß eine Person in einer für eine andere Person mäßig oder gar nicht bedrohlich erscheinenden Situation bereits mit Angst reagiert. Man kann dieses Merkmal von Personen mit Hilfe von Fragebögen erfassen, d.h. Personen können verbal über das Ausmaß ihrer Ängstlichkeit Auskunft geben. Dabei wird angenommen, daß dieses Merkmal Angstneigung, Angstbereitschaft oder Ängstlichkeit zeitlich relativ stabil ist, sich also nicht schnell ändert. Es stellt sich nun die Frage nach dem Zusammenhang dieses Merkmals mit anderen psychologisch oder psychophysiologisch erfaßbaren Merkmalen.

Es gibt eine Reihe von Modellen, die versuchen, Angstneigung anhand neurophysiologischer Konzepte zu beschreiben. Im Grunde gehen alle diese Modelle auf Grundüberlegungen von Pawlow, dem Entdecker des klassischen Konditionierens (s.o.), zurück.

Pawlow führte die Prozesse des Lernens und gezielten Verhaltens letztlich auf zwei Grunddimensionen der „Nerventätigkeit" zurück, Erregung und Hemmung. Er unterschied zwischen der niederen Nerventätigkeit und meinte damit die unbedingten Reflexe, die als angeborene Verbindungen zwischen einem Reiz und der Reaktion des Organismus zu verstehen sind. Als Physiologe beschäftigte er sich vor allem mit physiologischen Reflexen, wie dem Speichelfluß als Reaktion auf die Wahrnehmung von Futter bei hungrigen Hunden. Als höhere Nerventätigkeit bezeichnete er „die feinsten Wechselwirkungen des Organismus mit dem ihn umgebenden Milieu, das man selbstverständlich im weitesten Sinne auffassen muß" (Pawlow Ges.Werke III/2). Unter diesen Wechselwirkungen verstand er „die Nervenverbindungen, die während des Lebens der Schließungseigenschaften der Großhirnrinde entstehen" (Pawlow Ges. Werke III/2).

Pawlow nahm nun an, daß alle Prozesse der höheren Nerventätigkeit das Resultat der Wechselwirkung zwischen Erregung und Hemmung seien. Dabei komme der Hemmung die wesentliche Bedeutung zu. Die Hemmung bildet die Grundlage für die Konzentration des Gehirns auf das Wesentliche in einer Situation, sie schirmt den Organismus gegenüber unbedeutenden Reizen ab. Aus den Beobachtungen mit seinen Versuchshunden schloß er schließlich, daß es angeborene Unterschiede zwischen den Tieren gab, die sich in der unterschiedlichen Konditionierbarkeit der Tiere zeigten und das Resultat unterschiedlicher Gewichtung der beiden grundlegenden Prozesse, der Hemmung und Erregung, in der Steuerung des Verhaltens seien. So beschrieb er „scheue Hunde", bei denen die Konditionierbarkeit erheblich erschwert sei, aber einmal ausgebildet, seien die konditionierten Reaktionen sehr stabil, d.h. löschungsresistent. Sind die Hemmprozesse sehr schwach ausgeprägt, so sei das Verhalten der betreffenden Tiere und auch Menschen sehr unausgeglichen (impulsiv Gray s.u.). Dies führe zu leichter Konditionierbarkeit, aber auch instabileren Reaktionen. Dieses Modell angeborener Unterschiede im Gleichgewicht hemmender und erregender Prozesse und dessen Ergebnis auf Lernen und Verhalten ist der Ausgangspunkt vieler weiter entwickelten Persönlichkeitsmodelle gewesen, wie dem von Eysenck, Gray und Fowles (s.u.).

Pawlow hat auch ein Konzept einer „experimentellen Neurose" erarbeitet. Sie besteht in einem Ungleichgewicht zwischen hemmenden und erregenden Prozessen. Überlastung führt demnach zu einem Übergewicht hemmender Prozesse und führt bei „schwachen", ohnehin leicht hemmbaren, Typen zu einer Verzögerung des Lernens und leichter Störbarkeit.

Eysenck betrachtet Persönlichkeitsmerkmale als teilweise biologisch determiniert und damit auch vererbbar. Bestimmt werden nach seiner Auffassung Persönlichkeitsmerkmale durch zwei grundlegende Dimensionen der Persönlichkeit, „Extraversion - Introversion" und „Neurotizismus - Normalität" bzw. „Labilität - Stabilität". Eine Person ist also zwischen „gedachten" Polen dieser Dimensionen im Hinblick auf die durch die Dimensionen definierten Merkmale einzuordnen (Eysenck u. Rachman 1968). Nach Eysenck (z. B. 1957) sind „Dysthymiker" durch ein hohes Maß von Neurotizismus oder emotionaler Labilität sowie durch ein hohes Maß an Introversion definiert. Sie zeichnen sich durch eine große Ängstlichkeit, Depressivität, leichte Konditionierbarkeit, Gehemmtheit, vegetative Übererregbarkeit und Stimmungsschwankungen aus. Sie neigen zur Ausbildung von Angst- und Zwangsneurosen, aber auch zu reaktiven Depressionen (Eysenck 1957).

Für Eysenck besteht eine deutliche Beziehung zwischen dem Typ der Dysthymie und der Ausbildung psychosomatischer Störungen. Er bezieht sich in der biologischen Bestimmung seiner Persönlichkeitsdimensionen auf die zwei grundlegenden Prozesse der kortikalen „Erregung" und „Hemmung" als Arousal für die Kennzeichnung von Extraversion-Introversion und der vegetativen Erregung für die Kennzeichnung von emotionaler Stablität-Labilität. Eine hohe kortikale Erregbarkeit ist demzufolge ein Merkmal der Introversion und führt bei diesen Personen zu einer Erleichterung der Lernprozesse, also auch zu einer leichteren Konditionierbarkeit. Ein hohes Ausmaß von vegetativer Aktivierung kennzeichnet seiner Auffassung zufolge Personen mit einer hohen emotionalen Labilität, während ein hohes Maß von kortikalem Arousal Personen mit hoher Introversion kennzeichnet. Personen mit einer hohen Angstbereitschaft sind diesem Modell zufolge durch ein hohes Maß an emotionaler Labilität und gleichzeitig Introversion gekennzeichnet.

In vielen Untersuchungen wurde das Zusammenspiel zwischen kortikaler Erregung und autonomer Aktivierung bei Personen mit einer hohen Angstbereitschaft durch die Bestimmung des Habituationsverlaufs (s.o.) erfaßt. Die Habituation ist verzögert bei hoher autonomer Erregung bzw. bei einem hohen emotionalen Wert eines Reizes. So verglich beispielsweise Lader (1967) Patienten mit verschiedenen Arten von Angststörungen im Hinblick auf deren Habituationsgeschwindigkeit. Er fand dabei, daß diejenigen Personen, die am ehesten durch Introversion und hohe emotionale Labilität gekennzeichnet waren, die längsten Habituationsverläufe aufwiesen, was als Bestätigung der Einordnung in das Schema von Eysenck gewertet werden kann. In vielen anderen Untersuchungen wurde lediglich die Reaktivität physiologischer Parameter auf verschiedene Belastungen erfaßt, wobei sich oft bestätigte, daß Personen mit hohen Werten auf Angstskalen in derartigen Untersuchungen stärker vegetativ reagierten, und daß die Erregung sich langsamer zurückbildete.

Patienten mit Angststörungen unterscheiden sich nicht so sehr in Situationen, die einen deutlich aktivierenden Einfluß haben, von normalen Kontrollpersonen, sondern die Unterschiede zwischen beiden Gruppen sind in sehr milde aktivierenden Situationen am größten (Bond u.a. 1974).

Dies bedeutet, daß die Personen mit Angststörungen bereits durch sehr gering aktivierende oder belastende Reize stärker als Kontrollpersonen aktiviert wurden, was dem Konzept der erhöhten Angstbereitschaft entspricht. Allerdings wurden bei Phobikern sowohl in der Hautleitfähigkeit wie auch in der Herzfrequenz Hinweise dafür gefunden, daß diese nur bei angstauslösenden Reizen mit einer Defensivreaktion reagierten, bei neutralen Reizen hingegen mit einer Orientierungsreaktion (Frederikson 1981).

Eine geringere Variabilität der Herzfrequenz bei Patienten mit Panikstörung oder Blutphobie (Friedman und Thayer 1993) kann als Zeichen einer autonomen Labilität interpretiert werden, da die geringere Variabilität der Herzfrequenz als Zeichen eines erhöhten sympathischen Einflusses gewertet werden kann.

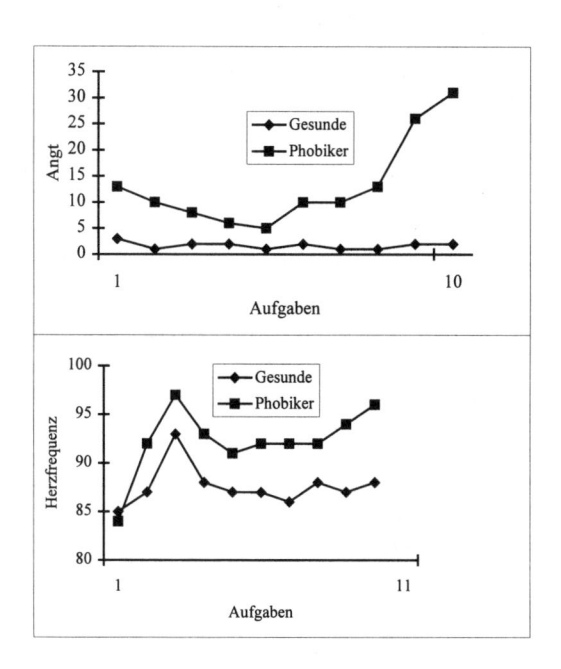

Abb. 18 Subjektiv erlebte Angst (oberer Teil der Grafik) und Veränderungen der Herzfrequenz (unterer Teil der Grafik) bei Patienten mit Phobie bei 10 Verhaltenstests. (Aus Sartory,G. et al. 1992)

Sartory, Roth und Kopell (1992) fanden hingegen unter ängstigenden Bedingungen bei Patienten mit einer Phobie zwar stärkere Anstiege der Herzfrequenz und des Atemvolumens im Vergleich zu gesunden Kontrollpersonen, jedoch keine veränderte Variabilität der Herzfrequenz. Ein wesentlicher Unterschied zwischen den Patienten und den gesunden Kontrollpersonen bestand vor allem im Ausmaß der erlebten Angst.

Eine Beschleunigung der Herzfrequenz hängt vom Ausmaß der erlebten Angst ab (Lang et al. 1970; Marks et al. 1971). Die Konfrontation mit den gefürchteten Objekten bei Patienten, die unter spezifischen Phobien litten, führte zu einem parallelen Verlauf der Angsteinstufung und der Steigerungen der Herzfrequenz (Sartory et al. 1977).

Gray (1982) hat sich in seinem Modell zu emotionalen Systemen an die Möglichkeiten des operanten Lernens angelehnt. Die im Groben mögliche Einteilung in positive und negative Emotionen entspricht der Aufteilung in positive und negative Verhaltenskonsequenzen. Durch die verschiedenen verstärkenden Ereignisse werden gleichzeitig die Anzahl unterscheidbarer Emotionen gefunden. Gray (1972) unterscheidet ein System für Annäherungsverhalten oder Aktivierung (behavioral activation system BAS), ein Hemmsystem (behavioral inhibition system BIS), ein Bestrafungssystem („flight/fight system").

Das BIS übt Verhaltenshemmung aus und wird durch konditionierte Strafreize und neue, komplexe Reize aktiviert, es spielt also im Zusammenhang mit Angst und Furcht eine ganz zentrale Rolle. Neben der Verhaltenshemmung erhöht es die Aufmerksamkeit und Aktiviertheit des Organismus. Dies ist darum der Fall, da der Organismus auf Informationssuche eingestellt wird, um die Bewältigung der Situation vorzubereiten. Im Zusammenhang mit der Entstehung von Phobien ist wichtig, daß das BIS auch durch Reize, wie Tiere oder soziale Reize, die nach der „Preparedness-Hypothese" für die Entstehung von Phobien bedeutsam sind, aktiviert wird. Die biochemischen Systeme des Gehirns, die Neuigkeit und Bedrohung verarbeiten, wie das noradrenerge System mit dem Locus coeruleus, vermitteln die Funktion des BIS. Gray (1973) versuchte, zwischen den von ihm ermittelten drei emotionalen Systemen Annäherung, Verhatensihibition und Kamp-Flucht eine Bezehung zu den von senck definiten Persönlichkeitsfaktoren Extraversio-Introversion und Neurotizimu herzustellen

Cloninger (1986) geht vom Modell Grays aus, das ein Verhalten-Inhibitions-System und einen Faktor Impulsivität annimmt. Cloninger benennt diese Faktoren neu als „Tendenz zur Vermeidung von Gefährdung" und als „Bedürfnis nach Neuigkeit". Er fügt einen dritten Faktor hinzu, den er „Bedürfnis nach Belohnung" nennt. Cloninger bezieht diese drei Persönlichkeitsfaktoren auf drei wesentliche Neurotransmittersysteme. „Harm avoidance" sei mit erhöhtem Serotonin verbunden, „Bedürfnis nach Neuigkeit" mit erniedrigtem Dopamin und schließlich das gesteigerte Bedürfnis nach Belohnung mit erniedrigtem Noradrenalin. Aus der Kombination dieser drei Faktoren leitet er dann bestimmte klinische Störungen ab. So unterscheiden sich seiner Meinung nach Personen mit Angststörungen von solchen mit somatoformen Störungen in der Dimension „Bedürfnis nach Neuigkeit", wobei Patienten mit Angststörungen ein geringes, solche mit somatoformen Störungen ein hoch ausgeprägtes Bedürfnis haben. Nach diesem Modell geht Furchtlosigkeit mit einer geringeren Serotoninaktivität einher und zusammen mit Impulsivität mit erhöhter Aggressionsneigung.

5.4.3 Angstverarbeitung

In einer ganzen Reihe von Untersuchungen fanden sich hauptsächlich zwei Verarbeitungsweisen von bedrohlichen Reizen (Byrne 1964). Die eine bestand in einer verzögerten Wahrnehmung derartiger Reize, ein Sachverhalt, der als Vermeidung gedeutet wurde; die andere wurde zunächst als Annäherung bezeichnet. Sie beinhaltet bei bedrohlichen Reizen im Vergleich zu neutralen entweder keinen Unterschied oder aber eine verstärkte Zuwendung zu den Reizen.

Aus diesem Ansatz wurde ein Konzept der Angstverarbeitung abgeleitet, die Dimension „Repression - Desensitization". Das Modell enthält Aussagen zum Zusammenhang zwischen der Art der Angstverarbeitung und physiologischen Reaktionen. Das Konzept besagt, daß sich Personen auf der genannten Dimension im Hinblick auf die Bewältigung von Angst unterscheiden lassen. Ein Teil von Personen zeichnet sich dadurch aus, daß Hinweisreize mit einer Bedeutung für Gefahr sehr frühzeitig wahrgenommen werden, so als bestünde eine gesteigerte Aufmerksamkeit dafür. Ein anderer Teil von Personen reagiert mit einer verspäteten Wahrnehmung auf ängstigende Reize, so als ob deren Existenz, überhaupt die Existenz einer möglichen Gefahr, geleugnet würde. Daneben gibt es eine Gruppe, die sich diesen beiden Polen der Dimension nicht eindeutig zuordnen läßt.

Wichtig für den vorliegenden Zusammenhang ist die Beziehung zwischen der Art der Angstabwehr und den begleitenden physiologischen Reaktionen. Hier wird angenommen, daß Personen mit einer repressiven Angstabwehr bedeutend höhere physiologische Begleitreaktionen zeigen als Personen mit einer sensitiven Angstabwehr. Byrne (1964) zitiert eine Untersuchung von Lazarus u. Alfert (1964), die gefunden hatten, daß Personen mit einer sensitiven Angstabwehr beim Vorführen wenig ängstigender Filme ein geringfügigeres Niveau der Hautleitfähigkeit hatten als Personen mit einer repressiven Angstabwehr. Bei den am meisten ängstigenden Filmen hatten die Personen mit repressiver Angstabwehr die stärkeren Reaktionen, dieser Unterschied war sehr ausgeprägt. Plante und Schwartz (1988) fanden bei Personen mit repressiver Angstverarbeitung eine deutlich höhere Reaktivität verschiedener physiologischer Maße wie elektrodermale Aktivität, Pulsvolumenamplitude oder Herzfrequenz. Zu ähnlichen Ergebnissen kamen auch Tremayne und Barry (1989) und King et al. (1990) für Veränderungen des Blutdrucks.

Im folgenden Abschnitt werden Ansätze dargestellt, die vor allem für die Erklärung der Pathogenese der Panikstörung bzw. Herzphobie die Art der Verarbeitung ängstigender, vor allem auch körperlicher Reize weiter entwickelt haben.

5.4.4 Angstsensitivität und Katastrophierung - Kognitive Faktoren der Herzphobie

Aus der klinischen Erfahrung im Umgang mit Patienten mit Panikattacken bzw. Herzphobie wurde sehr schnell klar, daß für das Entstehen von Panikattacken die Gedanken der Patienten eine wichtige Rolle spielen. Diese Gedanken beinhalten eine Interpretation dessen, was an körperlichen Symptomen gefühlt wird sowie Erwartungen über den weiteren Verlauf des Geschehens. Clark (1986) hat für diesen Aspekt den Begriff der „Katastrophierung" benutzt, um zu kennzeichnen, daß für die Steigerung von der Wahrnehmung körperlicher Symptome bis zur Panikattacke diese kognitiven Prozesse wesentlich sind. Jeder Mensch erlebt Änderungen seiner vegetativen Funktionen, und fast nie entsteht daraus eine Panikattacke. Die Voraussetzung dafür, daß sich die Angst steigert, ist die Mißinterpretation der gespürten vegetativen Veränderungen als Symptome eines bevorstehenden Herzinfarkts oder allgemeiner einer unmittelbaren Gefahr für das Leben. Ebenfalls Teil dieser Katastrophengedanken ist das Gefühl, die Kontrolle zu verlieren. Diese Gedanken spielen vor allem auch nach wiederholtem Auftreten von Panikattacken oder „Herzanfällen" eine Rolle, weil dann bereits die Erfahrung besteht, daß bei früheren Gelegenheiten bestimmte Reize einer Panikattacke vorausgingen.

Clark (1986) unterscheidet diese Katastrophengedanken von der Hypochondrie bzw. hypochondrischen Befürchtungen, da diese sich nicht auf eine unmittelbar bevorstehende Katastrophe beziehen, sondern auf eine vorhandene, verborgene Erkrankung, also eher einer chronischen Befürchtung entsprechen. Derartige Katastrophengedanken werden tatsächlich sehr häufig von Patienten berichtet, im späteren Verlauf der Erkrankung werden sie nicht nur von Körpergefühlen ausgelöst, sondern auch durch situative Reize.

Reiss und McNally (1985) unterscheiden von den Katastrophengedanken die, wie sie es nennen, „Angstsensitivität", Angst vor der Angst. Dieses Konzept bezeichnet eine dauerhafte kognitive Disposition, körperliche Empfindungen als Katastrophe zu interpretieren. Diese Disposition ist nicht das Ergebnis des Erlebens einer Panikattacke, sondern kann vorliegen, ohne daß jemand eine Panikattacke erlebt hat. Sie erhöht jedoch das Risiko, an einer Angststörung zu erkranken. „Angstsensitivität erhöht die Aufmerksamkeit gegenüber Reizen, die die Möglichkeit, Angst zu erleben, erhöhen, erhöht die Sorge, Angst erleben zu können und erhöht die Motivation, Angst auslösende Reize zu vermeiden" (Reiss et al. 1986). Im Unterschied zur Position der Rolle von Katastrophengedanken bezieht sich die Annahme der Katastrophe nicht nur auf körperliche Wahrnehmungen, sondern auf das Erleben von Angst. Angst stellt dieser Auffassung zufolge in den Gedanken das Risiko dar.

Von den Autoren wurde eine Skala zur Messung dieser kognitiven Disposition entwickelt, der Angst-Sensitivitäts-Index (ASI). Dieser besteht aus 16 Fragen, die ein einziges Merkmal messen sollen (Reiss et al. 1986). Diese Fragen beziehen sich einerseits auf die von Körpersensationen ausgehende Angst („es macht mir Angst, wenn mein Herz heftig schlägt"), beziehen sich auf den eigenen „Geisteszustand" („Wenn ich nervös bin, habe ich Angst, geisteskrank zu sein", „es ist mir wichtig, meine Gefühle zu kontrollieren") und können eine soziale Komponente enthalten („Andere Personen bemerken es, wenn ich unsicher bin"). Die Autoren untersuchten ebenfalls den Zusammenhang mit der Angstneigung und fanden nur einen mäßigen Zusammenhang, einen etwas höheren mit einem Verfahren, das die Häufigkeit verschiedener Ängste mißt („Fear Survey schedule").

In einer prospektiven Studie untersuchten Maller und Reiss (1992) Studenten mit einer Nachuntersuchung nach drei Jahren. Diejenigen Studenten, die eine hohe Angstsensitivität drei Jahre zuvor hatten, hatten häufiger eine Angsterkrankung zum zweiten Untersuchungszeitpunkt. Drei von vier Personen, die Panikattacken erlebt hatten, hatten einen erhöhten ASI drei Jahre vorher gehabt. Auch in Studien, in denen Panikattacken, beispielsweise durch Hyperventilation, provoziert wurden, zeigte sich, daß diejenigen Personen mit hoher Angstsensitivität mehr Panik erlebten als solche mit niedriger (Asmundson et al. 1994).

Offen bleibt, wie es bei Personen zu einer hohen Ausprägung des Merkmals Angstsensitivität kommt. Asmundson und Norton (1993) nehmen an, daß das Auftreten von „subklinischen" Panikattacken, d.h. solchen Attacken, die wegen ihrer geringen Stärke die Kriterien für eine Diagnose nicht erfüllen, eine Bedingung für die

Ausbildung hoher Angstsensitivität sein könnten. Er hatte bei einer großen Anzahl von Studenten, die er im Hinblick auf die Ausprägung der Angstsensitivität untersucht hatte, gefunden, daß diejenigen Personen mit hoher Angstsensitivität bereits früher Panikattacken erlebt hatten.

In der Untersuchung von Reiss et al. (1986) zeigte sich bei gesunden Personen (Studenten) eine mäßige Korrelation zwischen dem Merkmal der Angstneigung und der Angstsensitivität. In einer Teilstudie dieser Untersuchung zeigte sich, daß Patienten mit verschiedenen Angststörungen ohne Agoraphobie signifikant höhere Werte als die gesunden Personen hatten, am höchsten jedoch die Werte der Patienten mit Agoraphobie waren. In den klinischen Gruppen wurde der Zusammenhang mit der Angstneigung nicht berechnet, aber es ist anzunehmen, daß die Patienten mit den verschiedenen Angststörungen und die mit Agoraphobie eine höhere Angstneigung aufwiesen als die gesunden Studenten. Auf diese Weise könnte angenommen werden, daß eine erhöhte Angstneigung eine weitere Bedingung dafür ist, daß eine Angststörung ausgebildet wird, wobei eine hohe Angstsensitivität die Wahrscheinlichkeit erhöhen könnte, daß es sich bei der Angststörung um eine herzphobische oder agoraphobische Störung handelt. So fanden Taylor et al. (1992) bei Patienten mit generalisierter Angststörung und bei solchen mit Panikstörung etwa gleich hohe Werte der Angstneigung.

Betrachtet man die Fragen des ASI, so werden damit ziemlich genau diejenigen Ängste und Befürchtungen benannt, unter denen Patienten mit einer Herzphobie leiden (Cox et al. 1995). Dennoch scheint dieses Konzept nicht trivial zu sein, da dieses Merkmal auch bei Personen ohne eine klinisch bedeutsame Angst vorhanden ist. Fragt man einen Patienten mit einer Herzphobie oder Panikstörung nach diesen Ängsten, so ist es ziemlich wahrscheinlich, daß er diese Fragen positiv beantwortet, da diese Ängste einen Teil seiner Erkrankung ausmachen. Fragt man jedoch „gesunde Personen" nach diesen Ängsten und sie beantworten diese Fragen ebenfalls positiv und haben damit ein erhöhtes Risiko, entweder in Provokationsstudien Panik zu erleben oder später eine Angsterkrankung zu haben, so hat das Merkmal einen Vorhersagewert und sollte daher auch in der Pathogenese eine Rolle spielen. Andererseits bleibt offen, welche Bedingungen vorhanden sein müssen, damit eine Person mit hoher Angstsensitivität auch Panikattacken bzw. eine Herzphobie entwickelt, denn in vielen Untersuchungen hat sich ja gezeigt, daß ein hoher ASI- Wert auch bei gesunden Personen vorhanden sein kann. Das bedeutet, daß die Angstsensitivität nur einen Faktor, und zwar keinen ausreichenden, in der Pathogenese der Herzphobie darstellen kann.

Ein wesentliches Element der Angstsensitivität besteht in der Fehlinterpretation körperlicher Empfindungen. Insofern ist die Frage von Interesse, inwieweit Patienten mit einer Herzphobie u.U. eine im Vergleich zu gesunden Personen sensiblere Wahrnehmung für ihre Körpervorgänge, insbesondere der eigenen Herztätigkeit, haben.

5.5 Die Rolle der Körperwahrnehmung bei der Herzphobie

Es war bereits oben darauf hingewiesen worden, daß ein wesentliches Element herzphobischer Beschwerden in der Wahrnehmung von Körpervorgängen besteht. Dabei ist unklar, inwieweit die Beschwerden der Patienten von tatsächlichen körperlichen Reizen ausgelöst werden, wie etwa der Veränderung der Herzfrequenz. Es ist auch möglich, daß „Pseudowahrnehmungen" stattfinden, die darin bestehen, daß ein intern gespeichertes Modell eines Körpervorgangs abgerufen wird und zu der vermeintlichen Wahrnehmung und damit zu den Beschwerden führt. Im eigentlichen Sinne würde es sich dabei nicht um eine wirkliche Wahrnehmung handeln, sondern um einen Vorgang, der dem Phantomschmerz ähnlich wäre, bei dem eine verlorene Extremität, wie ein Fuß, Schmerzen verursacht. Es gibt ohne Zweifel Patienten mit einer Herzphobie, bei denen es zu erheblichen Änderungen körperlicher Funktionen beim Erleben von Angst kommt. Unklar dabei bleibt, auf welche Weise diese Angstanfälle ausgelöst werden. Ebenso ist unklar, ob für die Auslösung der Angst bereits die Wahrnehmung kleinerer Körpersignale eine Rolle spielt. Bedenkt man die Unklarheit der Beziehung zwischen dem möglichen körperlichen („interozeptiven") Reiz und der Auslösung von Beschwerden genauer, so gibt es eine Reihe von Möglichkeiten. Prinzipiell wird davon ausgegangen, daß die von den Patienten wahrgenommenen Beschwerden in einer Wahrnehmung von Körperreizen („Interozeption") bestehen, die Personen ohne diese Beschwerden unter gleichen Bedingungen nicht haben. Dies beinhaltet, daß die Patienten eine sensiblere Wahrnehmung für bestimmte Körpersignale besitzen.

Um die Bedeutung der Körperwahrnehmung besser verdeutlichen zu können, sollen kurz wahrnehmungspsychologische Konzepte erläutert werden. In den Anfängen der Psychologie beschäftigte sich ein Teil der Vertreter der Sinnesphysiologie damit, den Zusammenhang zwischen Reizen und ihrer subjektiven Wahrnehmung zu untersuchen. Man nahm in diesen frühen Modellen einen festen Zusammenhang zwischen Reiz und subjektiver Empfindung an. Schon bei dieser Gelegenheit fiel jedoch auf, daß Versuchsteilnehmer nicht vorhandene Reize wahrzunehmen glaubten. Dies führte zur Einführung des sog. „Vexierversuchs", um diesen „Fehler" zu erfassen. Bei diesen Versuchen wurde gelegentlich kein Reiz dargeboten und gefragt, ob ein Reiz wahrgenommen wurde. Damit ließ sich anhand der Tendenz, beim Nichtvorhandensein eines Reizes doch einen Reiz wahrzunehmen, ein individueller Korrekturfaktor bestimmen.

Die weitere Beschäftigung der Wahrnehmungspsychologie mit diesem Sachverhalt führte zur Einführung entscheidungstheoretischer Methoden und Denkmodelle. In diesem Zusammenhang ist vor allem die sog. „Signal-Entdeckungs-Theorie" wichtig. Die mit diesem Modell verknüpften Methoden gestatten es, eine „sensorische" von einer „motivationalen" Komponente der Wahrnehmung zu unterscheiden. Dabei ist man sich klar darüber, daß die „erfaßbare Wahrnehmung" immer eine „Wahrnehmungsreaktion" ist und nie die Wahrnehmung selbst.

Streut man in weißes Rauschen sehr leise Töne ein und läßt einen Probanden angeben, ob er einen Ton gehört hat, so hängt es u.a. von der Nützlichkeit der Entscheidung ab, ob seine Reaktion positiv oder negativ ist. Teilt man ihm mit, daß er für jede Entdeckung eines Tons 10 Pf. erhält, so braucht er nur jedesmal mitzuteilen, er habe den Ton gehört - egal ob er ihn nun gehört hat oder nicht -, um den maximalen Bonus zu erhalten. Muß er jedoch zusätzlich für jede falsche positive Reaktion 20 Pf. bezahlen, so werden seine Reaktionen anders ausfallen aufgrund eines vorsichtigeren Reaktionskriteriums. Tatsächlich wird auch seine Wahrnehmung dadurch verändert. Insgesamt gibt es bei einem solchen Versuch vier Möglichkeiten, die in folgender Tabelle dargestellt sind.

	Reiz vorhanden	Reiz nicht vorhanden
Wahrnehmung: „Reiz vorhanden"	Treffer	Falscher Alarm
Wahrnehmung: „Reiz nicht vorhanden"	Verpaßt	Fehlen korrekt entdeckt

Tabelle 1 Schema der Beziehung von Reiz und Wahrnehmungsreaktion.

Das Beispiel mit den Tönen und deren Wahrnehmung macht deutlich, daß die Wahrnehmung durch ein Motiv bzw. durch Motivation beeinflußt wird. So schätzen die Kinder einkommensschwacher Eltern in den USA den Durchmesser eines Silberdollars deutlich größer als die Kinder einkommensstarker Eltern, d.h. die Wichtigkeit des Geldes beeinflußt die Wahrnehmung der Größe der Münze.

Durch die mathematische Verbindung dieser vier Felder, also durch Einbeziehung der falschen Alarme usw., lassen sich Kennwerte für die „reine Sensitivität" und die „Reaktionstendenz" bzw. das Reaktionskriterium berechnen.

Das bisher Gesagte bezieht sich auf Wahrnehmungen fast jeder Art und bedeutet zusammengefaßt, daß jede Wahrnehmung ein aktiver Prozeß ist, der vom aktuellen Zustand des Organismus, seinen Gefühlen, Bedürfnissen, Erfahrungen usw. und von längerfristig wirksamen Merkmalen abhängig ist. Wahrnehmung ist also vor allem kein Prozeß, der ein inneres, erlebtes Muster der äußeren Realität in einer „Eins-zu-Eins-Beziehung" erzeugt.

Wendet man die Möglichkeiten dieser Tabelle auf die Wahrnehmung des Herzschlags oder seiner Abfolge an, so ergeben sich dieselben Möglichkeiten, wie die folgende Tabelle zeigt.

	Tatsächlich: Herzfrequenz angestiegen	Tatsächlich: Herzfrequenz nicht angestiegen
Wahrnehmung: „Herzfrequenz angestiegen"	Treffer	Falscher Alarm
Wahrnehmung: „Herzfrequenz nicht angestiegen"	Verpaßt	Fehlen korrekt entdeckt

Tabelle 2 Schema der Beziehung zwischen Reiz und Wahrnehmungsreaktion, angewandt auf die Wahrnehmung von Beschleunigung der Herzfrequenz

Es ist also beispielsweise möglich, daß ein Patient tatsächlich häufiger Veränderungen seiner Herzfrequenz wahrnimmt als eine andere gesunde Person. Gleichzeitig glaubt er aber auch irrtümlich, Veränderungen der Herzfrequenz wahrzunehmen, wenn gar keine stattgefunden hat. Er hat also nach dem Schema der Tabelle eine höhere Trefferrate, aber auch eine höhere Rate falscher Alarme, seine „reine Sensibilität" wäre damit nicht höher als die der anderen Person. Derartige Wahrnehmungsverhältnisse können dadurch bedingt sein, daß jemand ängstlich auf seinen Herzschlag achtet, da er derartige Wahrnehmungen für Anzeichen von Gefahr hält und nur dann entsprechende Maßnahmen ergreifen zu können glaubt, wenn er frühzeitig die Gefahrensignale wahrnimmt. So fanden beispielsweise Pauli et al. (1991), daß Patienten mit Panikstörung die Wahrnehmung körperlicher Ereignisse bei einer ambulanten 24-Stundenmessung bedrohlicher erlebten als gesunde Kontrollpersonen. Harbauer-Raum (1988) konnte genau die oben geschilderte Sachlage im Hinblick auf die Wahrnehmung von „Extrasystolen", d.h. Unregelmäßigkeiten des Herzschlags, die fast immer harmlos sind und bei vielen Menschen vorkommen, feststellen. Die Patienten entdeckten zwar mehr Extrasystolen als die gesunden Kontrollpersonen, hatten also eine höhere Anzahl von Treffern, sie glaubten aber auch sehr häufig, Extrasystolen wahrzunehmen, wenn keine vorhanden waren, hatten also auch eine größere Anzahl falscher Alarme.

Vor allem im Zusammenhang mit Panikattacken wurde die Frage einer gesteigerten Sensibilität für herzbezogene Körperprozesse diskutiert. Dieser Annahme zufolge haben Patienten mit Panikstörung eine sensiblere Wahrnehmung, etwa für ihren Herzschlag (Ehlers und Breuer 1992). Dadurch stattfindende Wahrnehmungen werden als Katastrophe interpretiert und lösen dadurch eine Panikattacke aus (Pauli et al. 1991; Salkovskis et al. 1990). Man hat nun versucht, die genauere Wahrnehmung des eigenen Herzschlags bei Patienten mit Panikstörung nachzuweisen. Die Ergebnisse zur Genauigkeit der Herzschlagwahrnehmung sind widersprüchlich. Ehlers fand eine bessere Genauigkeit der Wahrnehmung des eigenen Herzschlags, aber keine bessere Wahrnehmung von Vorgängen im Magen-Darmtrakt (z.B. Ehlers 1993; Ehlers & Breuer 1992). In diesen Untersuchungen wurde die Herzschlagwahrnehmung mit der sogenannten „Tracking-Technik" nach Schandry (1981) erfaßt. Dabei sollen die Patienten oder Kontrollpersonen ihren Herzschlag in einem vorher nicht bekannten Zeitintervall mitzählen, ohne den Puls zu fühlen. Die von den Versuchsteilnehmern gezählte Anzahl der Herzschläge kann dann mit der tatsächlichen Anzahl der Herzschläge verglichen werden. Es ist wichtig festzuhalten, daß bei dieser Methode keine Möglichkeit besteht, die wirkliche Sensitivität, unabhängig von der Reaktionstendenz, zu erfassen.

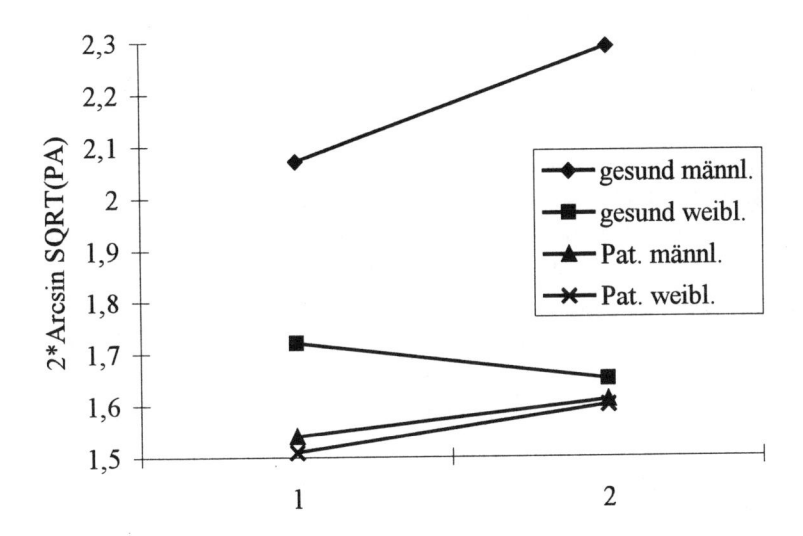

Abb. 19 Herzschlagwahrnehmung bei Patienten mit Herzphobie und gesunden Kontrollpersonen. Die Gruppen sind nach dem Geschlecht aufgeteilt. (Aus O.W. Schonecke: 1993)

So wurden mit Hilfe einer anderen Meßtechnik andere Ergebnisse erzielt. Bei dieser Technik müssen die Patienten ein äußeres („exterozeptives") Signal hinsichtlich seines gleichzeitigen oder verzögerten Auftretens mit dem Herzschlag vergleichen. Bei den meisten dieser Untersuchungen hatten die Patienten mit Panikattacken keine bessere (Asmundson, Sandler, Wilson & Norton 1993) oder sogar eine schlechtere Wahrnehmung ihres eigenen Herzschlags (Schonecke 1993). Bei dieser Meßtechnik der Genauigkeit der Herzschlagwahrnehmung wird zwischen Reaktionstendenz und „reiner Sensitivität", die von der Reaktionstendenz bereinigt ist, unterschieden.

Aber auch mit der „Tracking-Technik" wurden von anderen Autoren keine besseren Leistungen der Herzwahrnehmung bei Patienten mit Panikstörungen im Vergleich zu gesunden Probanden oder anderen Patienten gefunden (Barsky et al. 1994; Hartl 1992). Es stellt sich damit die Frage, wie es zu den sehr unterschiedlichen Ergebnissen kommen kann. Zum einen ist festzuhalten, daß mit der Diskriminationstechnik niemals eine bessere Herzschlagwahrnehmung bei Patienten mit Panikattakken bzw. Herzphobie gefunden wurde, d.h. immer dann, wenn die Meßmethode die Reaktionstendenz berücksichtigt hat. Die Untersuchung von Ehlers et al. (1995) legt den Schluß nahe, daß Patienten in der Schätzung der Schnelligkeit ihres Herzschlages eher zu Überschätzungen neigen. Tatsächlich findet man in Untersuchungen mit gesunden Personen eine Tendenz, die Schnelligkeit der Abfolge des Herzschlages zu unterschätzen, d.h. es werden meist weniger Herzschläge gezählt als tatsächlich stattgefunden haben (Knoll und Hodapp 1992). In einer neueren Arbeit konnte gezeigt werden, daß die Ergebnisse bei der Tracking-Technik unter anderem im wesentlichen von der Art der Instruktion abhängen (Ehlers et al. 1995). Setzt man zur gewöhnlich benutzten Instruktion, es sollten die Herzschläge gezählt werden, hinzu, nur diejenigen, die wirklich gespürt werden, dann haben Patienten mit Panikstörung keine bessere Wahrnehmung ihres Herzschlags. Die veränderte Instruktion wirkt jedoch auf die Reaktionstendenz der Patienten, so daß sich daraus ergibt, daß die Patienten bei der Wahrnehmung ihrer Herztätigkeit aufgrund der ängstlichen Besorgnis eine verfälschende Reaktionstendenz besitzen, die zu einer höheren Anzahl falscher Alarme führt.

Aufgrund der Annahme der Wichtigkeit einer größeren Sensibilität der Herzschlagwahrnehmung bei Patienten mit Panikstörung wurde vermutet, daß Patienten mit hoher Sensibilität eine ungünstige Prognose haben im Vergleich zu Patienten mit relativ geringer Fähigkeit zur Wahrnehmung des Herzschlages (Ehlers 1995). Tatsächlich wurde gefunden, daß die Sensibilität der Herzschlagwahrnehmung die Aufrechterhaltung der Störung nach einem Jahr vorhersagt (Ehlers 1995). Berücksichtigt man jedoch die methodischen Probleme der Tracking-Technik, so kann dies bedeuten, daß eine habituelle Überschätzung des Herzrhythmus durch Patienten im Vergleich zu gesunden Personen, die ihre Herzfrequenz eher unterschätzen, zu einem scheinbar besseren Tracking-Wert führt, ohne daß die Herzwahrnehmung tatsächlich genauer sein muß. Daher kann man den Tracking-Wert nicht als prognostischen Hinweis betrachten. Der Befund zeigt lediglich, daß diejenigen Patienten, die im Tracking-Versuch ihren Herzrhythmus, im Vergleich zu gesunden Personen, als schneller einschätzten, tatsächlich im darauffolgenden Jahr mehr Panikattacken hatten. Die Überschätzung des Herzschlages kann jedoch auch als Symptom der Störung angesehen werden, und das würde bedeuten, daß der Verlauf der Störung mit der Schwere der Symptomatik (der Verfälschtheit der Wahrnehmung durch die ängstliche Reaktionstendenz) zusammenhängt, nicht mit der tatsächlichen Wahrnehmung des Herzschlags. Patienten hingegen, die ihre Herzfunktion in der ersten Untersuchung schon ähnlich niedrig einschätzen wie gesunde Probanden, entwickeln auch im folgenden Jahr weniger Paniksymptome, da sie eine weniger verfälschende Reaktionstendenz haben. Auch berichten mehrere Autoren, daß sich die Herzschlagwahrnehmung im Verlauf der Behandlung nicht verändert (Antony, Meadows, Brown & Barlow 1994; Ehlers et al. 1995; Ehlers & Breuer 1992).

5.6 Psychobiologische Modelle der Pathogenese der Herzphobie

5.6.1 Die Annahme kardialer Faktoren in der Pathogenese der Herzphobie

5.6.1.1 Die „Neurozirkulatorische Asthenie", Störung der Kreislaufregulation

Vor allem in amerikanischen Studien der 50er Jahre wurde die Hypothese untersucht, herzphobische Beschwerden seien das Ergebnis körperlicher Regulationsstörungen. Unter dieser Annahme wurden Untersuchungen durchgeführt, die das Ziel hatten, Störungen der Kreislaufregulation bei Patienten mit funktionellen Herz-Kreislaufstörungen nachzuweisen. So fanden Cohen et al. (1947) bei Patienten mit „Neurozirkulatorischer Asthenie", wie die Störung von den Autoren genannt wurde, unter körperlicher Belastung höhere Blut-Laktat- Konzentrationen als bei gesunden Kontrollpersonen. Dieser Unterschied war bei Patienten mit einem chronischen Verlauf der Erkrankung größer als bei solchen mit einer akuten Erkrankung. Die Autoren ziehen daraus den Schluß, daß der subjektive Eindruck der Patienten, sie seien weniger belastbar, zutreffend sei. Cohen et al. (1948) fanden darüber hinaus, daß Patienten mit Neurozirkulatorischer Asthenie unter körperlicher Belastung deutlich höhere Anstiege der Herzfrequenz aufwiesen, eine geringere Fähigkeit zur Sauerstoffaufnahme besaßen, schneller Atemstörungen zeigten und auch unter entsprechenden Beschwerden litten. Bereits unter Ruhebedingungen war die Atemfrequenz der Patienten schneller und die Atemamplitude kleiner. Die Herzgröße, das EKG und das Herzminutenvolumen waren jedoch im Vergleich zu gesunden Personen nicht verändert. Derartige Ergebnisse legen die Annahme nahe, daß bei Patienten mit derartigen Störungen bzw. Beschwerden die Atemregulation gestört ist, was zu den geklagten Beschwerden führen kann.

Kannel et al. (1958) untersuchten im Rahmen der Framingham-Studie 203 Patienten mit Neurozirkulatorischer Asthenie und 757 gesunde Kontrollpersonen. Die Autoren fanden keine signifikanten Abweichungen im EKG bei den Patienten. Die Abweichungen, die bei den Patienten im EKG gefunden wurden, traten in der Kontrollgruppe mit derselben Häufigkeit ebenfalls auf. Yeragani et al. (1990) fanden, daß sich Patienten mit Panikattacken von gesunden Kontrollpersonen bei Orthostase, nicht aber bei anderen körperlichen Belastungen, in der Stärke der Reaktionen von Blutdruck- und Herzfrequenz unterschieden. Zu ähnlichen Ergebnissen kommen ebenfalls Stein et al. (1990). In einer anderen Arbeit von Yeragani et al. (1990) wurde gefunden, daß die Variabilität der Herzfrequenz auch bei Ruhe bei Patienten mit Panikattacken geringer war als bei gesunden Personen. Dies spricht für einen erhöhten sympathischen Einfluß bei diesen Patienten, da bei einem vagalen Einfluß die respiratorische Sinusarrhythmie ausgeprägter ist. Shear et al. (1987) fanden bei Patienten mit Panikattacken bei ambulanter Messung über 24 Stunden mehr Extrasystolen, aber keine anderen Arrhythmien. Während des Auftretens von Panikattacken stieg zwar im Durchschnitt die Herzfrequenz an, es kam jedoch nicht zu mehr Extrasystolen oder sonstigen Arrhythmien. Roth et al. (1986) fanden in einer Aktivierungsstudie keine Unterschiede der Kreislaufreaktivität zwischen gesunden Personen und solchen mit Panikattacken, letztere hatten jedoch ein leicht erhöhtes Niveau der Herzfrequenz. Stokes et al. (1988) fanden bei Patienten mit „Effort Syndrom" unter körperlicher Belastung keine größeren, sondern eher geringere Anstiege der Herzfrequenz sowie eine geringere muskuläre Kraftanstrengung. Dabei war jedoch das subjektive Ermüdungsgefühl der Patienten stärker als bei gesunden Kontrollpersonen. Ebenso fanden Gasic et al. (1985) bei Patienten mit funktionellen Herz-Kreislauf-Störungen bei körperlicher Belastung keine Unterschiede in den Anstiegen von Blutdruck und Herzfrequenz im Vergleich zu gesunden Personen. Allerdings stiegen unter psychischer Belastung die Werte des Noradrenalins stärker bei den Patienten an.

Zusammengefaßt können diese Untersuchungen nicht überzeugend nachweisen, daß Veränderungen etwa des EKG systematisch mit dem Vorhandensein einer Herzphobie verbunden sind oder das Auftreten derartiger Störungen begünstigen. Wenn die Ergebnisse der Studie von Kannel et al. (1958) in Betracht gezogen werden, der auch bei gesunden Personen dieselben EKG-Veränderungen gefunden hatte, ist es noch unwahrscheinlicher, daß die Ergebnisse von Levander-Lindgren für Patienten mit funktionellen Herz-Kreislauf-Störungen oder Herzphobie spezifisch sind. Wichtig scheint möglicherweise die Unterscheidung zwischen chronischem und akutem Verlauf der Erkrankung zu sein. Zieht man diese Unterscheidung mit in Betracht, so zeigt sich in einem Teil der zitierten Untersuchungen, daß Abweichungen von einer Kontrollgruppe, wenn überhaupt, dann bei Patienten mit einem chronischen Verlauf der Störung gefunden wurden. Hierbei ist jedoch daran zu denken, daß die gefundenen Unterschiede möglicherweise Folge eines allgemeinen Trainingsmangels sind. Es wurde bereits darauf hingewiesen, daß die Patienten dazu neigen, sich zu schonen, um einer möglichen Gefährdung durch Überlastung vorzubeugen und dadurch in einen zunehmenden Trainingsmangel geraten. So könnten auch die Ergebnisse von Cohen und Mitarbeitern (1948) im Hinblick auf die verringerte Atemökonomie gedeutet werden.

Im Zusammenhang mit der Diskussion der Pathogenese der Panikstörung hat die Atmungsregulation allerdings erneut eine erhöhte Bedeutung gefunden. In mehreren Studien konnte dabei gezeigt werden, daß ein Teil der Patienten mit Panikstörung auch unter normalen Bedingungen chronisch leicht hyperventilieren, was sehr leicht zu Veränderungen der Blutgaspartialdrucke, einer Alkalose und damit zu einer Hyperventilationsattacke führt (s.u.). Insofern sind die Befunde der Arbeiten von Cohen et al. zur Atemregulation von Bedeutung.

5.6.1.2 Mitralklappenprolaps

In den 80er Jahren wurde häufig angenommen, daß dem Mitralklappenprolapssyndrom (MVPS - mitral valve prolaps syndrome) in der Pathogenese funktioneller Herz-Kreislauf-Störungen eine wichtige Bedeutung zukomme (Strian et al. 1981; Pariser et al. 1978). „Unter Mitralklappenprolaps versteht man eine systolische Vorwölbung der Mitralklappe in den linken Vorhof. Mitralklappenprolaps ist ein rein deskriptiver Begriff. Er beschreibt ein verändertes Bewegungsmuster der Mitralklappe, das von einer noch als normal zu bezeichnenden Bewegungsvariante bis hin zur hochgradig gestörten Klappenfunktion reicht" (Classen, u.a. 1991). Die angeborene Form dieses Syndroms, der primäre Mitralklappenprolaps, ist gegenüber der erworbenen Form als Folge einer generalisierten Bindegewebserkrankung weitaus häufiger. Als „psychovegetative Beschwerden" des Mitralklappenprolaps werden bei „symptomatischen Patienten", also solchen, die durch den Prolaps überhaupt Symptome haben, beschrieben: „belastungsunabhängige retrosternale Schmerzen, die durch die Gabe von Nitroglyzerin unzureichend beeinflußt werden, Ermüdbarkeit, Atemnot, Schwindelgefühl, Palpitationen und Angstgefühl" (Classen u.a. 1991). Führt der Mitralklappenprolaps nicht zur Mitralinsuffizienz, was nur bei wenigen Patienten der Fall ist, so ist er nicht behandlungsbedüftig. Er läßt sich bei ca. 20% der erwachsenen Bevölkerung feststellen, bei Frauen doppelt so häufig wie bei Männern. Meist wird er nur zufällig entdeckt, ist also in der überwiegenden Zahl der Fälle asymptomatisch (Classen u.a. 1991).

Die von den Personen mit symptomatischem Mitralklappenprolaps beschriebenen Symptome ähneln denen, die auch von Patienten mit einer Herzphobie bzw. funktionellen Herz-Kreislauf-Störungen beschrieben werden. Insofern könnte vermutet werden, daß diese harmlose, aber mit echokardiographischen Methoden nachweisbare, Variante des Bewegungsmusters der Mitralklappe u.U. die Beschwerden bei den Patienten mit funktionellen Beschwerden verursacht. Es muß dabei allerdings von vornherein eingewendet werden, daß ein derartiger Befund, der bei der überwiegenden Mehrheit der davon betroffenen Personen nicht zu irgendwelchen Beschwerden führt, das Vorhandensein der Beschwerden bei einem kleinen Teil der Betroffenen alleine nicht erklären kann.

Die o.g. Vermutung hat eine Vielzahl von Studien angeregt, in denen der Frage nachgegangen wurde, ob dem Mitralklappenprolaps unter Umständen eine Rolle in der Pathogenese funktioneller Störungen bzw. des Paniksyndroms zukommen könne.

Von Pariser und Mitarbeitern (1978) wird ebenso wie von Strian und Mitarbeitern (1981) die Auffassung vertreten, daß das MVPS eine mögliche Ursache für auf das Herz bezogene Ängste darstellt. Strian und Mitarbeiter sind der Meinung, daß die in früheren Untersuchungen gefundenen Abweichungen unter körperlicher Belastung Folge eines MVPS sind. „Der Nachweis des MVPS und dabei häufiger Arrhythmien bei Patienten mit herzphobischer Symptomatik zeigt nicht nur die Notwendigkeit einer differenzierenden Diagnostik, sondern scheint auch die Bedeutung der vegetativen Wahrnehmung in der Entwicklung organphobischer Ängste zu bestätigen" (Strian et al. 1981). Die Autoren sind der Meinung, daß bei Personen mit „organphobischen Ängsten" nicht nur der Mitralklappenprolaps, sondern darüber hinaus auch eine besonders sensible Körperwahrnehmung für das Auftreten der Beschwerden verantwortlich ist. In einer entsprechenden Untersuchung fanden Stalmann u.a. (1988) jedoch keinen Zusammenhang zwischen dem Vorliegen eines Mitralklappenprolaps, funktionellen Herzbeschwerden, Güte der auf den Herzschlag bezogenen Körperwahrnehmung und Angst. Personen mit Mitralklappenprolaps nehmen Arrhythmien sogar signifikant seltener wahr als gesunde Kontrollpersonen, obwohl sie etwas häufiger Arrhythmien haben.

Devereux (1985) kam in einer Studie an 300 Patienten mit Mitralklappenprolaps zu dem Ergebnis, daß ein Zusammenhang zwischen dem Prolaps und Paniksyndrom oder „Neurozirkulatorischer Asthenie" nicht besteht, ebenso wie Shear, Devereux, Kramer-Fox, Mann, J.J. und Frances (1984). Andere Autoren kamen jedoch zu anderen Ergebnissen, die jedoch meist nicht von einer Stichprobe von Personen mit Mitralklappenprolaps ausgingen, sondern von Patientenstichproben mit einem generalisierten Angstsyndrom (Dager u.a. 1987; Grunhaus u.a. 1982, Liberthson u.a. 1986) oder Paniksyndrom. Die unterschiedlichen Ergebnisse kommen möglicherweise durch die Art der Patientenstichprobe zustande und wohl auch durch die Unsicherheit der Diagnosestellung eines Mitralklappenprolaps. So legten Gorman u.a. (1986) 15 Echokardiogramme von Patienten mit Paniksyndrom zwei Kardiologen zur Beurteilung vor. Einer der beiden Kardiologen fand bei neun einen Prolaps, der andere bei keinem Patienten. Dager, Comess, Saal, Sisk, Beach und Dunner (1989) kommen aufgrund einer Reliabilitätsuntersuchung bei der Diagnose des Mitralklappenprolaps zu dem Schluß, daß die unterschiedlichen Ergebnisse in der Literatur wohl auf die mangelnde Reliabilität der Methodik der echokardiographischen Diagnosestellung zurückzuführen ist. (Dunner 1989, S.).

Jenzer (1981) kommentiert diese Situation folgendermaßen: „All diese Patienten leiden, solange sie noch nichts davon wissen, nicht unter dem Problem oder dessen hämodynamischen Auswirkungen, sondern unter ihren auf das Herz zentrierten Ängsten und Auswirkungen ihrer konstitutionellen Schwäche. Die Behandlung hat sich demnach nicht nach einem Merkmal zu richten, das nur Kardiologen oder kardiologisch Interessierte fasziniert, weil nur die die Klicks oder Geräusche hören oder den Prolaps mit dem Echokardiographen registrieren können, die im Gesamtbild aber von untergeordneter Bedeutung sind" (Jenzer 1981).

Bowen et al. (1991) fanden keine Beziehung zwischen dem Vorliegen von Angst oder Angststörungen in einer Stichprobe von Patienten mit Angina pectoris und Mitralklappenprolaps. Angststörungen waren in einer Vergleichsgruppe von Patienten mit Angina pectoris ohne Mitralklappenprolaps ebenso häufig.

Die Frage, inwieweit der Mitralklappenprolaps in der Pathogenese der Herzphobie oder von funktionellen Herz-Kreislauf-Störungen eine Rolle spielt, muß gegenwärtig eher negativ beantwortet werden. Es ist höchstens denkbar, daß die Folgen des Prolaps im Zusammenhang mit der auf die Funktionstüchtigkeit des Körpers bezogenen

Angst verstärkt zur Vermeidung von Belastung führt, um die Symptome durch den Prolaps zu vermeiden, die sich bei körperlicher Belastung deutlicher zeigen. So fand Scordo (1991) bei Patientinnen mit symptomatischem Mitralklappenprolaps nach einem körperlichen Trainingsprogramm von 12 Wochen eine Zunahme von Wohlbefinden und eine Abnahme von Angst. In der o.g. Untersuchung von Stalmann u.a. (1988) hatten Personen mit Mitralklappenprolaps keine gesteigerte Wahrnehmung für Arrhythmien. Allerdings traten bei ihnen mehr Arrhythmien auf als bei gesunden Kontrollpersonen oder Patienten mit funktionellen Beschwerden oder Paniksyndrom. Harbauer-Raum (1987) zeigte, daß Patienten mit Herzphobie Arrhythmien besser wahrnehmen konnten als Patienten mit Mitralklappenprolaps, jedoch auch häufiger glaubten, Arrhythmien zu haben, auch wenn keine vorhanden waren. Auf diese Weise könnte die Interaktion dieser beiden Faktoren in der Pathogenese eine Rolle spielen. Das Vorliegen eines Mitralklappenprolaps würde demnach die Stabilisierung einer Herzphobie begünstigen, diese jedoch nicht wirklich bedingen. Diese Annahme setzt voraus, daß die Patienten beim Vorliegen eines Mitralklappenprolaps die denkbaren Symptome des Prolaps wahrnehmen und als Krankheitszeichen - und damit angstauslösend - interpretieren. Dies entspricht dem Konzept der Angstsensitivität (s.o.). Allerdings lassen sich die Ergebnisse von Harbauer-Raum auch dahingehend interpretieren, daß bei den Patienten mit einer Herzphobie eine generelle Tendenz besteht, eher Rhythmusstörungen anzunehmen als bei den Personen der Vergleichsgruppe mit asymptomatischem Mitralklappenprolaps. So würden sie einfach häufiger angeben, Arrhythmien zu spüren, was zu dem geschilderten Ergebnis führt (s.u. Zur Rolle der Körperwahrnehmung).

Fallbeispiel 2:

So hatte die Patientin aus dem 2. Fallbeispiel einen Mitralklappenprolaps, der auch von den Kardiologen in der Diagnostik erkannt worden war, dem sie jedoch für das Auftreten der Beschwerden der Patientin keine Bedeutung zumaßen. Inwieweit er für die Beschwerden oder deren Stabilisierung eine Bedeutung hatte, kann nicht mit Sicherheit beurteilt werden, es ist jedoch eher unwahrscheinlich. So kam es bei körperlichen Belastungen, bei denen der Prolaps eigentlich zu Symptomen hätte führen können, nie zum Auftreten der Beschwerden.

5.6.2 Die Annahme psychophysiologischer Faktoren in der Pathogenese der Herzphobie

5.6.2.1 Die „psychovegetative Regulationslabilität"

Zu Beginn der Ausführungen war die Rolle kardialer Besonderheiten in der Pathogenese der Herzphobie geschildert worden. Dabei hatte sich sowohl für Besonderheiten des Elektrokardiogramms als auch für den Mitralklappenprolaps gezeigt, daß beiden Bedingungen keine eindeutig pathogenetische Bedeutung zukommt, da diese Besonderheiten oder Merkmale ebenfalls in der gesunden Bevölkerung gefunden werden, ohne daß es zu irgendwelchen Krankheitssymptomen kommt. Diese Merkmale können also keine ausreichende Bedingung für das Auftreten einer Herzphobie sein, sondern höchstens das Auftreten einer Herzphobie begünstigen oder den Verlauf ungünstig beeinflussen. Es müssen also außerdem noch weitere pathogenetische Faktoren angenommen werden, die u.U. im Zusammenwirken mit den kardialen Besonderheiten zur Herzphobie führen.

Eine Annahme, die in diesem Zusammenhang eine Rolle spielt, beinhaltet eine Labilität sowohl vegetativer als auch psychischer, vor allem emotionaler Prozesse als ein individuelles Merkmal. So gingen Delius u. Fahrenberg (1966) davon aus, daß bei Patienten mit „psychovegetativen Störungen", wie sie die Erkrankung nannten, eine Disposition vorliegt, die zu veränderten körperlichen Reaktionen führt. Als eine Grundbedingung in der Pathogenese psychovegetativer Syndrome sahen sie also eine grundlegende Regulationsschwäche an, die „übergreifend psychophysisch" zu verstehen ist. In Anlehnung an Eysenck (1957) gingen diese Autoren vom Konzept der „Dysthymie" aus. Neben einer vegetativen Übererregbarkeit zeichnen sich Dysthymiker durch eine höhere Streßanfälligkeit, leichtere Konditionierbarkeit, Introversion, Ängstlichkeit und Sensitivität aus. Für die Ausprägung funktioneller Störungen nannte Delius drei Mechanismen:

Delius u. Fahrenberg gingen also von einer Disposition aus, die das Auftreten funktioneller Herz- und Kreislaufstörungen bzw. der Herzphobie begünstigt. Von dieser Disposition wird angenommen, daß sie eine allgemeine vegetative Übererregbarkeit beinhaltet, d.h. daß die betroffenen Personen leichter und stärker aktivierbar seien. In diesem Zusammenhang wird keine individuelle Reaktionsspezifität angenommen, als nicht davon ausgegangen wird, daß sich die Übererregbarkeit vornehmlich auf Herz- und Kreislaufvorgänge bezieht, sondern sie wird als allgemeines Merkmal angenommen. Dieses Merkmal beinhaltet nicht nur eine stärkere Erregbarkeit, sondern ebenfalls eine Schwäche der Regulation der vegetativen Erregung. Vereinfacht ausgedrückt bedeutet das zunächst, daß es bei einer betroffenen Person länger dauert, bis sie sich wieder beruhigt, wenn sie, aus der Ruhe gebracht, aktiviert wurde.

Derartige Befunde wurden bei Personen mit einer erhöhten Angstneigung im Hinblick auf die sog. „Habituationsgeschwindigkeit" gefunden, das ist die Zeit, die verstreicht, bis eine Person auf die Neuigkeiten eines Reizes in einer gegebenen Situation nicht mehr reagiert (Lader und Wing 1964). Dabei muß der Reiz wiederholt dargeboten werden, d.h. seine Neuigkeit in der Situation zunehmend verlieren. In derartigen Untersuchungen zeigte sich, daß Personen mit einer erhöhten Angstneigung langsamer habituierten. Bei Patienten mit Phobien konnten beispielsweise Hamm u.a. (1993) zeigen, daß die Reaktion auf phobische Reize sehr langsam, teilweise gar nicht habituierte.

In derartigen Ergebnissen zeigt sich eine Beziehung zwischen psychischen Merkmalen, wie der Angstneigung und einer geringeren Habituationsgeschwindigkeit, generell einer verlangsamten Regulation, genauer Rückregulierung aus dem Zustand einer Aktivierung. Ein derartiger Zusammenhang wird in Begriffen wie „psychovegetative Dysregulation" angenommen.

Fahrenberg u. Delius (1963) hatten in einer Untersuchung, in der sowohl psychologische Meßwerte als auch physiologische Meßdaten erhoben worden waren, aus der Beziehung dieser Daten untereinander, einen Faktor ermittelt, der von ihnen als Dysthymie-Faktor gedeutet wurde. Dieser zeigte einen Zusammenhang zwischen physiologischen Reaktionsmerkmalen mit psychischen Merkmalen der Persönlichkeit. So gab es eine positive Beziehung zwischen den psychologischen Merkmalen Introversion und Neurotizismus mit der Blutdruckreaktivität.

Schonecke (1987) hat die Frage physiologischer Reaktionsmuster bei Patienten mit herzphobischen Beschwerden weiter untersucht. Er verglich die physiologischen Reaktionsmuster von Patienten mit denen gesunder Kontrollpersonen in einer Studie, in der die Probanden verschiedenen Belastungssituationen ausgesetzt wurden. Dabei wurden kardiovaskuläre, muskuläre, elektrodermale Parameter sowie solche der Atmung gemessen. Die Ergebnisse zeigen, daß die Patienten ausschließlich in den kardiovaskulären Parametern stärker auf Belastung reagieren als die gesunden Kontrollpersonen. Mit den Parametern der elektrodermalen und muskulären Aktivität reagierten sie sogar weniger als die gesunden Personen. In der Atmung gab es keinerlei Unterschiede zwischen beiden Gruppen.

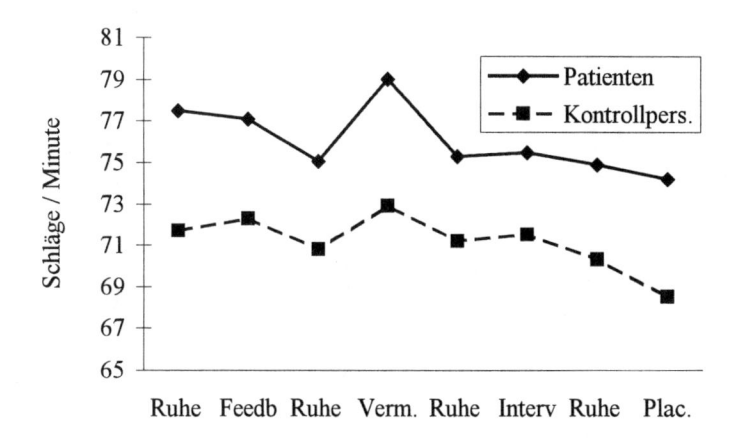

Abb. 20 Werte der Herzfrequenz während verschiedener Belastungen bei Patienten und gesunden Kontrollpersonen. (Aus Schonecke,O.W. 1987)

Diese Ergebnisse sprechen für das Vorliegen eines symptomspezifischen Reaktionsmusters, obwohl Unterschiede zwischen den Patienten und den Kontrollpersonen noch deutlicher im durchschnittlichen Niveau der kardiovaskulären Parameter vorhanden waren, also auch unabhängig von Belastung, wie die folgende Abbildung zeigt.

Als Symptomspezifität wird der Sachverhalt bezeichnet, daß Angehörige einer bestimmten Krankheitsgruppe, im vorliegenden Falle der Herzphobie, ähnliche Reaktionsmuster aufweisen, die sie von anderen Personen unterscheiden und dieses Reaktionsmuster physiologische Funktionen betrifft, die mit der Symptomatik verbunden sind. Diese Ergebnisse sprechen also nicht für die Annahme einer allgemeinen psychophysischen Regulationslabilität bei Patienten mit Herzphobie, die eine Labilität der allgemeinen vegetativen Regulation beinhalten würde, sondern zeigen nur eine etwas stärkere kardiovaskuläre Reaktivität und besonders höhere Niveauwerte bei den Patienten im Vergleich zu den gesunden Kontrollpersonen. Auch in Untersuchungen zur kardiovaskulären Reaktivität von Patienten mit einer Panikstörung wurden in verschiedenen Untersuchungen vergleichbare Ergebnisse gefunden, auch wenn als „aktivierende" Bedingung in den meisten Fällen eine Laktatinfusion zur Auslösung von Panikattacken durchgeführt wurde. Auch in diesen Untersuchungen zeigte sich, daß die Patienten mit Panikstörung, im Vergleich zu den gesunden Kontrollpersonen, im wesentlichen ein höheres Niveau der Herzfrequenz hatten (Ehlers et al. 1986; Cowley et al. 1987; Roth et al. 1987).

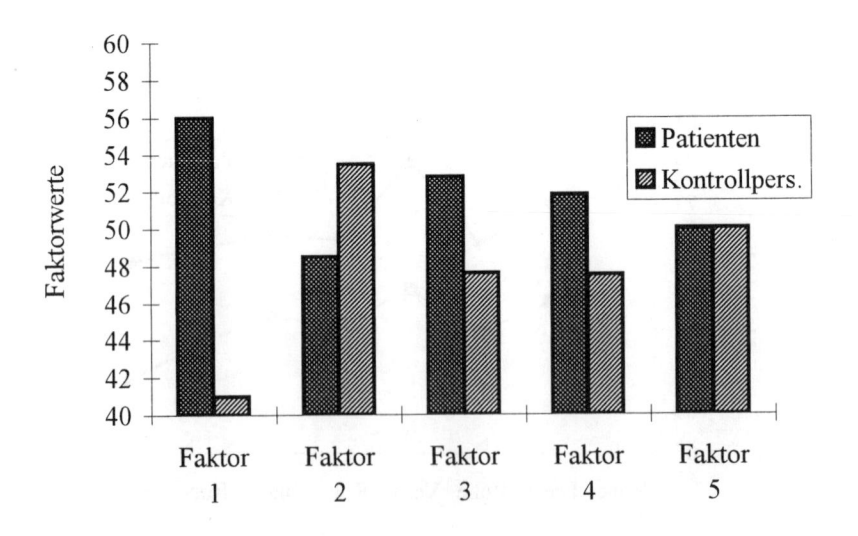

Abb. 21 Faktorwerte der psychologischen Merkmale bei Patienten und gesunden Kontrollpersonen. (Aus Schonecke,O.W. 1987)

In der Untersuchung von Schonecke (1987) wurden eine Vielzahl einzelner psychologischer sowie physiologischer Meßwerte sowohl bei Patienten mit funktionellen Herz-Kreislaufbeschwerden als auch gesunden Kontrollpersonen erhoben. Die Analyse dieser Daten (Faktorenanalyse) ergab psychologische Merkmale, anhand derer sich die Patienten von den gesunden Personen unterschieden.

Das zweite Merkmal wurde aufgrund seines Zusammenhangs mit Maßen spontaner und reaktiver Aggressivität, Dominanzstreben und geringer Rücksichtnahme auf soziale Erwünschtheit in Anlehnung an Untersuchungen von Gray (1972) als „Impulsivität" bezeichnet. Das dritte Merkmal wurde als Angstvermeidung, das vierte als Tendenz zu sozialer Isolierung und das fünfte schließlich als Suchen nach sozialer Unterstützung bezeichnet.

In dieser Abbildung zeigt sich ein extremer Unterschied zwischen den Gruppen in den Werten des ersten Merkmals, das als Neurotizismus oder negative Affektivität bezeichnet worden war. Dies gilt ebenfalls, wenn auch in etwas geringerem Ausmaß, für die Werte eines Merkmals vermeidender Angstabwehr und sozialer Isolation. Dagegen haben die gesunden Personen etwas höhere Werte im Merkmal Impulsivität, was bedeutet, daß die Patienten weniger als gesunde Personen in der Lage sind, ihren Aggressionen offen Ausdruck zu verleihen.

Auf dieselbe Weise ergaben sich aus den physiologischen Meßwerten vier „Merkmale" der physiologischen Reaktivität. Die folgende Abbildung zeigt die Unterschiede der Merkmale zwischen Patienten mit funktionellen Herz-Kreislauf-Störungen und gesunden Kontrollpersonen.

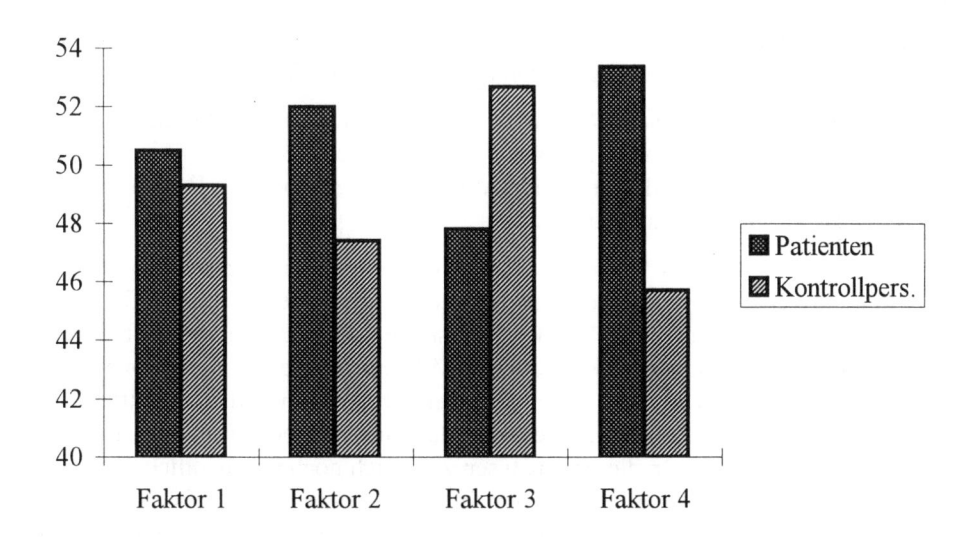

Abb. 22 Faktorwerte der physiologischen Faktoren bei Patienten und gesunden Kontrollpersonen. (Aus Schonecke, O.W. 1987)

Dabei war das erste durch die Atmung, das zweite durch Kreislaufparameter, das dritte durch die elektrodermale und muskuläre Aktivität und das vierte durch Maße der Durchblutung bestimmt.Es ist deutlich zu sehen, daß die Patienten in den kardiovaskulären Merkmalen (2 und 4) deutlich höhere Werte aufweisen, sich in der Atmung (1) nicht von den gesunden Personen unterscheiden und eine deutlich geringere muskuläre und elektrodermale Aktivität aufweisen als die gesunden Personen (3).

Die Ergebnisse der Untersuchung von Schonecke (1987) haben also sowohl Unterschiede der physiologischen Reaktivität als auch solche in bedeutsamen psychologischen Kennwerten erbracht. Dabei hatte es sich gezeigt, daß die Unterschiede der physiologischen Meßwerte zwischen gesunden Personen und den Patienten nicht im Sinne einer allgemeinen physiologischen oder vegetativen Regulationslabilität interpretiert werden können, sondern eher für eine stärkere spezifisch kardiovaskuläre Aktivität sprechen. Damit ist jedoch noch nicht die Frage geklärt, ob zwischen den psychologischen und physiologischen Merkmalen, die Patienten von gesunden Personen unterscheiden, Zusammenhänge bestehen, die dann als „psychophysisch" bezeichnet werden könnten.

Eine Methode, die diese Frage klären kann, besteht in der Ermittlung der Zusammenhänge zwischen den psychologischen und physiologischen Merkmalen der ersten Analyseebene. Eine derartige Analyse (Faktorenanalyse zweiter Ordnung, da sie auf den Ergebnissen jeweils primärer Analysen beruht) würde psychophysische Merkmale ergeben, die jeweils Beziehungen sowohl zu physiologischen als auch zu psychologischen Merkmalen enthielten. Eine auf diese Weise durchgeführte Analyse ergab insgesamt vier „psychophysische" Merkmale. Das erste ist bestimmt durch starke Beziehungen zu den verschiedenen Atmungsparameter und zur vermeidenden Angstabwehr. Das zweite Merkmal ist durch die kardiovaskulären Reaktivität und die negative Affektivität bestimmt. Die folgende Abbildung zeigt nun die Werte von Patienten und gesunden Kontrollpersonen in den psychophysischen Merkmalen.

Das dritte psychophysische Merkmal zeigt Beziehungen zur Impulsivität und muskulärer und elektrodermaler Aktivität. Das vierte schließlich zeigt eine deutlich negative Beziehung zur kardiovaskulären Aktivität und eine positive Beziehung zum Suchen nach sozialer Unterstützung auf.

Am auffälligsten ist der Unterschied zwischen Patienten und gesunden Personen im zweiten psychophysischen Merkmal. Hier zeigen die Patienten die deutlich höheren Werte.Sie haben also eine höhere kardiovaskuläre Aktivität, verbunden mit negativer Affektivität und stärkeren körperlichen Mißempfindungen im emotionalen Erleben. Weiterhin zeigen sie, verbunden mit einer geringeren muskulären Aktivität im Gesicht und geringerer elektrodermaler Aktivität, eine geringere Tendenz, Aggressivität offen auszudrücken. In diesen Analysen zeigt sich nochmals deutlich, daß diese psychophysischen Merkmale keine allgemeine physiologische Übererregbarkeit enthalten, sondern durch spezifische physiologische Funktionseinheiten definiert sind.

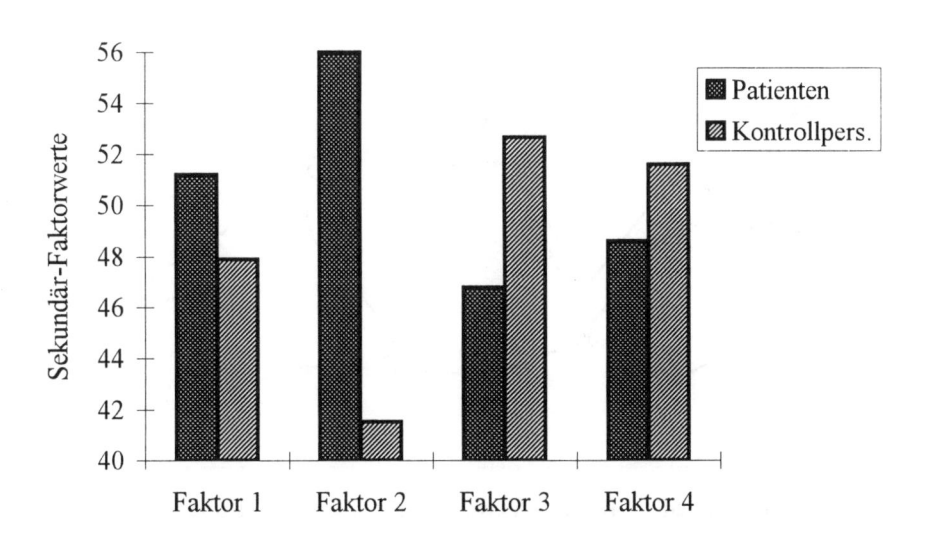

Abb.23 Werte der psychophysischen Merkmale bei Patienten und gesunden Kontrollpersonen. (Aus Schonecke,O.W. 1987)

Bei der Betrachtung der Reaktivität der Herzfrequenz fiel auf, daß es zwischen den einzelnen Personen, also den Patienten mit Herzphobie als auch den gesunden Personen, große interindividuelle Unterschiede gab. Es stellte sich damit die Frage, ob Patienten und Kontrollpersonen anhand der durch die Belastungen bedingten Anstiege der Herzfrequenz in Untergruppen aufzuteilen waren, oder ob eine Aufteilung nicht sinnvoll ist. Ein Verfahren, das es gestattet, derartige Fragen zu beantworten, ist die Clusteranalyse. Ein Cluster ist eine Gruppierung von Elementen anhand ihrer Ähnlichkeit im Hinblick auf Merkmale. Dabei ist das Ziel der Clusteranalyse, eine Gruppierung zu suchen, daß die einem Cluster angehörenden Objekte einander in einem bestimmten Sinne möglichst *ähnlich* und die verschiedenen Clustern angehörenden Objekte einander möglichst *unähnlich* sind (Eckes und Roßbach 1980).

Es wurden infolgedessen über die Reaktivität der Herzfrequenz in allen Belastungssituationen, d.h. deren Veränderung durch die Belastungen, Clusteranalysen gerechnet, um festzustellen, ob eine sinnvolle Gruppierung der Probanden anhand dieser Unterschiede möglich ist. Es ergaben sich dabei zwei Gruppen von Personen, die jeweils stark mit der Herzfrequenz reagierten, und solche, die kaum mit Anstiegen der Herzfrequenz reagierten. Dies traf sowohl für die Patienten als auch für die gesunden Kontrollpersonen zu, d.h. sowohl bei den Patienten gab es solche, die kaum oder gar nicht auf die Belastungen und solche, die recht stark darauf reagierten, und bei den Kontrollpersonen ebenso.

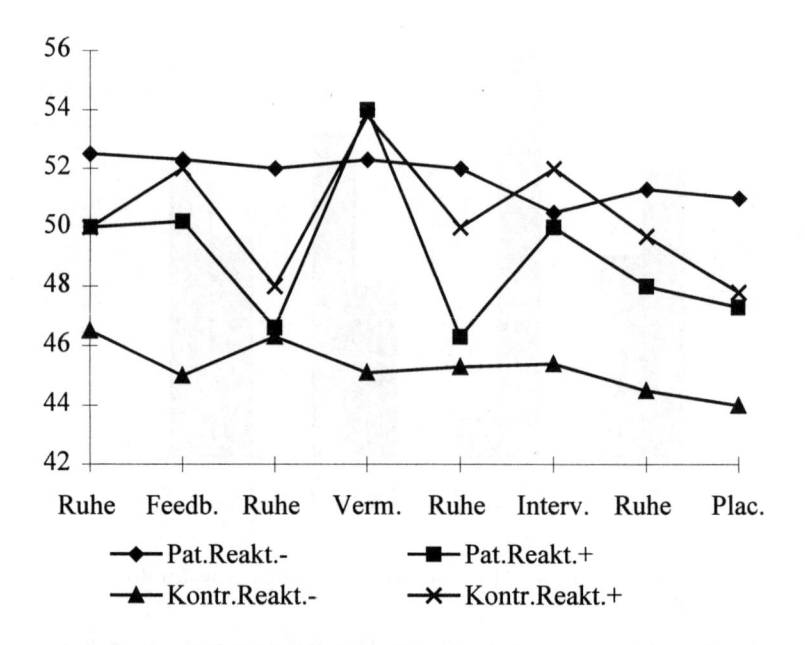

Abb. 24 Verlauf der Herzfrequenz von Patienten und Kontrollpersonen in den beiden Untergruppen. Gruppe 1 enthält diejenigen Probanden, die nicht mit Veränderungen der Herzfrequenz auf die Belastungen reagierten, Gruppe 2 diejenigen, die mit Anstiegen der Herzfrequenz reagierten. (Aus Schonecke,O.W. 1987)

Dabei zeigte sich, daß nur etwa ein gutes Drittel der Patienten auf die Belastungen stark mit kardiovaskulären Parametern reagierten, fast zwei Drittel jedoch kaum oder gar nicht. Letztere jedoch hatten die höchsten Niveauwerte, d.h. auch während der Ruhephasen lag ihre Herzfrequenz etwa im Niveau der Belastungen. Bei den kardiovaskulär wenig reagierenden gesunden Personen lagen die Niveauwerte sehr niedrig und veränderten sich während der Belastung kaum gegenüber den Ruhewerten. Dies wird in der Abbildung deutlich.

Einen ähnlichen Unterschied zwischen gesunden Personen hatten bereits Lacey und Lacey (1974) sowie Williams et al. (1975) gefunden. In ihren Untersuchungen handelte es sich um gesunde Probanden, und ähnlich wie bei den gesunden Kontrollpersonen in der vorliegenden Studie war die Reaktivität der Herzfrequenz um so höher, je niedriger der erste Ruhewert war. Ganz anders verhält es sich bei den Patienten mit funktionellen Herz-Kreislauf-Störungen in der vorliegenden Studie. Hier haben diejenigen Patienten, die einen höheren Wert der Herzfrequenz bereits in der ersten Ruhephase hatten, eine sehr geringe bzw. fast keine Reaktivität bei den Belastungen.

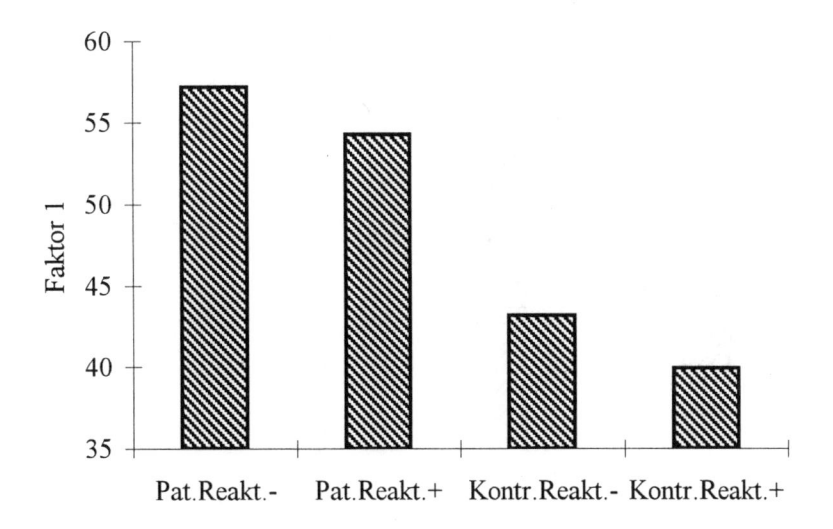

Abb.25 Faktorwerte des ersten psychologischen Faktors in den einzelnen Untergruppen. (Aus Schonecke,O.W. 1987)

Diese Ergebnisse konnten in einer späteren Studie bei Patienten mit funktionellen Herz-Kreislauf-Störungen wiederholt werden. Auch dort zeigten sich die beiden Untergruppen der Herzfrequenzreaktivität (Schonecke 1993). Ähnlich wie in der ersten Untersuchung, wenn auch ausgeprägter, zeigten die Patienten, die bei einem hohen Niveau der Herzfrequenz kaum auf die Belastungen reagierten, bereits in der ersten Ruhe eine erheblich höhere elektrodermale Aktivität.

Betrachtet man diese Unterschiede zwischen den Untergruppen, so scheint es bei den Patienten Personen zu geben, die bereits vor der Untersuchung stark aktiviert bzw. aufgeregt sind, wie sich an den hohen Werten der elektrodermalen Aktivität und der hohen Herzfrequenz zeigt. Die Erregung dieser Patienten scheint durch die vergleichsweise harmlosen Belastungen im Labor nicht weiter gesteigert zu werden. Bei den gesunden Personen verhält es sich genau umgekehrt. Hier sind es diejenigen Personen, die kaum eine Erwartungsspannung zeigen, also eine niedrige Herzfrequenz haben, die durch die Belastungen ebenfalls kaum aktiviert werden.

Im Zusammenhang mit der Gruppenbildung anhand der Reaktivität der Herzfrequenz in den verschiedenen Belastungssituationen stellt sich die Frage, ob sich die Personen in den Untergruppen voneinander in psychologischen Merkmalen unterscheiden.

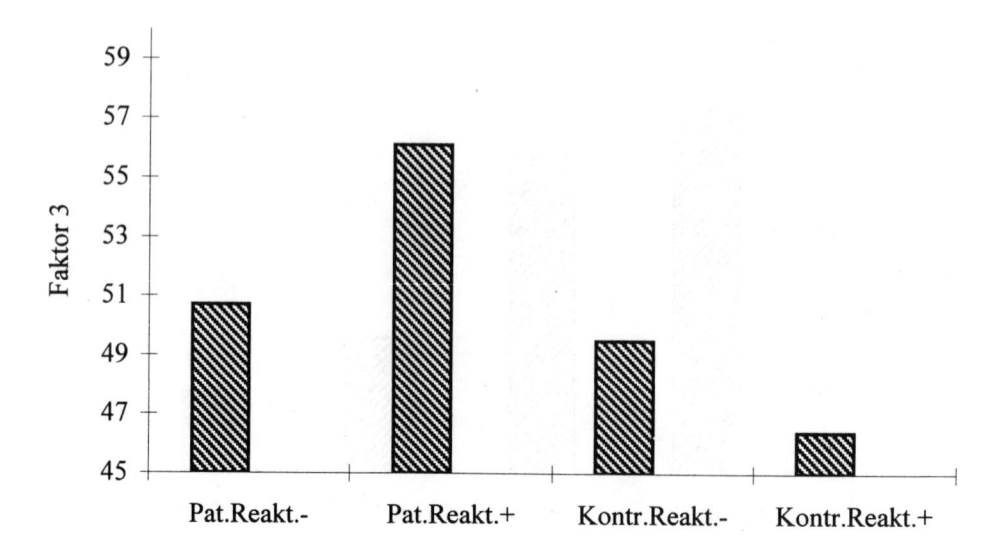

Abb.26 Faktorwerte des dritten psychologischen Faktors in den einzelnen Untergruppen.(Aus Schonecke,O.W. 1987)

Hierzu wurden zunächst Unterschiede zwischen den Untergruppen in den Faktorwerten der fünf psychologischen Faktoren gerechnet. Die folgende Abbildung zeigt die Unterschiede zwischen Untergruppen im ersten psychologischen Faktor der negativen Affektivität.

Hierbei zeigt sich, daß die Werte in den beiden durch die Patienten gebildeten Untergruppen bedeutend höher sind, als die durch die gesunden Personen gebildeten Untergruppen. In beiden Fällen, also sowohl bei Patienten als auch bei den gesunden Personen, zeigt sich, daß die negative Affektivität bei den Personen stärker ist, die nicht mit der Herzfrequenz auf die Belastungen reagiert haben. Dieser Unterschied ist sogar bei den gesunden Personen etwas ausgeprägter als bei den Patienten, wenn auch auf einem sehr viel niedrigeren Niveau. In der Replikationsstudie von 1993 gab es ähnliche Unterschiede zwischen diesen beiden Untergruppen der Patienten.

Von besonderem Interesse sind die Ergebnisse der Unterschiede zwischen den Werten der Untergruppen in den Werten des dritten psychologischen Faktors, der vermeidenden Abwehr von Angst und aversiven Situationen. In der Abbildung 26 sind die Werte dargestellt.

Hier haben die stark mit der Herzfrequenz reagierenden Patienten die höchsten, die entsprechenden gesunden Personen der Kontrollgruppe die niedrigsten Werte. In der Literatur wird unter der Bezeichnung „Repression" eine vermeidende Angstabwehr beschrieben (Byrne 1964). Von dieser wird angenommen, daß der in einer Situation ausgelöste aversive Affekt, vor allem Angst, im Erleben nicht oder reduziert erfahren wird. Personen mit dieser Form der Angstverarbeitung neigen dazu, angstauslösende Reize „zu übersehen" (Epstein 1967). Es wird nun angenommen, daß die übersehenen bzw. im Erleben vermiedenen Angstreize dennoch wirksam sind, was zu einer stärkeren physiologischen Erregung führen soll (Krohne 1974). Betrachtet man die Werte in der Angstskala nach Spielberger (1970), so ergibt sich, daß die Patienten in der zweiten Untergruppe signifikant weniger Angst angeben als die Patienten in der ersten Untergruppe. Dieses Ergebnis entspricht damit dem geschilderten Konzept der repressiven Angstabwehr.

Richter und Beckmann (1973) hatten ebenfalls ihre Patienten nach dem Stil der Angstverarbeitung unterschieden, allerdings anhand der Kontrollskalen im MMPI (Minnesota Multiphasic Personality Inventory). Dabei hatte u.a. die eine Kontrollskala, mit der die Tendenz erfaßt wird, sich im Sinne sozialer Erwünschtheit darzustellen, die Gruppen unterschieden. Der größere Teil der Patienten in der Untersuchung von Richter und Beckmann hatte die Tendenz, ihre Probleme eher offen und nicht an der sozialen Erwünschtheit orientiert darzustellen. Dieser Teil hatte ebenfalls höhere Depressionswerte und eine stärkere Tendenz zu sozialer Abkapselung. Er könnte den Patienten der ersten Untergruppe entsprechen. Die Patienten der zweiten Gruppe von Richter und Beckmann zeigen ebenfalls eine verleugnende Angstabwehr und kämen demnach den Patienten der zweiten Untergruppe nahe. In der Untersuchung von Richter und Beckmann werden allerdings keine Beziehungen zu irgendwelchen physiologischen oder anderen körperlichen Meßwerten hergestellt.

Betrachtet man die beiden Untergruppen der Patienten, die anhand der Reaktivität der Herzfrequenz gebildet worden waren, in ihren psychologischen Besonderheiten, so unterscheiden sie sich im wesentlichen in der Art der Angstverarbeitung, der negativen Affektivität und der Anzahl und Stärke der Beschwerden. Die Patienten der ersten Untergruppe haben mehr Beschwerden, neigen zu einer „sensitiven Angstverarbeitung" und zeigen eine stärkere Depressivität, Resignation und soziale Abkapselung. Dies sind etwa zwei Drittel der Patienten, wie sich in beiden Studien (Schonecke 1987; Schonecke 1993) zeigte. Sie haben schon vor einer eigentlichen Belastung ein stark erhöhtes Erregungsniveau, allerdings nur in der Herzfrequenz und der elektrodermalen Aktivität. Die Patienten der zweiten Untergruppe scheinen geringere psychische Probleme und Beschwerden zu haben. Es muß jedoch berücksichtigt werden, daß diese Patienten aufgrund ihres vermeidenden Umgangs mit Angst und Aversivität möglicherweise ihre psychischen und körperlichen Beschwerden verringert darstellen.

Im folgenden soll an zwei Fallbeispielen versucht werden, die Unterschiede in den psychischen Merkmalen zwischen den beiden Untergruppen klinisch zu veranschaulichen.

Fallbeispiel 7:

Die 27jährige Patientin war am Tage vom Tod ihrer Mutter unterrichtet worden. Am Abend erzwang ihr Ehemann den Geschlechtsverkehr von ihr. Anschließend er-

lebte sie heftige Herzbeschwerden in Form eines Engegefühls im Thorax, verbunden mit dem Gefühl von Herzrasen. Diese Beschwerden hatten sich innerhalb von drei Monaten erheblich in ihrer Auftretenshäufigkeit gesteigert, so daß die Patientin schließlich stationär in einer Universitätsklinik untersucht wurde. Diese sich über einige Wochen hinziehenden Untersuchungen hatten letztlich keine Erklärung für die Beschwerden ergeben, so daß die Patientin am letzten Tage ihres Aufenthalts an die Psychosomatische Abteilung überwiesen wurde.

Die Patientin schilderte die Art und die Umstände des Beginns ihrer Beschwerden. Obwohl sie sich beim ersten Auftreten der Beschwerden in einer emotional hoch belasteten Situation befunden hatte, war ihr nie der Gedanke gekommen, daß es einen Zusammenhang zwischen dieser Situation und dem Auftreten der Beschwerden gegeben hätte. Sie hielt nach wie vor eine organische Verursachung ihrer Beschwerden für sicher. Sie hatte sich jedoch mit einer psychosomatischen Untersuchung einverstanden erklärt, da sie im Zusammenhang mit den Beschwerden eine erhebliche Einschränkung ihrer Lebensmöglichkeiten erlebt hatte. Die Beschwerden waren stets von intensiver Todesangst begleitet. Dies hatte dazu geführt, daß sie in zunehmend mehr Situationen Angst und körperliche Beschwerden erlebt hatte und diese Situationen vermied. Auf diese Weise machte es ihr große Schwierigkeiten, ihre Einkäufe zu erledigen, und sie verbrachte fast den ganzen Tag in ihrer Wohnung. Schließlich mußte der Ehemann die Einkäufe erledigen, und die Patientin war kaum noch in der Lage, die Wohnung alleine zu verlassen. Besondere Probleme hatte sie anfangs in Situationen erlebt, in denen sie mit einer Vielzahl von Personen konfrontiert war, etwa im Kaufhaus oder in vollen Einzelhandelsgeschäften.

Seit dem Tod der Mutter und dem Verhalten des Ehemannes in dieser Situation war die eheliche Beziehung zudem sehr belastet. Sie war in erheblichem Ausmaß von ihrem Ehemann enttäuscht und war fassungslos wegen dessen Gefühllosigkeit. Sie hatte das Gefühl, mit einem anderen Menschen zusammenzuleben, der ihr eher unsympathisch war. Um so schwieriger war es für sie, zu ertragen, daß sie durch ihre Beschwerden in zunehmendem Maße von ihm abhängig geworden war.

Die Patientin schilderte ihre Beschwerden und die Umstände ihres Auftretens in sachlicher und präziser Weise. Sie hatte sich vorher in ihrem Leben nie als besonders ängstlich erlebt und empfand ihre gegenwärtige Situation als ihr fremd und unerklärlich, auch wenn sie sich hatte daran gewöhnen müssen. Das Auftreten der Beschwerden war an ihr bekannte Situationen gebunden, die sie seither vermieden hatte. So waren die Beschwerden und die damit verbundene Angst nie in ihrer Wohnung aufgetreten. War sie in ihrer Wohnung, so kam es ihr absurd vor, daß sie in den genannten Situationen Angst und Beschwerden hatte, und so schilderte sie deren Auftreten im Gespräch auch sehr distanziert. Da sie ihre auf die geschilderte Weise eingeschränkte Lebenssituation nicht hinnehmen wollte, hatte sie immer wieder Versuche unternommen, Situationen aufzusuchen, die für sie problematisch waren, aber hatte stets nach kurzer Zeit „die Flucht angetreten".

Die Patientin wirkte in keiner Weise depressiv oder resigniert. Dafür sprachen auch die von ihr unternommenen Versuche, selbst das Problem zu lösen. Ihre Beschwerden waren weitgehend auf den kardiovaskulären Bereich und den der Atmung beschränkt, d.h. die Häufigkeit und die Anzahl der Beschwerden waren vergleichsweise gering. Diese Patientin könnte recht gut der zweiten Untergruppe der Patienten zugeordnet werden, mit einer Tendenz zur Vermeidung, wenig Angstneigung und Depressivität. Wie sich herausstellte, bezog sich die Vermeidungstendenz auch auf die aversiven Aspekte ihrer Ehe. Sie war, wie geschildert, von ihrem Ehemann äußerst enttäuscht und hatte sich weitgehend von ihm zurückgezogen. Sie hatte jedoch nie daran gedacht, sich aufgrund dieses Sachverhalts von ihm zu trennen, es war noch nicht einmal zu einer wirklichen Auseinandersetzung gekommen.

Ganz anders stellte sich ein Fall dar, der recht gut der ersten Untergruppe der Patienten zugeordnet werden könnte.

Fallbeispiel *8:*

Der 41jährige Patient wurde von der Kardiologie wegen funktioneller Herzbeschwerden an die Psychosomatik überwiesen, da die kardiologischen Untersuchungen die teilweise sehr intensiven Beschwerden wie Herzjagen, das Gefühl von Herzstolpern, aber auch stenokardische Beschwerden nicht erklären konnten. Die Beschwerden traten akut nach der Beerdigung des Vaters auf, nachdem er seine nun verwitwete Mutter nach Hause gebracht hatte. Dort hatte er erleben müssen, wie die Mutter emotional zusammengebrochen war und ihn immer wieder gebeten hatte, doch zu bleiben, da sie es alleine nicht aushalte. Schließlich war er doch nach Hause gefahren und hatte unterwegs in der Straßenbahn einen „Herzanfall" erlitten, der dazu geführt hatte, daß er notfallmäßig in eine Klinik eingewiesen wurde. Seither waren die Beschwerden mit zunehmender Häufigkeit und Intensität aufgetreten, obwohl man schon zu Beginn keinen organpathologischen Befund erhoben hatte, der die Beschwerden hätte erklären können.

Der Patient war ältester von drei Söhnen. Zu seinen Brüdern hatte er kaum noch Kontakt. Die Mutter hatte die Familie deutlich dominiert. Der Vater hatte eine eher untergeordnete Rolle gespielt. Er war freundlich und eher weich gewesen, und wenn es Probleme gegeben hatte, war es stets die Mutter gewesen, die diese gelöst hatte. Probleme hatte es durchaus gegeben, da die Familie über längere Zeit in ökonomischer Hinsicht recht beengt gewesen war. Dies hatte jedoch zu einem starken Zusammenhalt geführt.

Der Patient hatte schließlich geheiratet, hatte eine sichere und recht gut bezahlte Stellung in einem halb öffentlichen Unternehmen gefunden, hatte ein Haus gebaut und dabei sehr vieles an Eigenleistung erbracht. Er hatte selbst zwei Kinder, die ihm keine Probleme bereiteten. Mit seiner Frau verstand er sich ebenfalls sehr gut, obwohl es mitunter zu kleineren Reibereien mit seiner Mutter gekommen war, wenn diese sich ab und zu in die Belange der Familie eingemischt hatte. Der Patient hatte seine Mutter regelmäßig besucht, seine Frau hatte ihn bei derartigen Gelegenheiten nicht immer begleitet, aber ihm waren diese Besuche recht wichtig gewesen.

Es stellte sich heraus, daß die Mutter „im Hintergrund" für den Patienten stets ein Faktor der Sicherheit gewesen war. Er konnte sich immer an sie wenden, wenn er einen Rat gebraucht hatte. Das Verhältnis zwischen seiner Frau und seiner Mutter war im Grunde recht angespannt gewesen, aber die Familie hatte ein Arrangement gefunden, in dem die Gelegenheiten für eine Aktivierung des Konflikts zwischen den beiden Frauen klein gehalten worden waren. So begleitete seine Frau ihn selten, wenn er seine Mutter besuchte, und seine Mutter besuchte die Familie ebenfalls selten, so daß die beiden Frauen nur wenig miteinander zu tun hatten. Ihm selbst war nie bewußt gewesen, wie sehr er sich auf seine Mutter verlassen hatte. Als er miterleben mußte, wie sie vollständig die Fassung verlor, als sie ihren Mann beerdigt hatte, brach dieses implizite Sicherheitssystem für ihn zusammen, er hatte diese vermeintlich durch nichts zu erschütternde Frau in einer Situation von Abhängigkeit, ausgerechnet von ihm, und Fassungslosigkeit erlebt. Plötzlich erlebte er sich ohne den Hintergrund an Sicherheit auf sich alleine gestellt. Zudem hatte er den Vater verloren, so daß ein Rückhalt von keinem Elternteil mehr zu erwarten war.

Neben den körperlichen Beschwerden hatte der Patient ebenfalls eine depressive Symptomatik. Er hatte viel weniger Freude an seiner Arbeit, an seinem neuen Haus, an seiner Familie. Er mußte sich öfter dazu zwingen, eine Tätigkeit zu beginnen, ein Problem, das er früher nicht gekannt hatte. Er schlief schlechter, was er auf seinen körperlichen Zustand zurückführte, da er der Meinung war, letztlich doch körperlich krank zu sein. Zunächst dachte er, die depressive Symptomatik sei darauf zurückzuführen, daß eine wesentliche Aufgabe seines Lebens, der Bau seines Hauses, mehr oder weniger abgeschlossen gewesen und dadurch eine Lücke entstanden gewesen sei. Bei genauerer Betrachtung stellte sich jedoch heraus, daß dies schon längere Zeit zurücklag und er bis zum Tode seines Vaters und den geschilderten Umständen symptomfrei gewesen war.

Ein wesentlicher Unterschied zwischen beiden Fällen besteht darin, daß die Patientin des 7. Fallbeispiels zwischen den an bestimmte Situationen gebundenen Angstattacken weitgehend symptomfrei gewesen war. Der Patient des 8. Fallbeispiels wurde von seinen psychophysischen Beschwerden fast ständig begleitet. Deutlich stand eine depressive Symptomatik und eine permanente Besorgtheit um seine Gesundheit und sein Befinden im Vordergrund. Neben seinen kardiovaskulären Symptomen gab es auch viele andere körperliche Beschwerden wie gastrointestinale Beschwerden, gelegentlicher Schwindel und Gefühle von Benommenheit und Schwäche.

5.6.3 Atmung und Hyperventilation

Von Hyperventilation wird gesprochen, wenn das Atemminutenvolumen den Stoffwechselbedarf übersteigt. Sie wird daher nicht durch die Atemfrequenz definiert. Allerdings kommt es bei der Hyperventilation fast immer zu einer beschleunigten Atmung. Hyperventilation produziert eine sog. „Hypokapnie", die in einer Reduktion des Kohlendioxidpartialdrucks (PaCO2) besteht. Die Hypokapnie bewirkt eine Erhöhung des pH-Wertes, also eine „Alkalose". Die Alkalose verursacht eine erhöhte Bindung des Sauerstoffs an das Hämoglobin, wodurch der Sauerstoff verringert an das Gewebe abgegeben wird. So wird trotz erhöhter Sauerstoffaufnahme durch die forcierte Atmung das Gewebe schlechter mit Sauerstoff versorgt („Hypoxie").

Es wird angenommen, daß die Mißempfindungen, „Parästhesien", durch die Verringerung der Kalziumkonzentration in der extrazellulären Flüssigkeit verursacht werden. Durch die Hypokapnie kommt es zu einer Verengung der Gefäße, wodurch die Versorgung der Gefäße weiter verringert wird und somit die Hypoxie verstärkt wird. Weiterhin wird dadurch die Sauerstoffversorgung des Gehirns verringert, was zu Symptomen führt wie Benommenheit, Schwindel und dem Gefühl, ohnmächtig zu werden. Diese Symptome sind typisch für die Panikattacke und die Herzphobie.

Über die Nierenfunktion und die Ausscheidung von Bikarbonat wird der pH-Wert normalisiert, ohne jedoch den Kohlendioxidpartialdruck zu normalisieren. Bei chronischer Hyperventilation kommt es somit zu einem chronisch verringerten Kohlendioxidpartialdruck bei normalem pH-Wert. Dieses labile Gleichgewicht ist jedoch durch akute Bedingungen, die zu einer verstärkten Atmung führen, leicht störbar.

5.6.3.1 Atmung, Emotion und Streß

Es gibt eine Fülle von Untersuchungen, die zeigen, daß psychische Belastung zu einer Erhöhung der Atemfrequenz führt. Psychische Belastung bzw. Streß führt zu einer Bereitstellung von Energie für eine körperliche Auseinandersetzung mit Umgebungsreizen. Im Sinne der Vorwärtsregulation wird damit auch die Atmung auf den erwarteten Mehrbedarf an Sauerstoff eingestellt, was zu einer Erhöhung der Atemfunktion führt. Dies ist Teil eines Regulationsmusters, das unter Bedingungen, die man als Streß bezeichnet hat oder in Situationen mit intensiver emotionaler Bedeutung aktiviert wird. Dieses Reaktionsmuster ist angeboren und wird beispielsweise unter Bedingungen von Angst aktiviert.

So wurde in einer Untersuchung von Langewitz et al. (1987) die Herzfrequenz, der Blutdruck und die Atemfrequenz bei der Arbeit und zu Hause gemessen. Die Werte dieser drei Parameter wurden zu erlebtem Streß in Beziehung gesetzt. Blutdruck, Atemfrequenz und das Ausmaß von erlebter Belastung unterschieden sich deutlich zwischen der Arbeitssituation und dem häuslichen Bereich. Wichtig ist dabei die Beziehung zwischen dem Niveau der physiologischen Parameter und dem Erleben der Belastung. Je stärker die Belastung erlebt wurde, desto stärker stieg die Atemfrequenz und der Blutdruck an. Lange et al. (1994) fanden, daß es bereits bei leichteren kognitiven Aufgaben eines Konzentrationstests zu einer Steigerung der Atemfrequenz kam. Wilmers (1993) zeigte, daß unter natürlichen Lebensbedingungen das Erleben von Ärger zu deutlichen Anstiegen der Atemfrequenz führte. In einer eigenen Arbeit (Schonecke 1987) konnte gezeigt werden, daß eine Emotion induzierende Belastung zu stärkeren Veränderungen der Atemfrequenz führt als eine Anforderungssituation. Hierbei unterschieden sich Patienten mit Herzphobie in den Reaktionen der Atemparameter im Durchschnitt nicht von gesunden Personen. Teilte man jedoch die Patienten anhand ihrer kardiovaskulären Reaktivität in Untergruppen ein, so zeigten diejenigen Patienten, die stark mit der Herzfrequenz auf die Anforderungssituation reagierten, die stärksten Anstiege der Atemfrequenz in der emotionalen Situation. Delistraty et al. (1992) fanden, daß unter mentaler Belastung die Atemökonomie geringer war als bei körperlicher Belastung, d.h. ohne körperliche Anforderung stiegen einige Parameter der Herzleistung, wie Herzfrequenz und Blutdruck sowie die Atemfrequenz, jedoch kam es nicht zu einem erhöhten Sauerstoffverbrauch.

Aus derartigen Ergebnissen wird deutlich, daß das Erleben von Gefühlen einen deutlichen Einfluß auf die Atmungsfunktion ausübt und starke Gefühle zu einer verstärkten Atmung führen können. Im folgenden Abschnitt wird untersucht werden, in welchem Maße und auf welche Art die Atmung zur Entstehung herzphobischer Symptome beiträgt.

5.6.3.2 Zur Rolle der Hyperventilation bei der Herzphobie

Seit den 30iger Jahren gibt es in der Medizin den Begriff des „Hyperventilationssyndroms" (Kerr, Dalton und Gliebe 1937). Von Anfang an wurde die Verbindung der Hyperventilation mit dem Erleben intensiver Angst betont. Die Hyperventilation geht mit einem Gefühl der Atemnot einher, dem Gefühl, nicht genug einatmen zu können, also zu wenig Luft zu bekommen. Im akuten Anfall kann sich die Angst zur Panik steigern.

Neben diesen Beschwerden kommt es zu sog. „neuromuskulären Beschwerden" wie Kribbeln oder „Ameisenlaufen" und Taubheitsgefühlen in den Händen und in der Mundregion. Zu ausgeprägten „Tetanien" wie Verkrampfungen der Extremitäten („Pfötchenstellung" der Hände) kommt es eher selten. Die Patienten klagen über Benommenheit, Schwindel und Kopfschmerzen sowie herzbezogene Beschwerden wie Herzklopfen, einem Engegefühl in der Brust, das an Angina pectoris erinnert, da es auch in den linken Arm ausstrahlen kann. Neben den eher körperbezogenen Beschwerden beschreiben viele Patienten allgemeine vegetative Beschwerden wie Müdigkeit, Schläfrigkeit, Wetterfühligkeit und Konzentrationsstörungen. Es werden auch häufig depressive Verstimmtheit sowie Agora- und Klaustrophobie angegeben (Herrmann, Schonecke, Radvilla und v.Uexküll 1996). Treten die herzbezogenen Beschwerden in den Vordergrund, so wird oft statt eines Hyperventilationssyndroms eine Herzphobie diagnostiziert, die Übergänge zwischen beiden Diagnosen müssen als fließend betrachtet werden. Nach ICD-10 wird eine Störung, die bisher als Hyperventilationssyndrom bezeichnet wurde, als „somatoforme autonome Funktionsstörung des respiratorischen Systems" klassifiziert. Nach DSM IV würde die Symptomatik am ehesten unter die „Panikstörung" eingeordnet. Störungen der Atmung wie

Atemnot, aber auch Parästhesien und die meisten anderen Symptome der Hyperventilation, sind dort genannt. Dies trifft nicht für die Tetanien zu, die bei einigen Patienten zu der typischen verkrampften Handhaltung führen, die als Pfötchenstellung bezeichnet wird.

5.6.3.3 Die Bedeutung der Hyperventilation für das Auftreten von Angstanfällen bzw. Panikattacken

Beim Auftreten von Panikattacken kommt es ebenso wie beim Hyperventilationssyndrom neben der intensiven Angst auch zum Erleben von Atemnot. So stand in vielen pathogenetischen Erklärungsansätzen zur Panikstörung die Hyperventilation im Vordergrund (Ley 1985). Nach dieser Auffassung führt u.a. chronische Belastung zu einer forcierten Atmung im Sinne einer Hyperventilation. Deren Symptome werden von den Patienten im Sinne der sog. „Katastrophierung", d.h. als Katastrophe bzw. Anzeichen einer nahenden Katastrophe, interpretiert und führen zur Panik. Diese wiederum bedingt eine starke vegetative Aktivierung, die ihrerseits die übrigen Symptome, vor allem herzbezogene und kardiovaskuläre Symptome, auslöst. Kommt die Hyperventilation einmal in Gang, so produziert sie ein Gefühl der Atemnot, das die Hyperventilation weiter verstärkt, d.h. es ist paradoxerweise so, daß ein Zuviel an Atmen zu einem Gefühl führt, zu wenig Sauerstoff zu bekommen, also zu ersticken, was dann die Atmung weiter beschleunigt. Wegen dieser Verselbständigung der Hyperventilationsattacke haben die Patienten das Gefühl eines dramatischen Kontrollverlusts, verbunden mit intensiver Gefahr für das Leben.

Neben der akuten Hyperventilation als Faktor für die Auslösung von Panikattacken müssen noch zusätzliche Faktoren vorhanden sein, damit aus der Hyperventilation eine Panikattacke entsteht. Dies ist darum anzunehmen, da eine Hyperventilation bei jedem Menschen in entsprechenden Situationen vorkommt, ohne daß sich daraus eine Panikattacke entwickelt. Es gibt im wesentlichen zwei Annahmen über diese zusätzlichen Faktoren.

Die erste Annahme geht davon aus, daß Patienten mit Panikattacken zu einer chronischen Hyperventilation neigen. Dies führt dazu, wie oben schon ausgeführt, daß der Kohlendioxidpartialdruck ($PaCO_2$) leicht erniedrigt ist bei grenzwertig normalem pH-Wert. Ist dies der Fall, so besteht im Hinblick auf das Säure-Base-Gleichgewicht ein labiler, leicht zu störender Zustand. So fanden Van den Hout et al. (1992) bei Patienten mit Panikstörung einen erniedrigten $PaCO_2$, was als Hinweis für eine chronische Hyperventilation angesehen werden kann. Margraf (1991) allerdings fand keine Unterschiede im $PaCO_2$ bei Patienten mit Panikattacken, Asthma oder Depression, so daß diese Annahme nicht eindeutig bestätigt werden konnte.

Eine Störung des Säure-Base-Gleichgewichts läßt sich ebenfalls durch ein erhöhtes Milchsäurenlivaux herstellen, beispielsweise durch die Infusion von Milchsäure („Laktat"). Laktat führt letztlich zur Bildung von Bikarbonat, das wiederum eine Alkalose, also einen erhöhten pH-Wert, bedingt. Bikarbonat wird weiter zu Kohlendioxid umgewandelt, so daß durch die Infusion von Laktat Panikattacken auslösbar sein müßten. Tatsächlich gibt es eine Reihe von Studien, in denen durch die Infusion von Laktat Panikattacken, wenn auch nicht bei allen Patienten, ausgelöst werden konnten (z.B. Gorman et al. 1986).

Die zweite Annahme betont die Neigung zu Katastrophierungen schon beim Auftreten der ersten Symptome von Hyperventilation. Das bedeutet, daß die Einschätzung dieser milden Symptome als lebensgefährlich zu einer Verstärkung der Angst und damit zu einem Aufschaukeln der psychophysiologischen Prozesse eines Angstanfalls führt. Die Untersuchungen von McNally, Hornig und Donnell (1995) zeigten, daß die Angst zu sterben, vor Kontrollverlust und einer Herzattacke am besten Patienten mit Panikattacken und nicht-klinische Personen, die gelegentlich eine Attacke erlebten, unterschieden. Whittal, Goetsch und Suchday (1994) fanden, daß Patienten mit Panikattacken und hoher Angstneigung während eines Hyperventilationsversuchs deutlich negativere Gedanken und mehr Angst hatten als gesunde Personen mit einer niedrigen Angstneigung. Die physiologischen Wirkungen der Hyperventilation war bei den Patienten nicht anders als bei den gesunden Kontrollpersonen. Ähnlich fanden Asmundson et al. (1994) bei Patienten mit Panikattacken nach einem Hyperventilationsversuch zwar mehr Symptome, die denen der Panikattacken glichen, jedoch ebenfalls keine Unterschiede in der physiologischen Reaktivität zwischen Panikpatienten und Kontrollpersonen. Derartige Ergebnisse legen nahe, daß es nicht physiologische Veränderungen im Zusammenhang mit Hyperventilation oder deren Wahrnehmung sind, die zur Ausbildung einer Panikattacke führen, sondern die ängstliche Erwartung der Patienten, zusammen mit den Gedanken an eine Katastrophe.

Auch zur Infusion von Laktat gibt es eine Reihe von Ergebnissen, die zeigen, daß nicht nur der biochemische Mechanismus, der als Folge der erhöhten Laktatkonzentration entsteht, für die Auslösung der Panikattacken notwendig ist, sondern daß psychologische Mechanismen dabei eine wesentliche Rolle spielen. So fanden Cowley et al. (1987), daß bei denjenigen Patienten mit Panikstörung, bei denen eine Panikattacke durch die Infusion von Laktat ausgelöst wurde, vorher bereits ein höheres Angstniveau und mehr Symptome vorhanden waren als bei denjenigen Patienten, bei denen die Attacke nicht ausgelöst wurde. Ehlers et al. (1986) fanden keine Unterschiede in der durch Laktatinfusion ausgelösten Angst zwischen Patienten mit Panikstörung und gesunden Kontrollpersonen. Dies spricht dafür, daß bei den Patienten keine besondere biologische Vulnerabilität vorliegt, die das Entstehen von Panikattacken begünstigt.

Will man die Bedeutung der Hyperventilation für die Panikattacken oder die Herzphobie abschätzen, so ist ebenfalls zu berücksichtigen, daß viele Patienten Panikattacken oder Herzbeschwerden mit intensiver Angst erleben, ohne zu hyperventilieren. Das bedeutet nicht, daß es keine Patienten gibt, die hyperventilieren und in diesem Zusammenhang intensive Angst erleben. Für diese Patienten wurde früher die Diagnose eines Hyperventilationssyndroms benutzt, es ist nur zu bezweifeln, daß die

Hyperventilation bei allen Patienten mit Panikattacken die Attacken auslösen. Dafür spricht ein weiterer Befund der klinischen Forschung bei Panikpatienten. Man hat verschiedene Methoden entwickelt, um Panikattacken auszulösen, zu „provozieren". Diese Methoden haben jeweils einen theoretischen Hintergrund bzw. beinhalten eine Annahme im Hinblick auf wichtige pathogenetische Prozesse. So ließ man Patienten mit Panikstörung ein CO2-Gasgemisch inhalieren und konnte damit bei einem Teil der Patienten körperliche und psychische Symptome von Angst auslösen (Griez et al. 1987; Holt und Andrews 1989). Dabei ist zu bedenken, daß die Inhalation von CO2 einen der Hyperventilation entgegengesetzten Effekt hat, es wird ja nicht zuviel Sauerstoff aufgenommen und zuviel CO2 abgeatmet, sondern genau umgekehrt. Daher verschiebt sich der pH-Wert nach unten aufgrund einer „Hyperkapnie", und es entsteht keine „Alkalose" sondern eine „Azidose". Dennoch waren in diesen Studien die Symptome den körperlichen Symptomen der Panikattacke ähnlich. Die dargestellten Ergebnisse von Studien zur Bedeutung der Hyperventilation für die Entstehung von Panikattacken zeigen, daß Hyperventilation keine notwendige Bedingung für das Entstehen von Panikattacken ist. Das bedeutet nicht, daß Hyperventilieren nicht das Erleben von Angst verstärken kann und zwar offensichtlich nicht so sehr durch physiologische Änderungen, wie Veränderungen der Herzfrequenz, sondern vielleicht eher durch die Wahrnehmung des beschleunigten Atmens selbst. Bei der Hyperventilation auftretende Mißempfindungen, zusammen mit dem Gefühl, zu wenig Luft zu bekommen, können ebenfalls durchaus die vorhandene Angst verstärken. So fanden McNally, Hornig und Donnell (1995) zwar, daß die Angst zu sterben, vor Kontrollverlust und einer Herzattacke am besten die klinisch bedeutsamen und nicht bedeutsamen Panikattacken unterschieden, von den körperlichen Symptomen unterschied das Gefühl, zu wenig Luft zu bekommen, am stärksten die beiden Gruppen. So weist auch Ley (1994) darauf hin, daß man Patienten mit Panikattacken mit und ohne Hyperventilation unterscheiden müsse und daß seine pathogenetischen Annahmen nur für Patienten mit Hyperventilation gültig seien.

Symptome einer Hyperventilation sind auch bei Patienten mit Herzphobie beschrieben worden, so daß davon auszugehen ist, daß für die Herzphobie Vergleichbares gilt wie für die Panikstörung (s. Kap. Diagnostik).

5.6.3.4 Herzphobie, Panik und Atmung

Eine Unterscheidung verschiedener Arten von Panikattacken wurde auch von Klein (1993) getroffen. Seine Studien zu Patienten, deren „Angstanfälle" nicht mit Benzodiazepinen, sondern mit dem Antidepressivum Imipramin behandelbar waren, bildeten den Ausgangspunkt für eine breite Beschäftigung mit dem Paniksyndrom (Klein 1964). Neben der unterschiedlichen medikamentösen Beeinflußbarkeit der beiden Arten von Angstanfällen fiel bei der einen Art deren plötzlicher Beginn auf, ohne daß Bedingungen in der Umgebung diese Angstanfälle, die dann Panikattacken genannt wurden, auszulösen schienen. Dies schien sie von Furchtreaktionen zu unterscheiden, wie sie bei Phobien zu beobachten sind. Diese werden durch das Vorhandensein des kritischen phobischen Reizes, beispielsweise bestimmten Tieren bei der Tierphobie, ausgelöst. Eine weitere Unterscheidung ergab sich aus der Symptomatik der Panikanfälle im Vergleich zu den anderen Angstanfällen. Bei den Panikanfällen stand die Angst zu ersticken und entsprechende Atemstörungen („Dyspnoe") im Vordergrund. Ähnlich wie Ley (1994) geht auch Klein davon aus, daß diejenigen Patienten, die plötzlich beginnende Panikanfälle mit Atemstörungen und „Erstikkungsangst" erleben, von anderen Patienten mit Panikattacken unterschieden werden müssen, bei denen die Attacken anders verlaufen. Allerdings unterscheidet sich das pathogenetische Modell Kleins von dem von Ley. Klein nimmt an, daß die Chemorezeptoren, die den PaCO2 messen, bei einem Teil der Patienten mit Panikstörung sensibler reagieren als bei anderen Personen, d.h. die Schwelle für die Auslösung eines „Erstickungsgefühls" bzw. des Gefühls, zu wenig Luft zu bekommen, ist erniedrigt und reagiert schon bei einem Kohlendioxidpartialdruck, der normalerweise dieses Gefühl nicht auslöst. Die Folge davon wäre dann die Hyperventilation, die zu den geschilderten weiteren Symptomen führt. Ley nimmt dagegen an, daß die Hyperventilation die Panikattacke und das Gefühl von Atemnot auslöst und nicht umgekehrt.

Aus dieser Annahme ließe sich auch erklären, daß zumindest ein Teil der Patienten mit Panikstörung auf die Inhalation von Kohlendioxid mit Panikattacken reagiert, obwohl der Effekt dem der Hyperventilation, zumindest anfänglich, entgegengesetzt ist. So reagierten in einer Studie von Gorman et al. (1986) Patienten mit Panikattakken im Vergleich mit gesunden Kontrollpersonen auf die Inhalation von einem 5%igen CO2-Gasgemisch mit stärkeren Anstiegen des Atemminutenvolumens und einem schnelleren Einatmen („Inspirationsdauer") ohne Abnahme des Atemzugvolumens. Von dieser Reaktion wird angenommen, daß sie durch die Chemorezeptoren gesteuert wird. Derartige Befunde sprechen für eine niedrigere Schwelle der Chemorezeptoren.

Klein nimmt darüber hinaus an, daß nicht nur Schwankungen des PaCO2 bei den entsprechenden Patienten zur „Erstickungsangst" und damit zur Panikattacke führen, sondern auch andere Reize, die eine PaCO2-Erhöhung signalisieren. Für die Möglichkeit eines derartigen Effekts spricht eine Studie von van den Bergh (1995), in der gefunden wurde, daß auf einen Reiz, der vorher auf die Inhalation von CO2 angereicherter Luft konditioniert worden war, mit einer beschleunigten Atmung und dem Erleben körperlicher Symptome reagiert wurde. Dies war bei neutralen Reizen nicht der Fall. So weist Klein (1993) darauf hin, daß Patienten mit Klaustrophobie auch in nicht abgeschlossenen Räumen zu Panikattacken neigen, was eine Überschneidung zwischen beiden Krankheitsbildern nahelegt.

Geht man davon aus, daß die Diagnose „Panikstörung" in den letzten 15 - 20 Jahren die Diagnosen „Hyperventilationssyndrom" oder „Herzphobie" weitgehend ersetzt hat, so scheint es, daß die Unterscheidung verschiedener Typen von Panikstörung der früheren Unterscheidung von Hyperventilation und Herzphobie oder Herzneurose vergleichbar ist.

5.6.4 Neurotransmitter

Betrachtet man die Ergebnisse der psychophysiologischen Forschung zur Pathogenese der Herzphobie, so zeigt sich, daß durchaus Besonderheiten der Kreislaufregulation vorhanden sind. In mehreren Untersuchungen erwies sich, daß das Niveau der Herzfrequenz, zumindest bei einem Teil der Patienten, erhöht ist. In einigen anderen Untersuchungen zeigte sich eine veränderte kardiovaskuläre Anpassung bei Lageveränderungen des Körpers, die Orthostase. Weiterhin hatte sich gezeigt, daß die Reaktivität des Kreislaufs auf körperliche Anforderungen bei den Patienten mit Herzphobie bzw. Panikattacken weitaus geringer verschieden ist als bei psychischer oder emotionaler Belastung.

Mit derartigen Merkmalen physiologischer Funktionen und ihrer Regulation scheint ein Bündel von Merkmalen verbunden zu sein, das man als „Negative Affektivität" bezeichnen kann. Es enthält Merkmale wie erhöhte Angstneigung, Neigung zum Erleben körperlicher Befindensstörungen in emotional bedeutsamen Situationen und Depressivität als zentrale Qualität der Gestimmtheit. Diese Komponenten der negativen Affektivität sind im Einzelfall unterschiedlich gewichtet vorhanden, mal spielt das Erleben von Angst eine vorherrschende Rolle, mal steht die Depressivität im Vordergrund, das Erleben körperlicher Beschwerden ist stets vorhanden. Auch bei den Beschwerden gibt es unterschiedliche Bilder. Bei vielen Patienten kommt es in unterschiedlichen Abständen zu recht dramatischen kardiovaskulären und Atmungsbeschwerden, bei anderen sind derartige anfallsartige Beschwerden weniger häufig, dafür sind die Beschwerden oft sehr viel unterschiedlicher und dauerhafter.

Am Anfang des Kapitels waren Befunde dargestellt worden, die die Rolle physiologischer Funktionen und deren Veränderung für das Erleben von Emotionen gezeigt haben. Dabei war das Konzept der Aktivierung als zentraler Begriff für das Verständnis derartiger Vorgänge erörtert worden. Es hatte sich gezeigt, daß es wahrscheinlich ist, daß die u.U. unbewußte Verarbeitung und Wahrnehmung von geänderten, aktivierten Körperprozessen für das Erleben von Emotionen, für das emotionale Befinden, eine Rolle spielt. Es läßt sich nun die Frage stellen, ob es Besonderheiten derjenigen körperlichen Funktionen gibt, von denen man weiß, daß sie für die Regulation physiologischer Funktionen, aber auch für die des Befindens und der Gefühle eine Rolle spielen. Diejenigen körperlichen Prozesse, die die Regulation physiologischer Funktionsänderungen, wie sie bei Emotionen auftreten, vermitteln, betreffen chemische Substanzen, die für die Erregung im Gehirn und in der Peripherie des Körpers, beispielsweise in den Blutgefäßen, wichtig sind. Eine der wichtigsten Gruppen chemischer Substanzen für die Vermittlung von Erregung sind die Neurotransmitter. Sie ermöglichen die Weiterleitung der Erregung zwischen verschiedenen Nerven und zwischen Nerven und einem sog. „Erfolgsorgan", beispielsweise einem Blutgefäß (s.o.).

Im folgenden sollen zwei Transmittersysteme in ihrer Bedeutung für die Herzphobie dargestellt werden, das noradrenerge und das serotonerge System. Vor allem im Hinblick auf die Bedeutung dieser Transmitter für die Panikstörung gibt es eine Reihe von empirischen Untersuchungen, die es nahelegen, daß diese beiden Systeme in der Pathogenese der Herzphobie bzw. Panikstörung wichtig sein könnten. Beide Systeme, d.h. ihre Dysregulation, sind offensichtlich ebenfalls für die Depression wichtig, was im Hinblick darauf interessant ist, daß Angstattacken bei Patienten mit depressiven Erkrankungen häufig sind und umgekehrt, daß das Auftreten von Depressionen eine häufige Begleiterscheinung der Herzphobie ist.

5.6.4.1 Noradrenalin

Noradrenalin ist ein Neurotransmitter, der in der Verarbeitung von Gefahrenreizen eine wichtige Rolle spielt. Das bedeutet, daß wahrgenommene Reize automatisch im Hinblick auf ihre Gefährlichkeit analysiert und entsprechende Reaktionen ausgelöst werden. Diese reichen von der Bereitstellung von Energie für Auseinandersetzungen mit dem Reiz bis zu veränderter Verarbeitung von Information. Bei der Behandlung der physiologischen Grundlagen im letzten Kapitel war bereits darauf hingewiesen worden, daß die Verarbeitung von Information im Gehirn vom Vorhandensein von Neurotransmittern abhängig ist. So wird allgemein bei der Verarbeitung neuer Information der Locus coeruleus aktiviert, eine wichtige Struktur im Gehirn, die fast drei Viertel des Noradrenalins im Gehirn produziert. Enthält der verarbeitete Reiz die Bedeutung von Gefahr, so kommt es zu einer stärkeren Erregung des Locus coeruleus, die ein wichtiges Glied in der Reaktionskette darstellt, die den Organismus auf die Reaktion auf die Gefahr einstellt.

In den Annahmen zur Rolle des noradrenergen Systems wird von einer biologischen Vulnerabilität ausgegangen, die beinhaltet, daß eine Überreaktivität des Locus coeruleus vorliegt. Aufgrund dieser stärkeren Erregbarkeit kommt es zu Alarmreaktionen, d.h. Reaktionen, die eine Gefahr signalisieren und eine körperliche Erregung auslösen. Diese sind jedoch unfunktional, im Sinne „falscher Alarme", da keine wirkliche Bedrohung gegeben ist. Durch die Überreaktivität kommt es „spontan", d.h. ohne ersichtlichen Grund, zu starken vegetativen Reaktionsanteilen, die körperliche Angstreize darstellen. Dies führt dazu, daß auch die Beschwerden der Patienten mit Panikattacken durch körperliche Symptome geprägt sind und das Geschehen der Attacke als körperliche und unkontrollierbare Störung angesehen wird. Es wurde auch beobachtet, daß der Beginn panikartiger Angstanfälle in Zeiten erhöhter allgemeiner Belastung liegt. Durch diese längerfristige Belastung wird das noradrenerge System ohnehin aktiver, so daß bereits kleinere, unbemerkte Anlässe das Erregungsniveau so steigern können, daß es zu den Alarmreaktionen kommt.

Da man, anders als im Tierversuch, bei Patienten mit Panikattacken nicht direkt den Locus coeruleus stimulieren und so das noradrenerge Niveau im Gehirn manipulieren kann, ist man zur Überprüfung derartiger Hypothesen auf „indirekte" Maße angewiesen. Man kann beispielsweise die Menge eines Stoffwechselprodukts des Noradrenalins bei den Patienten messen und mit der bei gesunden Personen vergleichen. Ein solches Stoffwechselprodukt ist das MHPG (3-Methoxy-4-hydroxyphenylglycol). So stimulierten Charney und Henninger (1985) Patienten mit

Panikattacken und gesunde Kontrollpersonen mit Koffein, das zu einer Steigerung des Noradrenalins führt. Sie fanden bei den Patienten zwar eine größere Intensität der körperlichen Symptome des Koffeins, aber es kam nicht zu den stärkeren Anstiegen des MHPG, wie es zu erwarten gewesen wäre, wenn das noradrenerge System übermäßig reagieren würde.

Andere Autoren wie Sweeney, Maas und Heninger (1978) oder Woods et al. (1987) fanden bei Patienten mit Agoraphobie und/oder Panikattacken einen Einfluß angstauslösender Reize auf die Beschwerden der Patienten und deren Herzfrequenz, aber keinen Einfluß auf Blutdruck, Cortisol, das Wachstumshormon und Prolaktin. Falls es zu übernormalen Anstiegen von Noradrenalin kommt, sind sie wohl zu kurz, um einen Einfluß auf die genannten Parameter auszuüben. Bei einer noradrenergen Überfunktion hätten endokrine Maße wie der Cortisolspiegel oder der des Wachstumshormons (GH = „growth hormone") oder Prolaktins beeinflußt werden müssen, da in deren Regulation das Noradrenalin eine wichtige Rolle spielt.

Um den Effekt noradrenerger Stimulation direkter und eindeutiger zu quantifizieren, als es mit den geschilderten Methoden möglich ist, benutzt man Agonisten, d.h. Substanzen, die die Wirkung des Noradrenalins verstärken, oder Antagonisten, die die Wirkung abschwächen. Präsentiert man den Patienten Angst induzierende Reize, so ist die Wirkung sehr von den subjektiven Erfahrungen der Patienten abhängig. Ähnlich ist es mit der Wirkung des Koffeins, diese hängt stark vom gewohnheitsmäßigen Kaffeeverbrauch ab. Um diese Nachteile auszuschließen, wurden zwei Substanzen verwendet, die das Niveau des Noradrenalins beeinflussen, das Yohimbin als Agonist und das Clonidin als Antagonist.

So fanden Charney, Heninger und Breier (1984), daß Yohimbin in ihren Studien bei Patienten mit Panikattacken im Vergleich zu gesunden Personen zu deutlich mehr Angst, höheren Blutdruckanstiegen und herzbezogenen Beschwerden führte. Die Veränderungen gingen bei den Patienten mit stärkeren Anstiegen des MHPG einher, d.h. bei den Patienten stieg dieses Stoffwechselprodukt des Noradrenalins stärker an als bei den gesunden Personen. Dieses Ergebnis steht im Einklang mit der Annahme einer stärkeren noradrenergen Erregbarkeit bei Patienten mit Panikstörungen (Charney et al. 1990). Bei den Ergebnissen dieser Studien ist ebenfalls wichtig, daß diese Wirkung des Yohimbin nicht bei anderen Vergleichsgruppen von Patienten auftrat, z.B. solchen mit Zwangsstörungen, und vor allem nicht bei Patienten mit Generalisierter Angststörung. Allerdings finden sich in einigen Studien bei Patienten mit Panikattacken keine höheren MHPG-Spiegel im Urin (Garvey et al. 1989), die eigentlich zu erwarten wären, wenn der Noradrenalinspiegel aufgrund einer noradrenergen Übererregbarkeit erhöht wäre. Andererseits fanden Charney und Heninger (1986), daß Clonidin, ein Antagonist des Noradrenalins, bei Patienten mit Panikattacken im Vergleich zu gesunden Kontrollpersonen signifikant größere Abfälle von Plasma, MHPG und Blutdruck bewirkt. Daraus wird deutlich, daß Patienten mit Panikattacken eine veränderte Regulation des Noradrenalins haben, was die stärkere Verminderung des MHPG und des Blutdrucks erklären würde, da das Clonidin die Wirkung des Noradrenalins hemmt und die geschilderten Effekte durch eine verminderte Wirkung des Noradrenalins bedingt sein müssen. Noradrenalin hemmt die Produktion des Wachstumshormons (SHT). Durch Clonidin wird auch diese Wirkung des Noradrenalins gehemmt, so daß es bei gesunden Personen nach der Gabe von Clonidin zu einem Anstieg des STH kommt. Dieser Anstieg ist bei Patienten mit Panikattacken deutlich geringer (Abelson et al. 1992). Auch dieser Befund, der sich auch in anderen Studien ergeben hat, deutet darauf hin, daß die Regulation des Noradrenalins bei Patienten mit Panikattacken in der Weise gestört sein könnte, daß eine stärkere Wirkung des Noradrenalins vorhanden ist. Allerdings steigen die MHPG-Spiegel nicht bei spontanen Panikattacken an (Cameron et al. 1988), was der Fall sein müßte, wenn sie durch ein erhöhtes Noradrenalin ausgelöst würden.

Die Unterschiedlichkeit der Befunde könnte dadurch zustande kommen, daß die Dysregulation des Noradrenalins nicht bei allen Patienten mit Panikattacken vorliegt, sondern nur bei einem Teil. So fanden Charney et al. (1992), daß die in anderen Studien beschriebene Wirkung des Clonidins nur bei denjenigen Patienten vorhanden war, die mit starken Anstiegen des MHPG auf Yohimbin reagierten. Diese Patienten erlebten auch mehr Angst nach der Infusion des Yohimbins. So stellt sich die Befundlage ähnlich wie bei der Rolle der Hyperventilation bei der Auslösung von Panikattacken dar, sie ist für einen Teil der Patienten möglicherweise wichtig, und es gibt Befunde, die dafür sprechen.

5.6.4.2 Serotonin

Ein Neurotransmitter, der mit einiger Wahrscheinlichkeit eine gewisse Rolle für das Auftreten von Panikattacken spielt, ist das Serotonin (5-HT; 5-Hydroxytryptamin). Es wurde bereits im letzten Kapitel dargestellt, in wie vielen Funktionen und Systemen des Nervensystems Serotonin eine Rolle spielt. Seine Bedeutung für das emotionale Erleben wurde zunächst vor allem für die Depression entdeckt. Es zeigte sich dabei, daß bestimmte Formen der Depression mit einer Verarmung an zentralem Serotonin einhergehen. Verarmung an zentralem Serotonin bedeutet, daß im synaptischen Spalt (s.o.) für die Erregungsübertragung zu wenig Serotonin zur Verfügung steht. Dies ist möglicherweise darum der Fall, weil nach der Erregungsübertragung das Serotonin zu schnell in die Präsynapse wieder aufgenommen wird (Reuptake). Bei einer erneuten Erregung der Präsynapse muß das Serotonin als Transmitter erst wieder von der Präsynapse freigesetzt werden. Wäre das Serotonin noch im synaptischen Spalt vorhanden, würde die Erregung schneller übertragen.

Es scheint, als sei bei den Formen der Depression, bei denen eine Verarmung an zentralem Serotonin vorliegt, die Tendenz zu selbstschädigendem Verhalten erhöht und damit auch die Gefahr eines Suizids. Dafür scheinen zwei unterschiedliche Verhaltenssysteme wichtig zu sein, die Impulskontrolle und die Aggressivität. Zerstört man im Tierexperiment Teile des serotonergen Systems, so führt das u.a. zu einem stark gesteigerten aggressiven Verhalten und mangelnder sozialer Anpassungsfähigkeit (Soubrie 1986). Bringt man die verschiedenen Befunde zur Rolle des Serotonins für das Verhalten und Erleben auf einen allgemeinen Nenner, so scheint es auf unterschiedliche Weise für die an die Umgebung angepaßte Regulation des Verhaltens wichtig zu sein: für die Unterdrückung unwichtiger Information, die Beurteilung der Aversivität von Reizen, die Steigerung der Reaktionsbereitschaft, aber auch die Impulskontrolle. Dies sind allgemeine Fähigkeiten, die nicht nur im Zusammenhang mit Depression eine Rolle spielen. Es ist daher sinnvoll, die Rolle des Serotonins und der durch es vermittelten Funktionen nicht krankheitsspezifisch, sondern als für verschiedene Situationen und deren Bewältigung wichtig anzusehen. So ist es notwendig, bei verzögerter Belohnung im Sinne der Impulskontrolle warten zu können und einen späteren größeren Nutzen einem früheren geringeren vorziehen zu können (Baumgarten und Grozdanovic 1995). Andererseits ist es für die Bewältigung Angst induzierender Situationen notwendig, nicht vorschnell durch Flucht zu reagieren, damit die für die realistische Beurteilung der Situation notwendige Information vor der Reaktion gesammelt und bewertet werden kann. Unter dem Aspekt der „Unterdrückung von irrelevanten sensorischen Störgrößen" (Baumgarten und Grozdanovic 1995) kann ebenfalls die Schmerzhemmung gesehen werden. Diese kann unter lebensbedrohlichen Bedingungen dazu führen, daß Schmerz nicht wahrgenommen wird. So wurde von Soldaten berichtet, daß sie unter Extrembedingungen Schußverletzungen erst als Schmerz wahrnahmen, als die bedrohliche Situation vorbei war. Dieses als „Streßanalgesie" bezeichnete Phänomen wird durch vom Gehirn absteigende Nervenbahnen vermittelt und ist an die Funktion körpereigener Opioide gebunden. Hemmt man die Opioide durch Antagonisten, so kommt es nicht zur Streßanalgesie. Das Funktionieren dieser Schmerzhemmung ist jedoch auch an Serotonin gebunden. Blockiert man die Rezeptoren für Serotonin in den Bahnen der absteigenden Schmerzhemmung, so kommt sie ebenfalls nicht zustande. Unter dem Aspekt der Unterdrückung irrelevanter Information zur angemessenen Reaktion in einer Situation ist dieser Vorgang lebenserhaltend. Würde ein Organismus, der durch Flucht sein Leben retten kann, den Schmerz wahrnehmen und auf den Schmerz reagieren, so würde er sein Leben verlieren.

Mit der Verfeinerung biochemischer, vor allem molekularer Methoden, konnte gezeigt werden, daß es verschiedene Rezeptortypen des Serotonins gibt, von denen hauptsächlich nur zwei für die geschilderten Prozesse wichtig sind, die 5-HT1A und die 5-HT2 Rezeptoren. Andere Rezeptorklassen spielen beispielsweise für die Vasokonstriktion (5-HT1D) und damit für die Migräne eine Rolle.

Serotonin ist ein hemmender Transmitter, und seine Funktionsweise wird nicht nur durch die zahlreichen Rezeptortypen kompliziert, sondern auch durch die Tatsache, daß er mit anderen Transmittern als „Kotransmitter" auftritt, d.h. seine Wirkung an Nervenzellen zusammen mit einem anderen Transmitter ausübt. Für den vorliegenden Zusammenhang ist dabei wichtig, daß er zusammen mit dem Noradrenalin und GABA (Gamma-Amino-Buttersäure) als Kotransmitter vorkommt. Beide Transmitter, das Noradrenalin (s. letzten Abschnitt) und auch GABA, sind für das Auftreten von Angst und Panik sehr wichtig. Serotonin übt einen hemmenden Einfluß auf das noradrenerge System und dabei einen direkt hemmenden Einfluß auf den

Locus coeruleus aus. Auf diese Weise wird deutlich, daß das Serotonin eine wichtige Rolle beim Auftreten von intensiver Angst spielen kann, eine zu geringe Verfügbarkeit kann eine reduzierte Hemmung des noradrenergen Systems bedeuten, so daß es dadurch zum Auftreten intensiver Angst kommen kann. So ist gezeigt worden, daß Serotoninagonisten, d.h. Substanzen, die die Wirkung des Serotonins verstärken, einen angstmindernden Effekt haben (Rittenhouse et al. 1992). Diese Wirkung wird über 5-HT1A-Rezeptoren vermittelt, die auch den sympathischen Einfluß auf das kardiovaskuläre System vermindern (Saxena und Villalon 1990). So führt die Gabe von auf den 5-HT1A-Rezeptor beschränkten Agonisten zu einer Senkung von Herzfrequenz und Blutdruck. Diese Wirkung ist jedoch abhängig von der Dosis, bei höherer Dosierung kann es zu einer kardiovaskulären Aktivierung kommen (Saxena und Villalon 1990).

Geht man also, wie im letzten Abschnitt dargestellt, von einer Dysregulation des noradrenergen Systems als Bedingung für das Auftreten von Panikattacken aus, so scheint das Serotonin für diese Dysregulation eine Rolle zu spielen. Dafür sprechen ebenfalls Befunde, die zeigen, daß Medikamente, die die Funktion des zentralen serotonergen Systems beeinflussen, bei Patienten mit Panikstörungen wirksam sind. Black et al. (1993) behandelten Patienten mit Panikstörung mit einem „Selektiven Serotonin Reuptake Inhibitor" (SSRI) (Fluvoxamin), kognitiver Therapie oder Placebo, d.h. einem Medikament, das keinen Wirkstoff enthält. Die Ergebnisse zeigen einen deutlichen Einfluß des Fluvoxamin, der gegenüber der Gabe von Placebo deutlicher war als der der kognitiven Therapie. Zu ähnlichen Ergebnissen kam auch eine Studie von Hoehn-Saric et al. (1993). Gorman et al. (1987) fanden, daß ein Teil der Patienten aufgrund erheblicher Nebenwirkungen wie Aufgeregtheit, Unruhe und Schlafstörungen den SSRI (Fluexetin) nicht einnehmen konnten. Die Mehrheit der Patienten, deren Panikattacken durch das Medikament günstig beeinflußt worden waren, zeigten keinerlei Nebenwirkungen. Zu ähnlichen Ergebnissen kommt ebenfalls eine Studie von Pecknold (1995).

Es ist jedoch dabei zu bedenken, daß ein wichtiges Stoffwechselprodukt des Fluvoxamin das noradrenerge System direkt beeinflußt (Dubosky und Thomas 1995), so wie Imipramin, das als antidepressives Medikament erfolgreich in der Behandlung der Panikstörung eingesetzt wurde, auch das serotonerge System beeinflußt (Mavissakalian, Perel und Michelson 1984). Goddard et al. (1993) fanden bei Patienten mit Panikattacken, daß die Auslösbarkeit der Attacken durch Yohimbin (s.o.) mit der Behandlung mit Fluvoxamin deutlich reduziert wurde. So ist es einerseits zweifelsfrei, daß Serotonin, jedoch nur über bestimmte Rezeptorklassen, Angst und auch Panik beeinflußt, die Interaktion und Regulation des Serotonins mit anderen Transmittern ist jedoch dermaßen komplex, daß es zu einfach wäre, das Auftreten intensiver Angstzustände nur einem dieser Wirkmechanismen zuzuschreiben. Es scheint eher, daß bei Patienten mit Panikstörung oder Depression die Dysregulation beider Systeme zusammenhängt, wie eine Studie, in der Serotoninagonisten und Noradrenalinagonisten angewendet wurden, zeigt (Asnis et al. 1992).

6 Therapie der Herzphobie

Die Therapie der Herzphobie kann sehr unterschiedlich sein, je nachdem, wie breit das Krankheitsbild definiert wird. Geht man davon aus, daß unter der Bezeichnung „Herzphobie" sehr unterschiedliche Störungen subsumiert werden, so werden auch die therapeutischen Vorgehensweisen unterschiedlich sein können. Dennoch ist es möglich, zentrale Elemente des therapeutischen Vorgehens zu beschreiben, die sich in vielen Zusammenhängen bewährt haben.

Im Kapitel über das diagnostische Vorgehen wurde bereits darauf hingewiesen, daß die Angst der Patienten ernst genommen und beim Vorgehen berücksichtigt werden muß. Der größere Teil der Patienten sucht, in der Annahme, körperlich erkrankt zu sein, zunächst einen Arzt auf und wird erst später, oft sehr viel später, angemessen behandelt. Daher ist es sehr wichtig, sich zu vergegenwärtigen, daß eine entsprechende Therapie bereits beim ersten Kontakt mit dem Patienten beginnt und die Trennung von Diagnostik und Therapie eigentlich künstlich ist. Dies ist zwar immer der Fall, aber bei Patienten mit Herzphobie ist der umgehende Beginn der Therapie besonders wichtig, weil sie meist selbst davon überzeugt sind, daß ihre körperlichen Beschwerden durch eine körperliche Krankheit verursacht werden.

Wird in der gesamten, also auch körperlichen Diagnostik klar, daß die Beschwerden nicht durch eine kardiologische Erkrankung verursacht werden, so ist es für das therapeutische Vorgehen wesentlich, Art und Ausmaß der psychischen Bedingungen für die Beschwerden zu erkennen. Praktisch in allen Fällen besteht eine Störung der Angstverarbeitung im allgemeinen Sinne. Infolgedessen ist ein zentrales Element jeden therapeutischen Vorgehens eine Behandlung dieser Komponente der Angst. In vielen Fällen ist die Behandlung der Angst ausreichend, um die Störung insgesamt zu beseitigen, in manchen Fällen ist es notwendig, weiterreichende Probleme zu behandeln, wie die Überwindung einer sozialen Isolierung als Folge der Störung oder die Behandlung einer stärker ausgeprägten depressiven Störungskomponente.

In der Literatur zur Behandlung der Panikstörung - und ein nicht unwesentlicher Teil der Patienten, die als Fall von Herzphobie bezeichnet werden, leiden unter einer Panikstörung - haben sich verschiedene Vorgehensweisen als günstig erwiesen. Ein Vorteil dieser Studien zur Therapie der Panikstörung besteht darin, daß ein recht detailliert beschriebenes Vorgehen in seiner therapeutischen Effektivität wissenschaftlich untersucht worden ist. Es bleibt dann noch zu bestimmen, ob dieses Vorgehen für alle Patienten mit einer Herzphobie bzw. funktionellen Herz-Kreislauf-Störungen ausreicht. In diesem Zusammenhang sind im wesentlichen zwei grundsätzlich verschiedene therapeutische Vorgehensweisen zu unterscheiden und auch in ihrer Wirksamkeit untersucht worden: psychologische und medikamentöse Therapien. Die psychologischen Therapieformen sind stets verhaltenstherapeutisch orientiert, auch wenn verschiedene therapeutische Komponenten, wie kognitive Therapie oder Konfrontationsverfahren, unterschiedlich betont wurden. Im folgenden sollen diese Verfahren dargestellt werden.

6.1 Psychologische Behandlung der Herzphobie

Die psychologische Therapie der Herzphobie erfolgt im wesentlichen verhaltenstherapeutisch. Dies ist darin begründet, daß, wie schon mehrfach betont, eine zentrale Komponente der Störung eine Form der Angststörung ist und sich die Verhaltenstherapie als weitaus effektivste Form, vor allem der Angstbehandlung, erwiesen hat.

6.1.1 Merkmale der Verhaltenstherapie

Die Verhaltenstherapie geht davon aus, daß menschliches Verhalten, wie das anderer Lebewesen, determiniert ist, d.h. es gibt Ursachen dafür, wie ein Organismus sich zu einem gegebenen Zeitpunkt verhält, das Verhalten ist nicht zufällig. Diese Annahme wurde von Freud als „psychischer Determinismus" bezeichnet und bildet ebenfalls die Grundlage psychoanalytischen Denkens. Ein Unterschied zwischen Psychoanalyse und Verhaltenstherapie besteht allerdings in der Art, wie Verhalten erklärt wird. Die Verhaltenstherapie geht davon aus, daß menschliches Verhalten durch Anwendung allgemeiner Prinzipien, die wissenschaftlich überprüft werden können, erklärt werden kann, zum Beispiel den Prinzipien des Lernens. Dies heißt nicht, daß bereits alle Prinzipien bereits bekannt sind, die notwendig sein können, um ein individuelles Verhalten zu erklären.

Hieraus scheint sich jedoch eine Schwierigkeit zu ergeben, die der menschlichen Individualität. Man kann beispielsweise fragen, wie die Anwendung allgemeiner Prinzipien der Einmaligkeit menschlicher „Persönlichkeit", des Erlebens und Verhaltens, gerecht werden soll. Im Abschnitt über lerntheoretische Grundlagen (vgl. Kap.) wurde bereits darauf hingewiesen, daß die Prinzipien des Lernens einen formalen und weniger inhaltlichen Charakter haben, sie beziehen sich darauf, wie und unter welchen Bedingungen gelernt wird, aber weniger darauf, was gelernt wird. Die Individualität eines der Hunde Pawlows bestand u.a. darin, daß ein akustischer Reiz einer bestimmten Frequenz Futter signalisierte, und diese Erfahrung unterschied ihn von anderen Hunden.

Da jedoch wissenschaftlich erforschte Sachverhalte nie mit absoluter Sicherheit zutreffen, sondern aufgrund der Unterschiedlichkeit und Individualität von Menschen lediglich mit einer bestimmten Wahrscheinlichkeit, enthält eine Erklärung eines individuellen Verhaltens ein Maß von Unsicherheit. Man könnte sagen, diese Unsicherheit bei der Erklärung des Verhaltens eines Individuums zu vernachlässigen, bedeutet, der Individualität einer Person nicht gerecht zu werden. Aus diesen Überlegungen ergeben sich weitere Grundsätze der Verhaltensmodifikation, das experimentelle Vorgehen sowie die Orientierung am Einzelfall.

Das experimentelle Vorgehen bedeutet, daß man aufgrund der oben genannten Unsicherheit wissenschaftlicher Erklärungen diese fortlaufend überprüfen muß. Denkt man beispielsweise aufgrund der Analyse eines Symptoms, daß dieses durch die „Verstärkung" eines Familienmitglieds aufrechterhalten wird, so wendet man das

Prinzip des operanten Lernens an, um zu erklären, warum das Symptom zu einem bestimmten Zeitpunkt noch besteht und nicht verschwunden ist. Um das Symptom zu beseitigen, müßte anhand des Prinzips der operanten Löschung diese Verstärkung in der Behandlung beseitigt werden. Man könnte den Familienmitgliedern erklären, wie Verstärkung wirkt und daß es besser ist, sich dem kranken Familienmitglied zuzuwenden, in den Phasen, in denen es ihm gut geht.

So haben beispielsweise Flor u.a. (1987) gefunden, daß die Stärke und Häufigkeit von Schmerzen bei Patienten mit chronischen Schmerzsyndromen bei häufigen Zuwendungen durch den Ehepartner höher ist. In diesem Beispiel wird das Auftreten des Schmerzes selbstverständlich nicht durch die Verstärkung (Belohnung) von seiten des Ehepartners erklärt, jedoch wird Häufigkeit und Stärke der Schmerzen durch die Zuwendung beeinflußt. Dies macht deutlich, daß die Anwendung allgemeiner Prinzipien ein Verhalten oder Erleben teilweise, aber nicht vollständig erklären können, ebenso wie die meisten Verhaltensweisen nicht nur eine einzige Ursache haben.

Ist man nun so vorgegangen und die Symptomatik verschwindet, so war die Annahme oder Hypothese über die Aufrechterhaltung der Symptomatik durch die Belohnung seitens des Ehepartners ausreichend zutreffend. Verändert sie sich jedoch nicht, so gibt es eine Reihe von Möglichkeiten, warum dies der Fall ist: Es ist beispielsweise denkbar, daß der Patient seinerseits die Zuwendung des Partners belohnt und auf dieser Ebene ein großer Teil der ehelichen Kommunikation stattfindet. Unterläßt es der Partner dann, sich dem Patienten zuzuwenden, so verliert er selbst die Belohnung. Man würde also wie in einem Experiment davon ausgehen, daß die Hypothese zur Erklärung des beobachteten Phänomens falsch oder unzureichend war, da nicht alle Einflußfaktoren berücksichtigt worden sind.

Das Beispiel kann hier nicht in alle denkbaren Einzelheiten weiter verfolgt werden, es wird daran jedoch deutlich, daß die Verhaltenstherapie als Grundlage des therapeutischen Vorgehens die Aufgabe hat, die individuellen Bedingungen der Symptomatik soweit zu erhellen, wie es zu ihrer dauerhaften Veränderung notwendig ist. Sie zielt auf die „Aufdeckung" der individuellen Lerngeschichte eines Patienten.

Dieses Vorgehen beinhaltet auch, daß die Phase der Diagnostik die Therapie begleitet, d.h. eigentlich nie abgeschlossen werden kann, da es sich bei den meisten zu behandelnden Problemen nicht um wirklich isolierte Verhaltensweisen handelt. Aus diesem Grunde wird verhaltenstherapeutisches Vorgehen häufig als symptomorientiert betrachtet. Dies stimmt nur hinsichtlich der Kriterien für den Erfolg der Therapie. Verhaltenstherapeutisches Vorgehen zielt auf die Veränderung derjenigen Bedingungen, die das Symptom verursachen, seien es äußere, direkt beobachtbare Bedingungen, wie das Verhalten eines anderen Menschen, oder nicht direkt beobachtbare Bedingungen, wie die Gedanken eines Patienten. Dabei unterliegen die Gedanken eines Patienten ebenso wie sein beobachtbares Verhalten den Prinzipien des Lernens. So können Gedanken eine wesentliche Bedingung für die Aufrechterhaltung eines Symptoms sein. Und daß das so ist, kann durch selektive Verstärkung verursacht worden sein.

Die Verhaltenstherapie erhebt nicht den Anspruch, die gesamte Persönlichkeit eines Individuums zu erfassen, sondern beschränkt sich auf die Merkmale und Bedingungen, die für eine Therapie wichtig sind (Schulte 1980). Aus lerntheoretischer Sicht wird menschliches Verhalten nicht nur als Produkt der individuellen Lerngeschichte, sondern auch als durch aktuelle situative Bedingungen und/oder durch die Konsequenzen des betreffenden Verhaltens determiniert angesehen. Die Ursachen von Verhalten werden somit ebenso in den aufrechterhaltenden Bedingungen gesehen, wobei zwischen früheren Bedingungen, die zur Entstehung eines Problems geführt haben, und Bedingungen, die das Verhalten gegenwärtig aufrechterhalten, unterschieden wird, die beide nicht identisch sein müssen.

Die Methode der Verhaltenstherapie entstand im wesentlichen aus zwei lerntheoretischen Ansätzen, der Erforschung und deren Ergebnisse zur Angst und Angstbereitschaft und den Modellen des operanten Lernens, die Wissen darüber angesammelt hatten, wie man Verhalten ändern kann. So lag es natürlich nahe, dieses Wissen auf Verhalten anzuwenden, das störend oder sonst in irgendeiner Weise unangemessen ist. Die Voraussetzung für die Anwendbarkeit dieses lernpsychologischen Wissens auf therapeutisches Vorgehen besteht zudem in der Annahme, daß störendes Verhalten bzw. in irgendeiner Form „pathologisches" Verhalten ebenso beeinflußt werden kann wie „normales" Verhalten. Diese Voraussetzung ist jedoch keineswegs selbstverständlich.

Eine der grundsätzlichen Annahmen der psychoanalytisch oder tiefenpsychologisch orientierten Psychotherapie besagt (s.o.), daß aufgrund verschiedener Abwehrmechanismen, wie beispielsweise den der Verdrängung, die wesentlichsten Gründe für das Verhalten unbewußt sind und somit gar nicht bewußt beeinflußt werden können. Zusammengefaßt (ausführlich s.o.) bedeutet dies, daß nach psychoanalytischer Auffassung die Ursache für ein Symptom, wie beispielsweise Angst vor bestimmten Situationen, durch die Erfahrung der betreffenden Person mit den Situationen nicht erklärt werden können, da die Gründe der Angst in ungelösten Konflikten und Wünschen bestehen, die mit den Situationen verknüpft sind. Behandelt man nun die Angst, so behandelt man lediglich das Symptom, die eigentliche Erkrankung bzw. deren Ursachen bleiben jedoch unberührt, und dies führe zwangsläufig zum Auftreten neuer Symptome („Symptomverschiebung"). Auf diese Weise hat es in den Anfängen der Verhaltenstherapie sehr heftige Kontroversen zwischen den Vertretern beider Therapieformen gegeben, die zwar überflüssig, aber irgendwie verständlich waren.

Untersuchungen zum Auftreten von Symptomverschiebung nach der verhaltenstherapeutischen Behandlung der Angst haben übereinstimmend gezeigt, daß diese psychoanalytische Auffassung falsch war (Paul 1966). In einer sehr frühen großen, methodisch sehr aufwendigen Untersuchung wurden Patienten mit Angststörungen sowohl von Psychoanalytikern als auch von Verhaltenstherapeuten tiefenpsychologisch oder verhaltenstherapeutisch behandelt. Dabei wurde die verhaltenstherapeutische Methode der „Desensibilisierung" (vgl. Kap. 6.1.2.1)) auch von Psychoanalytikern angewandt, nachdem sie die Methode erlernt hatten. In dieser Untersuchung zeigte sich, daß es nach der „symptomorientierten" Behandlung mit der „Desensibilisierung" nicht zu Symptomverschiebungen kam, wie dies nach dem psychoanalytischen Ansatz zu erwarten gewesen wäre, und es zeigte sich, daß die verhaltenstherapeutische Behandlung sehr viel schneller wirksam war. Die Mehrzahl der psychoanalytischen Therapeuten hatten nach der Untersuchung sogar geäußert, Angststörungen nur noch verhaltenstherapeutisch behandeln zu wollen.

Waren die Anfänge der Verhaltenstherapie noch fast ausschließlich an der Analyse der äußeren Bedingungen des Verhaltens orientiert, so wurde im Laufe der schnell zunehmenden therapeutischen Praxis klar, daß die Gedanken („Kognitionen") eine wichtige Rolle für Verhalten spielen. Die sogen. „kognitive Wende" in der Verhaltenstherapie (Meichenbaum 1975; Bandura 1969) wurde von mehreren Autoren ausgelöst, die die Bedeutung dieser internen Bedingungen des Verhaltens als wichtig erkannt hatten. Die Veränderung der Gedanken, die Verhalten aufrechterhalten, wurde also ein wichtiges Ziel der Therapie, und es wurden spezielle Techniken entwickelt, um die entsprechenden Gedanken zu verändern. Auf diese Weise zeigte sich, daß ein bedeutend breiteres Spektrum von Störungen behandelbar wurde. Zudem verringerte sich die theoretische Kluft zu den tiefenpsychologisch orientierten Therapieschulen, auch wenn bis heute wesentliche Unterschiede in den Grundauffassungen bestehen.

Im vorliegenden Zusammenhang ist die Behandlung der Angst ein wichtiges therapeutisches Ziel, und so sollen verhaltenstherapeutische Methoden der Angstbehandlung kurz dargestellt werden. Aufgrund der experimentellen Befunde der Psychologie war von Anfang an klar, daß man Angst nicht nur als ein psychisches Phänomen betrachten darf, sondern als eines, das den gesamten Organismus betrifft (vgl. Kap. Psychophysiologie der Angst). Infolgedessen war die Beeinflussung der körperlichen Anteile der Angst, die vegetativen Veränderungen, von vornherein ein Ziel der Therapie. Daher ist das Ziel jeder verhaltenstherapeutischen Therapie, daß u.a. die physiologischen Reaktionen in Anwesenheit des Angst auslösenden Reizes nicht auftreten.

6.1.2 Verhaltenstherapeutische Verfahren

6.1.2.1 Systematische Desensibilisierung

Die „Systematische Desensibilisierung" war das erste Verfahren, das angewendet wurde, um pathologische Angst zu beseitigen (Wolpe 1958). Der Grundgedanke dieses Verfahrens besteht in der Annahme, daß eine Person, wenn sie in einem der Angst entgegengesetzten, also entspannten, körperlichen Zustand ist, die Gegenwart milder Angstreize in der Vorstellung ertragen werden kann, ohne daß es zum Auftreten von Angst, höchstens zu einem leicht unangenehmen Gefühl, kommt. Hat sich die Person erst einmal an diesen milden Angstreiz gewöhnt und bringt dieser ihn überhaupt nicht mehr aus der Ruhe, so kann man es mit einem etwas stärkeren Reiz versuchen; wird auch dieser ertragen, so können die Angstreize graduell zunehmend stärker werden. Es hat sich schnell gezeigt, daß der Erfolg dieser Methode schneller und sicherer ist, wenn die „Konfrontation" mit den Angstreizen nicht nur in der Therapiesitzung und der Phantasie stattfindet, sondern, nach denselben Regeln, auch im täglichen Leben („in vivo").

Es ist dabei wichtig, sich zweierlei zu vergegenwärtigen: 1. Diese Methode besteht im wesentlichen in einer „Konfrontation" mit Angstreizen, wenn auch in abgestufter Form, 2. Der Patient bleibt in der - u.U. nur vorgestellten - Gegenwart der Angstreize. Der bei Angst starken Tendenz zu fliehen oder die Angstreize zu vermeiden, wird nicht nachgegeben. Diese Erfahrung ist auch dann wirkungsvoll, wenn die Konfrontation mit den Angstreizen systematisch und graduiert erfolgt. Im Verlauf einer derartigen Therapie macht also der Patient die Erfahrung, daß er in Anwesenheit der Angstreize keine Angst spürt und nicht flieht oder wegläuft, eine für ihn neue Erfahrung.

6.1.2.2 Massierte Konfrontation „Reizüberflutung"

Auf scheinbar paradoxe Weise kann Angst auch therapeutisch auf eine Art beseitigt werden, in der Konfrontation mit einem starken Angstreiz für einen längeren Zeitraum stattfindet, so daß maximale Angst ausgelöst wird, d.h. der Patient erlebt einen maximalen Angstanfall. Notfalls wird der Patient daran gehindert, die Situation zu beenden, d.h. zu fliehen. Verbleibt der Patient für einige Zeit (z.B. 90 Minuten) in Gegenwart des Angstreizes, so wird sich das physiologische Erregungsniveau langsam reduzieren. Dies braucht jedoch seine Zeit, die viel länger ist, als es der Patient je in Anwesenheit des Angstreizes ausgehalten hat. Beruhigt er sich schließlich während der Darbietung des Angstreizes, so macht er prinzipiell dieselbe Erfahrung, die auch bei der systematischen Desensibilisierung gemacht wird. Er erfährt, daß er trotz der Gegenwart des Angstreizes keine oder zumindest sehr viel weniger Angst erlebt, als das sonst der Fall war, wenn er den Angstreiz meiden bzw. fliehen konnte (Ulrich und Ulrich de Muynck 1974). Dies führt dann bei Anwesenheit des Angstreizes zu einem Gefühl der Erleichterung. Der Patient wird dazu angehalten, dieses Gefühl auszusprechen und sich so zu verdeutlichen. Während der Konfrontation soll er sich durchaus auf seine Gefühle und sein Erleben konzentrieren, nicht auf seine Erwartungen, die in der Regel negativ sind. Auch diese Gefühle soll er aussprechen. Dieses Verfahren ist mindestens so effektiv wie die systematische Desensibilisierung, wird es in vivo angewandt, sogar noch effektiver (Barrett 1969). Bei diesem Vorgehen ist es hilfreich, wenn es in der gewohnten Umgebung des Patienten durchgeführt wird und zu Beginn zu häufig aufeinanderfolgenden Terminen.

Wirksam dabei ist also nicht nur die Konfrontation per se, sondern die erhebliche Dauer der Konfrontation. Absolut wesentlich ist dabei, daß die Konfrontation nicht abgebrochen wird, solange die maximale Angst besteht, dies würde nur zu einer Verstärkung der Angst führen, da der Patient dann die Erfahrung machen würde, daß beim Verschwinden des Angstreizes die Angst sofort nachläßt, eine Erfahrung, die er schon immer gemacht und die seine Angst eher verfestigt hat. So gibt es viele Patienten, die sich ihrem Angstreiz täglich, oft mehrmals, aussetzen, wie beispielsweise beim Fahren mit dem Fahrstuhl, diese Angst aber trotz der wiederholten Konfrontation nicht verlieren. Dies liegt daran, daß die Konfrontation zu kurz ist und abgebrochen wird, solange die Angst noch maximal ist, das Verlassen des Fahrstuhls hat dabei jedesmal die Wirkung einer Flucht.

Bei diesem Vorgehen ist die Motivation des Patienten außerordentlich wichtig, und er muß genau über das Vorgehen informiert worden sein. Das bedeutet, daß er weiß, welche Belastungen er bei der Konfrontation zu erwarten hat. Dabei ist es sehr wichtig, genau zu erklären, warum dieses Vorgehen wirksam ist, was die Motivation erhöht. Da es bei dieser Technik zu sehr starker Angst kommt, ist auch zu berücksichtigen, daß der Patient bei guter Gesundheit ist und die starke physiologische Erregung vertragen kann. Im weiteren Verlauf der Therapie wird dem Patienten die Kontrolle über die Dauer der Konfrontation übertragen, denn er muß ja lernen, selbst die entsprechenden Situationen durchzustehen, auch ohne die Anwesenheit und die Kontrolle durch eine andere Person. Hierbei kann es hilfreich sein, Angehörige in die Therapie mit einzubeziehen und sie zumindest über die Art des Vorgehens zu informieren oder ihnen gleichsam für einige Zeit die Rolle eines CoTherapeuten zu übertragen. Es hat sich als hilfreich herausgestellt, zur Übertragung der Erfolge aus der Therapie in den Alltag des Patienten ebenfalls ein leicht graduiertes Vorgehen anzuwenden, d.h. Patient und Therapeut vereinbaren gemeinsam, welchen Situationen sich der Patient ohne fremde Hilfe aussetzen kann. Dabei ist es wichtig, daß die Konfrontation vom Patienten mit einiger Wahrscheinlichkeit erfolgreich durchgeführt werden kann, aber auch, daß er die Verantwortung für einen eventuellen Abbruch einer Konfrontation übernimmt. In derartigen Fällen ist es notwendig, die Mißerfolgsgedanken des Patienten mit ihm zu diskutieren, damit er nicht unangemessene und übertriebene Gedanken über Mißerfolg entwickelt.

Auch bei diesem Verfahren hat es sich als förderlich herausgestellt, wenn die Gedanken des Patienten im Hinblick auf seine Angst und die Angstreize und seine sonstigen Reaktionen berücksichtigt werden. Darum soll er sie während der Konfrontation mit den Angstreizen verbalisieren, damit sie gegebenenfalls diskutiert und modifiziert werden können.

Fallbeispiel 2

Im zweiten Fallbeispiel war eine Patientin dargestellt worden, die u.a. die Schwierigkeit hatte, auf der Autobahn zu fahren. Dabei waren die unterschiedlichen Streckenabschnitte unterschiedlich schwierig bzw. angstbesetzt gewesen. Neben anderen Therapiekomponenten konfrontierte sich die Patientin auch mit der Situation des Autofahrens in der echten Lebenssituation. Dabei war zunächst ihr Partner anwesend, sie mußte jedoch selbst fahren. Dies war gegenüber der ihr vertrauten Si-

tuation kein sehr wesentlicher Unterschied, da sie keine Schwierigkeiten hatte, als Beifahrerin mit ihrem Partner zu fahren. Anschließend fuhr sie eine geringe Strecke ohne ihren Partner, der Umkreis um ihr Haus, dann um ihren Wohnort wurde graduell erweitert. Dies war ohne größere Schwierigkeiten möglich. Es stellte sich dann heraus, daß sie auch auf der Autobahn fahren konnte, jedoch nicht auf einem Abschnitt der Autobahn, der auf die Auffahrt von ihrem Wohnort folgte. Nachdem sie in anderen Abschnitten der Autobahn alleine für einige Zeit und auch in einiger Entfernung fahren konnte, hatte sie dennoch intensive Angst vor dem genannten Autobahnabschnitt.

Ein Teil der Symptomatik der Patientin bestand in Atemstörungen und dem Gefühl, zu wenig Luft zu bekommen, was zur Hyperventilation führte, sie hatte ein ausgeprägtes Hyperventilationssyndrom. Aus diesem Grunde wurde in den Therapiesitzungen zunächst eine Atemtechnik, „Atmen nach Takt" („paced respiration") geübt. Nachdem diese Technik sicher beherrscht wurde, wurde die Patientin dazu angehalten, in der Sitzung zu hyperventilieren, bis sie die ersten körperlichen Symptome ihres Angstanfalls spürte, d.h. sie wurde mit den angstbesetzten Körpersensationen konfrontiert. Wenn die ersten Symptome einsetzten, mußte die Patientin die vorher geübte Atemtechnik einsetzen, wobei der Takt akustisch vorgegeben wurde. Auf diese Weise machte die Patientin die Erfahrung, daß sie den Verlauf der körperlichen Symptomatik beeinflussen bzw. kontrollieren konnte. Nachdem sie diese Erfahrung einige Male gemacht hatte, gelang es ihr, den gefürchteten Autobahnabschnitt zu befahren. Ihre Angst davor verlor sie dadurch vollständig, daß sie auf diesem Abschnitt für mehrere Stunden hin und her fuhr. Danach hatte sie keinerlei Probleme mehr, irgendwo Auto zu fahren.

Es bleiben aus der Behandlung der Angst drei wesentliche Komponenten festzuhalten: die Konfrontation mit den Angstreizen, die Beeinflussung der physiologischen Angstkomponenten und die Beeinflussung der Gedanken, die sich auf die Angst und die eigenen Fähigkeiten, die Angst zu bewältigen, beziehen. Im Fallbeispiel 2 geschah die Konfrontation auf zweierlei Weise, zum einen wurde die Patientin durch die willkürliche Hyperventilation mit denjenigen Körpersensationen konfrontiert, deren Auftreten bei ihr panikartige Angst auslösten. Sie wurde ebenfalls mit den entsprechenden situativen Reizen konfrontiert, die ebenfalls bei ihr Angst und schließlich Panik auslösten. Die Beeinflussung der physiologischen Parameter bestand bei der Patientin im Einüben und Anwenden der Atemübungen, die verhindern, daß die Hyperventilation sich „verselbständigt", da sie zum Gefühl der Atemnot führte und damit zu einem Anhalten der forcierten und schnellen Atmung.

6.1.3 Vorgehen bei der Behandlung der Herzphobie

Auch bei der Behandlung der Herzphobie bilden die drei Komponenten Konfrontation, Beeinflussung der physiologischen Komponenten und Angst eine zentrale

Rolle. Unterschiedliche Autoren betonen diese Komponenten unterschiedlich. Für Barlow (1988) ist die Konfrontation mit den gefürchteten körperlichen Sensationen die zentrale Komponente. Im Fallbeispiel 2 bestand diese in der willentlichen Hyperventilation, die die gefürchteten Körpersensationen produzierte. Andere Autoren wie Beck (1988) betonen die Beeinflussung der Gedanken des Patienten und konnten zeigen, daß eine systematische kognitive Verhaltenstherapie einer rein stützenden Therapie deutlich überlegen ist. Im allgemeinen wird eine Therapie beide Komponenten beinhalten.

Schritt 1: Erweiterte Diagnostik und Information des Patienten

Bereits bei der Schilderung des diagnostischen Vorgehens war darauf hingewiesen worden, daß einerseits darauf geachtet werden muß, die körperlichen Beschwerden des Patienten ernst zu nehmen und in der Form zu akzeptieren, in der sie vorliegen. Hat sich im Laufe der Diagnostik herausgestellt, daß eine vom Patienten angenommene körperliche Erkrankung nicht vorliegt, so ist es notwendig, mit dem Patienten zusammen die Umstände des Auftretens der Beschwerden weiter zu erhellen. Dabei kommt es darauf an, anhand der dabei ermittelten Umstände, die im Zusammenhang mit dem Auftreten der Beschwerden vorhanden sind, den Patienten darüber zu informieren, in welchen Zusammenhängen körperliche Sensationen normalerweise auftreten, z.B. bei körperlicher Belastung oder Gefühlszuständen. Häufig sind die Vorstellungen der Patienten über körperliche Funktionsabläufe und der Zusammenhang zwischen psychischen Bedingungen und körperlichen Reaktionen unzutreffend (vgl. Kap. Differentialdiagnose).

Diese Informationen über „psychophysiologische Zusammenhänge" sollten dem Patienten möglichst anhand der von ihm selbst geschilderten Umstände des Auftretens seiner Beschwerden erläutert werden, er soll aber auch über die Funktionsweise seines Herzens und seines Kreislaufs informiert werden und darüber, in welcher Weise und warum diese Funktionen durch psychisch bedeutsame Ereignisse beeinflußt werden. Das bedeutet, daß der Patient über die Psychophysiologie von Streß und Emotionen Kenntnisse erhalten muß, die es ihm gestatten, seine Erlebnisse richtig einzuordnen. Um die Beziehung zu den eigenen Erlebnissen zu verdeutlichen, ist es oft hilfreich, wenn der Patient eine Art von Tagebuch über sein Befinden führt und notiert, unter welchen Bedingungen seine Beschwerden aufgetreten sind. Dabei ist es wichtig, ihn daran zu gewöhnen, nicht nur auf besonders auffällige äußere Ereignisse zu achten, sondern auch auf innere Bedingungen, wie Gedanken oder Gefühle. Auf diese Weise kann dem Patienten leicht nahegebracht werden, wie die Interaktion von „dysfunktionalen" Gedanken, wie „jetzt geht das schon wieder los, da kann ich nichts machen", mit Gefühlen beispielsweise des Kontrollverlustes und das Auftreten der Angst und der Beschwerden zusammenhängen.

Schritt 2: Zieldefinition und Erarbeitung der therapeutischen Mittel

Auf den ersten Blick könnte man meinen, die Definition der Ziele sei eine einfache Angelegenheit. Genauer betrachtet beinhaltet sie jedoch eine Diskussion und Einigung über die angenommenen Ursachen der Störung. Es ist natürlich das Ziel des Patienten, „gesund" zu sein, nicht klar jedoch ist, was geändert werden muß, damit dieser Zustand eintritt. Nimmt der Patient an, er sei körperlich krank, so wird er das Ziel so definieren, daß eine den Beschwerden zugrunde liegende Erkrankung „geheilt" werden soll. Aus dieser Annahme ergeben sich die Erwartungen über die anzuwendenden Mittel, beispielsweise eine medikamentöse Therapie seiner Herzerkrankung. Sollen also angemessene Ziele mit dem Patienten diskutierbar und erreichbar sein, so setzt das voraus, daß er akzeptiert hat, daß die Ursachen seiner Beschwerden nicht in einer organischen Erkrankung liegen. Dies zeigt, wie wichtig die Information des Patienten im Hinblick auf die angemessene Einordnung seiner Beschwerden ist. Hat der Patient die Art seiner Erkrankung akzeptiert oder ist er zumindest bereit, sich „probeweise" mit einer entsprechenden Therapie auseinanderzusetzen, so muß diese auf dem Hintergrund der o.g. Information sehr ausführlich erläutert werden. Es ist leicht nachvollziehbar, daß dies im Hinblick auf die Belastungen, denen sich der Patient aussetzen muß, sehr wichtig ist. Hat er nicht verstanden, warum er die Belastung auf sich nehmen muß, so wird seine Motivation gering sein, ebenso die Wahrscheinlichkeit, daß er die Konfrontationen durchführt.

Schritt 3: Erlernen von Entspannungstechniken

Entspannungstechniken, wie die progressive Muskelrelaxation nach Jacobson (1938), die sehr häufig angewendet werden, oder auch die Anfangsstufen des Autogenen Trainings (Schultz 1928) sind in vielen Modifikationen anwendbar. Sind sie einmal erlernt und werden regelmäßig angewandt, so bieten sie dem Patienten die Möglichkeit, sie in Situationen anzuwenden, in denen sie das Auftreten der Beschwerden und der Angst befürchten. Sie sind damit ein Mittel, das dem Patienten eine gewisse Kontrolle über seine körperlichen Funktionen gibt. Die Anwendung der Entspannung in den kritischen Situationen setzt voraus, daß diese so angepaßt wird, daß sie auch im normalen Leben anwendbar ist.

Gerade für Patienten mit Atembeschwerden, die zur Hyperventilation neigen, ist das Erlernen einer gesteuerten, ruhigen Atmung mit etwa 10-12 Atemzügen pro Minute ein hilfreiches Mittel, um die Hyperventilation zu überwinden oder auch nur dem Gefühl der Atemnot zu begegnen. Diese Technik ist recht leicht zu erlernen und zu erproben und ist auch dann hilfreich, wenn die Atembeschwerden nicht im Vordergrund stehen. Erlernt wird diese Technik zunächst mit einem externen, akustischen Signal für das Einatmen und dann das Ausatmen. Wenn es dem Patienten wiederholt gelungen ist, nach willkürlicher Hyperventilation, in dem vorgegebenen Takt langsam zu atmen, kann auf das externe Signal verzichtet und durch ein selbst durch Zählen hergestelltes Signal ersetzt werden. Dabei sollte ein Atemzyklus ca. 6-7 Sekunden betragen, die Exspiration (Ausatmen) sollte eher etwas länger als die Inspiration (Einatmen) sein.

Schritt 4: Konfrontationsübungen

Die Konfrontation bezieht sich zunächst auf die ängstigenden körperlichen Sensationen. Von Barlow (1988) wurde die Konfrontation, d.h. das Herstellen ängstigender Körpersensationen, als zentrales und wichtigstes Element der Therapie der Panikstörung bezeichnet. Um Herzklopfen zu erzeugen, kann körperliche Belastung verwendet werden, Hyperventilation, um die damit verbundenen Beschwerden herzustellen; man kann durch entsprechende Bewegungen Schwindel herstellen oder durch Anspannen der Interkostalmuskulatur ein Druckgefühl in der Brust. Dabei ist es wichtig, daß der Patient sein Erleben beschreibt und die Gefühle, die diese Sensationen in ihm hervorrufen. Die Konfrontation geschieht zunächst in Gegenwart des Therapeuten, wird sie dort angstfrei beherrscht, so muß der Erfolg in die Alltagssituation des Patienten übertragen werden, dabei ist die Unterstützung von Angehörigen eine wichtige Hilfe.

Um die Wahrscheinlichkeit des Erfolgs der Konfrontation „in vivo" zu erhöhen, ist ein graduiertes, d.h. abgestuftes Vorgehen erforderlich. Mit dem Patienten werden die Situationen, mit denen er sich konfrontieren soll, abgesprochen. Dabei ist, ähnlich wie bei der systematischen Desensibilisierung, darauf zu achten, daß die Abstufung des Schwierigkeitsgrades nicht zu groß ist.

So wurde mit der Patientin aus dem Fallbeispiel 7 die Größe des Geschäftes, das sie aufsuchen sollte sowie die Anzahl der dort befindlichen Kunden abgestuft. Zunächst suchte sie sich ein Geschäft, das klein war und in dem sich keine anderen Kunden befanden, aus, um dort irgend etwas zu kaufen. Dies war über die Tageszeit leicht möglich. Es gelang ihr sehr schnell, nachdem einmal ein Anfang gemacht war und sie den Erfolg erlebt hatte, wieder normal einzukaufen bzw. Geschäfte oder einen Supermarkt zu betreten und dort einzukaufen.

Bei diesem Vorgehen ist es sehr wichtig, daß die Patienten das zugrunde liegende Prinzip verstehen und sich den Situationen mit einer gewissen Neugier aussetzen, um zu erfahren, ob das Vorgehen den Erwartungen entspricht. Je öfter sie erleben, daß ein Ereignis aufgrund der Erklärungen vorhersehbar ist, desto größer wird auch das Gefühl, das Ereignis auch kontrollieren zu können. Das Erleben der Möglichkeit, einen Prozeß, der vorher nicht beeinflußbar erschien, vorherzusagen und nun durch die Variation von Parametern, wie der Größe des Geschäfts usw., beeinflussen zu können, ist für den Erfolg dieses Vorgehens sehr wichtig. Es ist ebenfalls wichtig, daß dies den Patienten deutlich wird. Das bedeutet, daß über diese Zusammenhänge in den Therapiestunden gesprochen werden muß. Vereinfacht gesagt, muß der Patient die Erfahrung machen, daß er immer einen kleinen Schritt weiter zu gehen in der Lage ist, als er geglaubt hat, und daß dies beschreibbare Gründe hat. So war die o.g. Patientin der festen Überzeugung, nicht alleine einkaufen gehen zu können; nachdem jedoch die Bedingungen definiert worden waren, unter denen sie den ersten Schritt gehen sollte und transparent gemacht wurde, aus welchen Gründen die Bedingungen gewählt worden waren, konnte sie ihn gehen. Dafür ist es notwendig, daß die Patienten, wie im ersten Schritt beschrieben, verstehen, wie Angst wirkt und als Prozeß abläuft.

Dieser erste Schritt kann auch darum getan werden, weil der Patient sich seinen körperlichen Sensationen vorher ausgesetzt hat und die Erfahrung gemacht hat, daß er eine gewisse Kontrolle darüber ausüben kann.

Für die abgestufte Konfrontation „in vivo" ist es hilfreich, wenn die Patienten eine Art von Tagebuch führen, in dem sie die Vorkommnisse im Zusammenhang mit ihren Beschwerden aufzeichnen, d.h. vorausgehende Bedingungen, auch ihre Gedanken (vgl. Kap. Lernen), die Beschwerden selbst und ihre Reaktionen auf die Beschwerden. Es ist oft auch hilfreich, wenn die Patienten ihre Konfrontationsübungen durchführen, daß sie vorher ihre Erwartungen im Hinblick auf die Konfrontation angeben und nach der Konfrontation, wie sie sie erlebt haben. Dies kann sehr kurz und stichwortartig geschehen. Es ist wichtig, diese Aufzeichnungen in den therapeutischen Sitzungen zu besprechen.

Schritt 5: Die Veränderung der Gedanken im Hinblick auf die Beschwerden und die Angst

Patienten mit Herzphobie oder Panikattacken haben typische Gedanken, die in der Literatur zur Panikstörung als Katastrophengedanken oder Katastrophierung bezeichnet werden. Diese Gedanken, wie *„jetzt geht das los und ich kann nichts machen"* fördern das Sichaufschaukeln der Angst. Diese Gedanken werden dann mit bestimmten Situationen verknüpft, in denen die Beschwerden und die Angst bereits aufgetreten sind. Der Gedanke „hoffentlich geht das nicht wieder los, wie schon mal, als ich einkaufen war", fördert das Auftreten der Beschwerden, auch darum, weil die Aufmerksamkeit auf mögliche Körpersensationen gerichtet wird. Das erhöht die Wahrscheinlichkeit, daß irgend etwas gespürt wird, das zur emotionalen Befindlichkeit in der Situation paßt. Diese Art der Gedanken, die die Wahrscheinlichkeit des Auftretens der Beschwerden erhöhen und die der eigentlichen Situation gegenüber unangemessen sind, werden häufig auch als „dysfunktional" bezeichnet, da sie der Bewältigung der Situation entgegenstehen.

Diese Art der Gedanken soll durch solche Gedanken ersetzt werden, die der Bewältigung der Situation dienlich sind. Diese müssen zusammen mit dem Patienten erarbeitet werden, d.h. der Patient muß für sich die Möglichkeit sehen, diese Gedanken als passend zu erleben. Es hat wenig Sinn, irgendwelche Gedanken „vorzuschreiben", sie können jedoch vorgeschlagen werden. Häufig haben die Patienten Angst, ohnmächtig zu werden, dies geschieht jedoch fast nie. Diskutiert man dies mit dem Patienten, d.h. erkennt er die Irrationalität der Gedanken und kann diese nachvollziehen, so wird er Gedanken akzeptieren können, die beinhalten, daß die Situation in keiner Weise gefährlich ist und daß es unsinnig ist, anzunehmen, daß er Schaden nehmen wird. Statt dessen kann er sich denken oder vorstellen, wie er die Situation meistern wird.

Man sollte das Ersetzen der dysfunktionalen Gedanken in den Therapiestunden üben, indem man die Patienten mit den Vorstellungen der Situationen konfrontiert, was die Gedanken ebenfalls auslöst. Läßt man sich die Vorstellung der Situation schildern, so wird auch das Auftreten der Gedanken geschildert, und man hat die Möglichkeit, diese Gedanken zu unterbrechen und durch die sinnvollen Gedanken zu ersetzen. Die Konfrontation mit diesen Situationen in der Vorstellung muß nicht mit jeder Situation durchgeführt werden, es reicht, wenn das Auftreten der dysfunktionalen Gedanken mit dem Unterbrechen und den sinnvollen Gedanken einmal verknüpft worden ist.

Fallbeispiel 2

Bei dieser Patientin, die Angst und Hyperventilation beim Autofahren erlebte, bestanden die dysfunktionalen Gedanken in der Annahme, die Beschwerden müßten zwangsläufig in der Situation des Autofahrens auf einer Autobahn auftreten. Es wurde mit ihr diskutiert, inwieweit denn die objektive Situation im Hinblick auf die Hyperventilation beim Befahren einer Landstraße anders sei als auf der Autobahn. Ein Unterschied bestand für sie darin, daß sie der Meinung war, man könne die Autobahn zwischen zwei Ausfahrten nicht verlassen, und so könne sie nicht anhalten. Die Patientin hatte die Erwartung, daß die Angst nachlassen würde, wenn sie das Auto anhalten könnte. Nun hat, im Gegensatz zu einer Landstraße, eine Autobahn fast immer eine Standspur, auf der man viel ungefährdeter anhalten kann als auf einer Landstraße zwischen zwei Orten. Weiterhin wurde mit ihr diskutiert, inwieweit die Anwesenheit des Freundes die objektive Situation im Hinblick auf die Auslösung der Hyperventilation beeinflussen würde. Auch hier wurde ihr klar, daß es im wesentlichen ihre Befürchtungen und entsprechenden Gedanken waren, die ihre Beschwerden auslösten. Sie konnte nachvollziehen, daß die Beschwerden wahrscheinlich nicht auftreten würden, wenn sie diese Gedanken nicht hätte. Infolgedessen wurden alternative Gedanken, die sich auf die erfolgreiche Bewältigung der Situation bezogen und die Erinnerungen an frühere Situationen des Autofahrens enthielten, entwickelt und statt der dysfunktionalen Gedanken aktiviert.

Im allgemeinen bewältigt man Situationen besser, wenn man sich auf deren Inhalt konzentriert. Will man beispielsweise Auto fahren, so ist es ratsam, sich auf die Straße und die Reize zu konzentrieren, die mit dieser Situation zusammenhängen oder für sie bedeutsam sind. So ist es auch für die Kontrolle der dysfunktionalen Gedanken sinnvoll, sich auf diese Art von Reizen zu konzentrieren statt auf die dysfunktionalen Gedanken.

Im Falle der Patientin des Fallbeispiels 2 bestand ein weiterer ablenkender Reiz im Hören von Musik während des Autofahrens. Es gab Musikstücke, die die Patientin sehr gerne hörte und von denen sie annahm, daß sie eine beruhigende Wirkung auf sie ausübten. So stellte sie eine Kassette mit dieser Musik her und spielte diese während des Autofahrens ab.

Wird erst einmal die Erfahrung gemacht, daß die Situationen durch die Aktivierung anderer Gedanken besser bewältigt werden, so ist dies für die weiteren Schritte sehr motivierend. Daher ist es wichtig, daß die Konfrontation mit den Situationen, von denen befürchtet wird, daß in ihnen die Beschwerden auftreten würden, zunächst behutsam vorgenommen wird, so daß es wahrscheinlich ist, daß die Patienten Erfolg haben.

Andererseits ist es ebenso wichtig, daß die Patienten auch lernen, mit Mißerfolg umzugehen. Gelingt die Bewältigung irgendeiner Situation einmal nicht, so neigen die Patienten dazu, diesen Mißerfolg zu stark zu bewerten, zu verallgemeinern und mutlos zu werden. Man muß dann die Gründe für den Mißerfolg aufdecken und für die Patienten einsichtig machen, wie es zu dem Mißerfolg kam und wie eine Konfrontation mit einer vergleichbaren Situation erfolgreich bewältigt werden kann.

Fallbeispiel *1*

Die Patientin (s. 1. Kapitel) vermied im Laufe der Jahre eine ganze Reihe sehr unterschiedlicher Situationen, von denen sie annahm, daß sie die Beschwerden auslösen könnten. So hatte sie, wie bereits geschildert, Angst, die oberen Räume ihrer auf zwei Ebenen angeordneten Wohnung zu betreten bzw. die Treppe zu begehen. Die Treppe bestand aus Stufen, die aus Brettern bestanden, zwischen denen man hindurch sehen konnte. Der erste Schritt der Konfrontation bezog sich auf das Begehen dieser Treppe. Sie sollte zunächst nur die drei ersten Stufen begehen und sich auf ihre Gedanken konzentrieren. Sie stellte bei dieser „Übung", als die vereinbarte Uhrzeit für diese Übung näher rückte, fest, daß sie zunehmend beunruhigt wurde und an das Auftreten ihrer Herzbeschwerden dachte. Sie realisierte in dieser Situation, wie die Beunruhigung und die Gedanken an die Beschwerden sich wechselseitig beeinflußten. Gleichzeitig betrachtete sie die Treppe und das Ausmaß der Übung, nur die ersten drei Stufen ein paarmal zu begehen, und die Schwierigkeit der Übung kam ihr fast lächerlich vor, da sie andere Treppen durchaus begehen konnte. Sie bemerkte bei dieser Gelegenheit, daß es für sie ein Unterschied war, die drei Stufen zu benutzen oder aber das obere Stockwerk aufzusuchen, und daß sie dennoch beunruhigt war. Durch diese „realistischen" Gedanken distanzierte sie sich von ihrer Beunruhigung, so daß sie ohne Schwierigkeiten ihre Übung absolvierte und die drei Stufen benutzte und sich schließlich auf die vierte Stufe setzte. Schließlich faßte sie den Entschluß, das obere Stockwerk aufzusuchen, also die ganze Treppe zu begehen. Als sie dies versuchte, erlebte sie Angst und die starke Tendenz, die Treppe zu verlassen, was sie schließlich auch tat. Als sie wieder im unteren Stockwerk angekommen war, erlebte sie einerseits Erleichterung, andererseits einen intensiven Ärger. Sie erin-

nerte sich an das Gespräch über den Prozeß der Angst, die Tendenz zu fliehen und die Erleichterung nach der Flucht aus einer ängstigenden Situation und stellte fest, daß dies tatsächlich so bei ihr abgelaufen war und daß die Konfrontation mit der nur milde ängstigenden Situation von ihr bewältigt worden war. Dies bestärkte sie darin, auf dem richtigen Weg zu sein. So war es unter anderem auch der Mißerfolg gewesen, der die mit ihr erörterten Erklärungen der Angst bestätigt hatte.

Sie wiederholte daraufhin die leichte Übung und erweiterte sie schrittweise, indem sie die Anzahl der Stufen erhöhte. Schließlich gelang es ihr, das obere Stockwerk zu erreichen und die Beunruhigung zu ertragen, bis sie nachließ, ohne daß sie aus der Situation geflohen wäre. All diese Schritte führte sie ohne therapeutische Intervention durch, nachdem für sie die Erklärungen der Angst durch ihr eigenes Erleben, eingeschlossen der Mißerfolg, bestätigt worden waren.

In diesem Fall hatte die Patientin ohne weitere therapeutische Hilfe den Mißerfolg „überwunden", hätte sie ihre Bemühungen bis zur nächsten Therapiestunde eingestellt, hätte man den Mißerfolg, aber auch ihren Erfolg, der ja auch vorlag, ähnlich erörtert, wie sie es für sich selbst getan hatte. Dies war tatsächlich nur eine von mehreren Situationen gewesen, die sie vermieden hatte, aber dieses sehr bewußte Erleben der Situation hatte ihr den Weg gezeigt, wie sie mit den anderen Situationen umgehen konnte. Es hatte ihr auch gezeigt, daß die Erörterungen und Erklärungen der Angst zutreffend gewesen waren, womit das Gefühl des Ausgeliefertseins verringert worden war.

Schritt 6: Rückfallprophylaxe

Ist eine Therapie beendet, so ist es notwendig, die Patienten darauf vorzubereiten, daß es Rückfälle geben kann, mit denen jedoch umgegangen werden kann, ähnlich wie mit Mißerfolg in der Therapie (vgl. Kap.). Es wird dazu nochmals erklärt, daß die Patienten die Strategien, die sie während der Therapie gelernt und angewandt haben, in derartigen Situationen nutzen können.

6.1.4 Zur Abschätzung der Erfolgsaussichten der Verhaltenstherapie der Herzphobie

Das hier geschilderte verhaltenstherapeutische Vorgehen zeigte sich in zahlreichen Studien als effektiv. Dabei wurden, wie schon oben erwähnt, von einigen Autoren die unterschiedlichen Komponenten des Vorgehens unterschiedlich betont und einander gegenübergestellt. So zeigte sich in einer Studie von Arntz und van den Hout (1996), daß kognitive Verhaltenstherapie, also ein Vorgehen, das vor allem versucht, die dysfunktionalen Gedanken zu ändern, der angewandten Entspannung (vgl. Kap.) überlegen war. Dies zeigte sich vor allem in der Häufigkeit und Stärke des Auftretens von Panikattacken, etwas weniger deutlich in Daten, die mit Fragebögen zur Angstneigung und Depressivität erhoben worden waren. Bei der kognitiven Verhaltenstherapie waren ca. 80% der Patienten frei von Panikattacken, bei der angewandten Entspannung nur etwa 50%, und ein Viertel der Patienten auf einer Warteliste hatte ebenfalls keine Panikattacken mehr erlebt. Dieses Ergebnis war in einer Nachuntersuchung nach einem halben Jahr noch etwa gleich. Dagegen hatten Öst et al. (1993) eine deutlich höhere Erfolgsrate angewandter Entspannung gegenüber kognitiver Verhaltenstherapie gefunden und eine fast gleichen Erfolg einer Konfrontationstherapie. Die Autoren (Öst und Westling 1995) konnten diese Ergebnisse zwei Jahre später wiederholen. In beiden Untersuchungen war der therapeutische Aufwand mit dem der Studie von Arntz und van den Hout (1996) mit 12 therapeutischen Sitzungen vergleichbar. Interessant ist weiterhin, daß die prozentualen Anteile der panikfreien Patienten in den Studien der beiden Autorengruppen gegeneinander vertauscht waren. Waren in der Studie von Arntz und van den Hout 50% der Patienten mit angewandter Entspannung panikfrei, so waren es 80% der Patienten in den beiden Studien von Öst und Westling, wohingegen mit kognitiver Verhaltenstherapie in der einen Studie 50%, in der anderen 80% panikfrei waren. In der zweiten Studie von Öst und Westling (1995) gab es darüber hinaus einen interessanten Befund, die Hälfte derjenigen Patienten, die am Ende der Therapie noch unter Panikattacken litten, waren bei der Nachuntersuchung nach einem Jahr panikfrei.

Telch et al. (1993) wandten in einer Untersuchung bei Patienten mit Panikstörung und unterschiedlichen Graden von Agoraphobie eine therapeutische Strategie an, die die oben im Abschnitt „Therapeutisches Vorgehen" geschilderten Methoden umfaßte. Nach der Therapie waren ca. 80% der Patienten ohne Panikattacken, ein Ergebnis, das auch noch nach einem halben Jahr Bestand hatte. Diese Autoren berichten, daß auch die Depressivität der Patienten, andere phobische Vermeidungstendenzen und die Angstsensitivität durch die Therapie verringert wurden. van den Hout, Arntz und Hoekstra (1994) behandelten Patienten mit Panikstörung und Agoraphobie nacheinander mit kognitiver Verhaltenstherapie und anschließend in einem zweiten Therapiezeitraum mit Konfrontationstherapie. Die Ergebnisse zeigen, daß die kognitive Verhaltenstherapie nur die Panik der Patienten beeinflußt, aber nicht die agoraphoben Vermeidungstendenzen, Depressivität und verschiedene Angstmaße. Die Konfrontationstherapie in der zweiten Phase beeinflußte hauptsächlich die agoraphoben Vermeidungstendenzen, nicht jedoch die Paniksymptomatik. Die Patienten, die in der ersten Phase der Therapie eine kognitive Verhaltenstherapie erhalten hatten, zeigten nach der Konfrontationstherapie keine größere Besserung als diejenigen Patienten, die eine unwirksame Kontrolltherapie erhalten hatten. Die kognitive Verhaltenstherapie wirkte also auf das Auftreten der Panik, nicht aber auf die Vermeidungstendenzen, und verbesserte auch nicht den Effekt der Konfrontation im Hinblick auf die Vermeidungstendenzen. Im Einklang mit diesen Befunden zum Effekt der kognitiven Verhaltenstherapie auf das Auftreten von Panikattacken fanden Westling und Öst (1995), daß kognitive Verhaltenstherapie diejenigen kognitiven Merkmale von Panikpatienten beeinflußt, die sich auf die Interpretation körperlicher Empfindungen als gefährliche Beschwerden beziehen. Diese Merkmale begünstigen das Auftreten und das Sichverstärken von Panikanfällen. Insofern ist es folgerichtig, daß die Beeinflussung dieser Merkmale auch das Auftreten und die Schwere von Panikanfällen günstig verändert.

Bouchard et al. (1996) verglichen eine Konfrontationstherapie mit kognitiver Verhaltenstherapie und fanden keine Unterschiede der Besserung zwischen beiden Therapieformen. Williams und Falbo (1996) verglichen beide Therapieformen mit einer Kombination aus beiden. Dabei waren alle drei Therapieformen etwa gleich effektiv. Die Autoren untersuchten den Einfluß von agoraphober Vermeidung auf den Erfolg der Therapie. Dabei zeigte sich ein deutlicher Einfluß dieses Verhaltens. War es stark ausgeprägt, so war der Erfolg deutlich geringer, während fast alle Patienten mit wenig Vermeidungsverhalten nach der Therapie frei von Panikattacken waren. Diese Untersuchung zeigt deutlich, wie wichtig es ist, begleitende Merkmale von angstbetonten Beschwerden bzw. Panikattacken zu erfassen, will man den therapeutischen Erfolg abschätzen. Die Autoren kritisieren daher zu Recht frühere Studien zur Therapie von Panikstörungen, bei denen die Teilnahmekriterien der Patienten phobische Vermeidung meist ausgeschlossen hatten und auf diese Weise zu sehr günstigen Ergebnissen kamen. So hatten Craske et al. (1990) gefunden, daß sich Patienten mit Panikstörungen mit und ohne starke agoraphobe Vermeidungstendenz u.a. darin unterschieden, daß die Patienten mit starker Vermeidungstendenz im Verlauf der Panikstörungen weitaus mehr sonstige Angststörungen entwickelt hatten als die Patienten mit geringer Vermeidungstendenz. Dies macht es plausibel, daß auch deren Behandelbarkeit schwieriger ist als die derjenigen Patienten, die sonst weitgehend angstfrei bleiben.

Auch die Rolle der Ablenkung während der Konfrontationstherapie wurde untersucht (s. Fallbeispiel 2). Dabei fanden Craske et al. (1989), daß die Verwendung gezielter Ablenkung im Vergleich zu einer Konzentrierung der Aufmerksamkeit auf die ängstigenden körperlichen Empfindungen bei der Konfrontation mit Situationen, in denen das Auftreten der Panikattacken befürchtet wurde, schneller zu einer Besserung führt, jedoch im weiteren Verlauf nach der Behandlung keine Vorteile aufweist. Es bestand sogar ein Trend dahingehend, daß der Erfolg der Behandlung bei denjenigen Patienten, die mit der Konzentration der Aufmerksamkeit auf die körperlichen Empfindungen behandelt worden waren, geringfügig stabiler war. Die Autoren bezeichneten diese Unterschiede jedoch als grenzwertig.

Michelson et al. (1990) wandten mit großem Erfolg eine Verhaltenstherapie an, die ausdrücklich fast sämtliche genannten Komponenten verhaltenstherapeutischen Vorgehens enthielt. Betont wurde die ausführliche Information über pathogenetische und therapeutische Konzepte der Erkrankung mit den Konsequenzen für das geplante Vorgehen. Neben einer kognitiven Verhaltenstherapie wurde ebenfalls ein Atemtraining, angewandte Entspannung und Konfrontation benutzt. Die Autoren erreichten damit, daß bei keinem Patienten nach der Therapie unvorhergesehene Panikattacken auftraten. Aber auch in vielen anderen Maßen wurden stabile Veränderungen erzielt. Allerdings war der therapeutische Aufwand deutlich größer im Vergleich zu anderen

Studien. Die Therapie erstreckte sich zwar ebenfalls über 13 Wochen, jede Sitzung dauerte jedoch bis zu fünf Stunden.

Swinson et al. (1995) erprobten in Kanada das Modell einer telefonischen Therapie für diejenigen Patienten, die in weit entfernten ländlichen Regionen wohnten. Er verglich eine Therapie mit acht telefonischen Kontakten mit einer Gruppe von Patienten, die auf einer Warteliste für eine Therapie waren. Die telefonisch vermittelte Therapie zeigte eine deutliche Besserung, die auch sechs Monate nach Beendigung der Therapie noch erhalten war, im Vergleich zu Patienten auf der Warteliste,. Damit wurde mit einem sehr geringen therapeutischen Aufwand ein Behandlungserfolg erzielt, der mit dem anderer Studien allerdings nicht vergleichbar ist.

Nutzinger et al. (1990) untersuchten Patienten mit Herzphobie, die während eines stationären Aufenthalts in einer Klinik verhaltenstherapeutisch behandelt worden waren nach 2 ½ Jahren erneut. Von diesen hatten 59% in der Zeit nach der Behandlung erneut Beschwerden erlebt. Das Wiederauftreten der Beschwerden hing mit einer Reihe von Merkmalen zusammen, wie agoraphobe Vermeidungstendenz, Depression, Dauer der Erkrankung bis zum Zeitpunkt der Behandlung und starke zwischenmenschliche Konflikte.

Diese Ergebnisse sind in vieler Hinsicht widersprüchlich, und sie sind keineswegs so optimistisch einzuschätzen, wie dies anfangs im Hinblick auf die Panikstörung geschehen ist. So schrieb Barlow 1988: „Während der letzten Jahre haben wir etwas Einmaliges in der Geschichte der Psychotherapieforschung erlebt. Vorläufige Erfahrungen einer Zahl von Forschungszentren in der ganzen Welt legen nahe, daß Panik beseitigt werden kann. ... Mit bestimmten abgestimmten psychologischen Behandlungsverfahren kann Panik in fast 100% der Fälle beseitigt werden, und dieser Erfolg hält länger als ein Jahr an. Wenn diese Ergebnisse wiederholt und bestätigt werden können, wird dies eine der wichtigsten und aufregendsten Entwicklungen in der Geschichte der Psychotherapie sein" (Barlow 1988). Dieser fast uneingeschränkte Erfolg bezieht sich auf eine Therapie, in deren Mittelpunkt die Konfrontation mit Körpersensationen (s.o. Vorgehensweise..) steht. Diese Konfrontation wird als „das Herz" der Therapie angesehen. Dennoch zitiert er auch Untersuchungen anderer Autoren, in denen ein fast 100%iger Erfolg der Therapie erreicht wurde. So beispielsweise eine Studie von Beck (1988), in der bei 16 Patienten mit Panikattacken nach einer Behandlung von 12 Wochen mit kognitiver Verhaltenstherapie eine vollständige Freiheit von Panikattacken erreicht wurde. Beck verglich seine Therapie mit einer rein unterstützenden Therapie, die kaum einen Effekt zeigte.

Es stellt sich bei diesen unterschiedlichen Ergebnissen die Frage, wie es dazu kommt, daß in verschiedenen Studien der Erfolg von Therapien so unterschiedlich ist. Die Beurteilung des Erfolgs der Verhaltenstherapie der Panikstörung, und darauf beziehen sich die meisten der dargestellten Untersuchungen, ist im Laufe der Jahre weniger optimistisch geworden. In den achtziger Jahren, wie das Zitat von Barlow (1988) zeigt, herrschte eine gewisse Euphorie wegen der günstigen Ergebnisse von Therapiestudien. So kamen auch Michelson und Marchione (1991) in einer Übersichtsarbeit (Metaanalyse) der Therapiestudien bis zum Jahre 1988 zu dem Ergebnis, daß kognitive Verhaltenstherapie im Durchschnitt bei 90 Prozent der behandelten Patienten dauerhaft Beschwerdefreiheit bewirken kann. In der Arbeit von Nutzinger et al. wurde nur in etwas über der Hälfte der Patienten eine dauerhafte Besserung erzielt. In einigen Untersuchungen zeigten sich die Besserungen nur bei Patienten mit „reiner" Panikstörung, ohne agoraphobes Vermeidungsverhalten, in anderen in Abhängigkeit von der Abwesenheit von Depression oder anderen Angststörungen.

Damit zeigt sich eine deutliche Abhängigkeit des Erfolgs der Therapie vom Vorhandensein anderer Störungen, d.h. je isolierter die Panikattacken auftreten, und wahrscheinlich auch je kürzer die Zeit vom ersten Auftreten der Beschwerden bis zur Therapie, desto günstiger sind die Erfolgsaussichten. Bestehen die Beschwerden und die damit verbundenen Ängste bereits längere Zeit, so ist die Wahrscheinlichkeit des Auftretens von Vermeidungsverhalten und auch von Depressionen stark erhöht. Dies ist dann nicht der Fall, wenn die Beschwerden tatsächlich unvorhersehbar auftreten, d.h. nicht an bestimmte Situationen gebunden sind. Dies ist eines der Kriterien für die Panikstörung nach DSM-III-R, wo es heißt: „Irgendwann im Verlauf der Störung traten eine oder mehrere Panikattacken auf, die (1) unerwartet, d.h. nicht unmittelbar vor oder in einer fast immer Angst auslösenden Situation auftraten und (2) nicht durch Situationen ausgelöst wurden, in denen die Personen im Mittelpunkt der Aufmerksamkeit anderer sind" (DSM-III-R 1987 S. 291). Treten die Angstanfälle unvorhersehbar auf, so kann sich kein Vermeidungsverhalten im Hinblick auf Situationen ausbilden, da das Auftreten der Angst nicht vorhersehbar ist.

Fallbeispiel *4*

Dies war so im Fallbeispiel 4, und die Patientin hat im Lauf der Zeit keinerlei Vermeidungsverhalten ausgebildet. Entsprechend unkompliziert war auch die Therapie. Im Mittelpunkt der Therapie stand die erfolgreiche Konfrontation mit den körperlichen Empfindungen sowie kognitive Verhaltenstherapie im Hinblick auf dysfunktionale Gedanken. Dadurch, daß die körperlichen Beschwerden nicht an irgendwelche Situationen gebunden waren, trat insgesamt weniger Erwartungsangst auf. Andererseits bestand ein größeres Gefühl der Unvorhersehbarkeit, da nicht vorhersehbar war, unter welchen Umständen die Beschwerden auftreten würden. Therapeutisch allerdings konnte dieser Unsicherheit durch die Konfrontation und die angewandte Entspannung und somit durch die Erfahrung, daß die körperlichen Beschwerden kontrollierbar waren, recht gut entgegengewirkt werden. Da die Patientin ihre körperlichen Reaktionen kontrollieren konnte, war eine Vorhersehbarkeit von Situationen nicht notwendig.

Aus den oben geschilderten Studien ergibt sich der Eindruck, daß in den achtziger Jahren in den Studien eine klarere Abgrenzung der Panikstörung von anderen psychischen Störungen vorgenommen wurde, in der Gegenwart eher Patienten in die Studien eingehen, die ein höheres Maß an Komorbidität mit anderen Störungen aufweisen. Es wurde im Abschnitt über Diagnostik bereits darauf hingewiesen, daß in DSM-IV die diagnostischen Kriterien weiter gefaßt sind, so daß der Übergang zu somatoformen Störungen weniger scharf ist. Es wird explizit darauf hingewiesen, daß Patienten mit Panikstörung häufig annehmen, körperlich erkrankt zu sein und an dieser Annahme trotz wiederholter ärztlicher Untersuchungen, die keinen organischen Befund erbracht haben, festhalten. Weiterhin wird, im Gegensatz zu DSM-III R, auf eine Häufigkeit der Komorbidität von 50 % - 60 % mit schwerer Depression (major depressive disorder), von 25 % mit generalisierter Angststörung und von 15 % - 30 % mit sozialer Phobie hingewiesen. Das bedeutet, daß die klinische Realität zu einer Erweiterung der Diagnose geführt hat und zu entsprechend schwieriger Therapie. Dennoch dürfen die therapeutischen Möglichkeiten nicht unterschätzt werden. Durch die wissenschaftliche Auseinandersetzung mit dem Phänomen der Panik sind therapeutische Strategien entwickelt worden, die auch bei komplizierteren Störungen sinnvoll und erfolgreich als Teil des therapeutischen Vorgehens eingesetzt werden können. So sind diese Ergebnisse zur Effektivität der Behandlung der Panikstörung ebenfalls für die Behandlung der Herzphobie von großer Wichtigkeit. Es ist jedoch wichtig, sich daran zu erinnern, daß zusätzliche psychische Probleme, wie eine depressive Störung, therapeutisch mitberücksichtigt werden müssen.

6.2 Medikamentöse Behandlung der Herzphobie

Der Einsatz von Medikamenten bei der Behandlung der Herzphobie ist außerordentlich häufig. In der Praxis werden sehr häufig Benzodiazepine verwendet, die symptomatisch zunächst recht gut helfen. Darin ist jedoch auch ein Problem begründet, da wegen der Wirkung des Medikaments sehr oft keine anderen therapeutischen Maßnahmen ergriffen werden, die Therapie mit den Medikamenten jedoch nur rein symptomatisch wirkt. Es kann jedoch notwendig sein, eine psychologische Therapie für eine Zeit lang mit einem Medikament zu unterstützen.

In den letzten Jahren sind viele Untersuchungen zur Wirksamkeit von Medikamenten bei der Behandlung der Panikstörung durchgeführt worden. Diese Untersuchungen bezogen sich zunächst auf die Wirksamkeit des Antidepressivums „Imipramin" sowie von Benzodiazepinen wie Diazepam. Die Unwirksamkeit von Benzodiazepinen bei der Behandlung derjenigen Patienten, die Klein (1964) bei einigen Patienten mit affektiven Störungen und Anfällen intensiver Angst entdeckt hatte, hat zur Schaffung der diagnostischen Kategorie der Panikstörung geführt. Klein hatte entdeckt, daß die Gabe von Benzodiazepinen bei diesen Patienten nicht wirksam war und hatte daraus den Schluß gezogen, daß es sich bei der Angst der Patienten um etwas von anderen Ängsten Verschiedenes handeln müsse, da die übrigen Ängste mit Benzodiazepinen symptomatisch gut behandelbar waren und sind. Nachdem die Wirksamkeit von Imipramin in der Behandlung von Angstanfällen deutlich wurde, haben Klein et al. (1983) Studien durchgeführt, um diese Ergebnisse zu bestätigen. Dabei zeigte sich, daß Imipramin einem einfachen Plazebo in der Wirkung überlegen war, jedoch in der Gruppe von Patienten mit verschiedenen Phobien wenig wirkungsvoll war.

In anderen Studien wurde Imipramin zur Unterstützung verhaltenstherapeutischer Behandlung eingesetzt und dabei in seiner Wirksamkeit mit Plazebo verglichen. Dabei zeigte sich einerseits die deutliche Wirkung der Verhaltenstherapie, vor allem wenn die Konfrontationstherapie durch eigenständige Übungen in der gewohnten Lebensumgebung ergänzt wurde (Cohen, Monteiro und Marks 1984). Es zeigte sich allerdings auch eine Überlegenheit von Imipramin gegenüber Plazebo im Hinblick auf die allerdings retrospektive Einschätzung des Auftretens von Panikattacken und der ängstlichen Erwartung derartiger Attacken (Raskin 1990). Zu ähnlichen Ergebnissen kamen auch Zitrin, Klein und Woerner (1980). In dieser Studie war die Einschätzung der allgemeinen Besserung in beiden Gruppen recht hoch, in der Gruppe, die die Konfrontationstherapie zusammen mit Imipramin erhalten hatte, jedoch noch deutlich höher als in der Plazebogruppe. Aus derartigen Studien ergab sich der Eindruck, daß Imipramin vor allem die Konfrontation mit den Angstreizen begünstigt. Um dieser Frage nachzugehen, führten Mavissakalian und Michelson (1986) eine Studie durch, in der dieser Effekt untersucht wurde. In dieser Studie war diejenige Gruppe von Patienten, die Konfrontation mit Imipramin, gegenüber allen anderen Gruppen, die Plazebo oder nur eine der Therapiekomponenten erhalten hatte, also auch nur Imipramin, mehr gebessert. Die Autoren zogen daraus den Schluß, daß die Kombination von Imipramin mit einer Konfrontationstherapie die effektivste Therapie sei, allerdings beim zusätzlichen Vorhandensein einer Agoraphobie. Zu vergleichbaren Ergebnissen kommen auch Telch, Agras, Taylor, Roth und Gallen (1985), bei denen ein nennenswerter therapeutischer Effekt nur in derjenigen Behandlungsgruppe auftrat, die Imipramin und Konfrontation zusammen erhalten hatten. Diese Autoren meinten damals sogar, daß eine Konfrontationstherapie ohne Imipramin wenig sinnvoll sei, eine Meinung, die heute nicht mehr aufrechterhalten werden kann.

Man kann sich nun fragen, wie dieser Effekt von Imipramin, einem Antidepressivum, zu interpretieren ist. Klein (Klein, Ross und Cohen 1987) ist der Meinung, daß Imipramin direkt pharmakologisch Panikattacken blockiert und sich darum günstig auf das Vermeidungsverhalten auswirkt. Damit besteht bei den Patienten eine größere Bereitschaft, sich einer Konfrontation auszusetzen. Es wurde auch die Meinung vertreten, daß durch Imipramin die körperlichen Reize, deren Fehlinterpretation zu Panikattacken führt, verringert werden, wodurch sich die Anzahl der Panikattacken verringert. Gleichzeitig würde die ängstliche Erwartung durch Imipramin verringert, was diesen Effekt noch verstärkt (Barlow 1988). Tatsächlich wird von Imipramin - wie von anderen Antidepressiva - beschrieben, daß es aufgrund seiner Wirkung auf das noradrenerge System eine „dysphorische Übererregung", Antriebslosigkeit und Hilflosigkeit reduziert (Elbert und Rockstroh 1990). Diese Wirkungsbeschreibung würde eigentlich alle Interpretationen der Wirkung von Imipramin und seine Kombination mit der Konfrontationstherapie abdecken. Es ist plausibel, anzunehmen, daß bei gesteigertem Antrieb, aufgehellter Stimmung und geringerem Erregungsniveau eine größere Bereitschaft zur Konfrontation mit angstauslösenden Reizen besteht. Bei geringerem Erregungsniveau ist es ebenfalls plausibel, weniger körperliche Erregungssymptome anzunehmen und damit eine geringere Wahrscheinlichkeit der Auslösung von Panikattacken. Ähnlich ist von der Wirkung anderer antidepressiv wirksamer Medikamente wie Clomipramin oder der „MAO-Hemmer" (Monoamin Oxydase Hemmer) auszugehen.

Gegenüber den herkömmlichen Benzodiazepinen haben neuere Benzodiazepine ein sehr viel spezifischeres Wirkungsprofil als die mehr global wirksamen Medikamente wie Diazepam. Diazepam hat eine stark sedierende und auch muskelrelaxierende Wirkung, was die Einnahme am Tage zur Anxiolyse erschwert. Neuere Benzodiazepine haben dagegen eine sehr viel stärkere anxiolytische Wirkung bei sehr viel weniger Sedierung und Muskelrelaxation.

In den folgenden Jahren wurden große internationale, multizentrische Studien zur Wirksamkeit eines neu entwickelten Benzodiazepins „Alprazolam" durchgeführt (Cross-National Collaborative Panic Study 1992). In der ersten Phase der Untersuchung wurden fast 500 Patienten mit Panikattacken, mit oder ohne Agoraphobie, für 8 Wochen mit Alprazolam oder Plazebo behandelt. Danach wurde das Medikament oder das Plazebo langsam über vier Wochen abgesetzt, danach nochmals für zwei Wochen das Auftreten von Panikattacken erfaßt. Ein wesentliches Ergebnis dieser Studie, das vor allem auch für den Vergleich mit der Wirkung von Imipramin wichtig ist, bestand darin, daß das Alprazolam einen sehr schnellen Wirkungsbeginn zeigte. Antidepressiva entfalten dagegen ihre Wirkung meist erst nach 2-3 Wochen. Dadurch ist die Wahrscheinlichkeit verringert, daß bei der Anwendung von Alprazolam die Therapie wegen eines späten Wirkungsbeginns abgebrochen wird. So gab es in dieser Studie entsprechend viele Patienten, die mit Plazebo behandelt wurden, die die Behandlung abbrachen (Ballenger et al. 1988). Die Ergebnisse zeigen jedoch keine wesentliche Überlegenheit von Alprazolam, wenn das Kriterium in vollständiger Abwesenheit von Panikattacken bestand.

Ein besonderes Problem jedoch ergab sich beim Absetzen des Medikaments. Nahezu alle Patienten, die mit Alprazolam behandelt worden waren (82 %), erlebten einen Rückfall, wobei bei 27 % der Patienten die Panikattacken schlimmer waren als vor der Behandlung (Pecknold et al. 1988). Dieser Effekt trat bei Patienten, die mit Plazebo behandelt worden waren, nicht auf, sie hatten nach der Behandlung deutlich weniger Panikattacken als die Patienten, die mit Alprazolam behandelt worden waren. Dieser Aspekt stellt natürlich eine sehr ernste Begrenzung der Effektivität der Behandlung mit Alprazolam dar. Bei einer Reihe von Patienten war der Rückfall nur vorübergehend, dennoch gab es eine große Zahl von Patienten, die das Medikament wieder benötigten (Noyes et al. 1991).

In der zweiten Phase der Studie wurden international an 12 Zentren insgesamt über 1100 Patienten behandelt. Die Behandlung wurde entweder mit Alprazolam, mit Imipramin oder Plazebo durchgeführt. Wieder kam es bei den mit Plazebo behandelten Patienten am häufigsten zum Abbruch der Therapie. In dieser Studie zeigte sich langfristig eine Überlegenheit des Imipramins im Vergleich zu Alprazolam, vor allem über die antidepressive Wirkung. Im Hinblick auf das vollständige Verschwinden der Panikattacken gab es jedoch keinen Unterschied zwischen den Behandlungsformen. Derartige Ergebnisse werfen natürlich die Frage auf, wie denn eine Freiheit von Panikattacken bei 65 % der Patienten, die mit Plazebo behandelt worden waren, zustande kommt bzw. wie eine Erfolgsquote von 72 % Panikfreiheit durch Alprazolam zu interpretieren ist.

Als besonders gravierend müssen derartige Befunde erscheinen, zieht man in Betracht, daß diejenigen Patienten, die mit Alprazolam behandelt worden waren, sehr heftige Absetzungserscheinungen aufwiesen, die bei den mit Plazebo „behandelten" Patienten nicht auftraten. Derartige Ergebnisse stellen den Nutzen einer alleinigen Therapie mit einem Benzodiazepin stark in Frage. Dies ist besonders der Fall, nachdem Studien gezeigt haben, daß der Langzeitgebrauch von Benzodiazepinen die Erfolgsaussichten späterer anderer Therapien beeinträchtigt (von Balkom et al. 1995). Bestätigt wird diese Einstellung durch eine Studie von Klosko et al. (1990), in der die Wirksamkeit von Alprazolam mit der einer Verhaltenstherapie und Plazebo verglichen wird. Fast 90 % der mit Verhaltenstherapie behandelten Patienten waren nach Therapie von 15 Wochen panikfrei, jedoch nur die Hälfte der mit Alprazolam behandelten Patienten. Auch Marks et al. (1993) zeigten in einer multizentrischen Studie, die eine reine Konfrontationstherapie mit Alprazolam und Plazebo verglichen, daß die Wirkung der Verhaltenstherapie etwa doppelt so stark war wie die des Alprazolams. Während des Absetzens der Therapie über 8 Wochen und danach blieb der Effekt der Verhaltenstherapie bestehen, während, wie in anderen Studien, der Effekt des Alprazolams verschwand bzw. eine Verschlechterung des Befindens auftrat.

Als diese Ergebnisse der Studie erhoben worden waren, stellte die pharmazeutische Firma, die die Studie unterstützt hatte, ihre Förderung sofort ein. Die Autoren kommentieren dieses Verhalten wie folgt: „Wenn sich das Medikament als doppelt so effektiv erwiesen hätte wie die Verhaltenstherapie, hätte man dies auf allen psychiatrischen Konferenzen verbreitet. Jeder Psychiater hätte farbige Broschüren mit zahlreichen Grafiken erhalten, die die Überlegenheit des Medikaments gegenüber der Verhaltenstherapie gezeigt hätten. Aber so hat sich Verhaltenstherapie als doppelt so effektiv im Vergleich zu Alprazolam gezeigt." (Marks 1993 S. 793).

Bemerkenswert ist auch die recht hohe tägliche Dosierung des Alprazolams, die zwischen 5-7 mg pro Tag lag. Geht man von einer etwa 10fachen anxiolytischen Wirkung im Vergleich zu Diazepam aus, so entspricht dies einer Dosierung von 60 mg Diazepam pro Tag. Aufgrund des breiteren Wirkungsspektrums kann die Dosierung von Diazepam nicht unmittelbar verglichen werden, es ist dennoch interessant festzustellen, daß für Valium eine maximale tägliche Dosierung von 15 mg bei schweren Angstzuständen vorgeschlagen wird (Rote Liste 1996).

Nach diesen Ergebnissen zur Wirksamkeit des Alprazolams stellt sich die Frage, ob und auf welche Weise ein derartiges Medikament sinnvoll einsetzbar ist. Es muß in diesem Zusammenhang berücksichtigt werden, daß die Schwere einer herzphobischen Störung sehr unterschiedlich ausgeprägt sein kann. Es gibt Patienten, die gelegentlich Beschwerden haben, insgesamt aber dadurch nur mäßig belastet und besorgt sind. Andere Patienten hingegen sind in hohem Maße durch die Beschwerden und die damit verbundene Angst behindert, nicht wenige Patienten sind daher nicht mehr in der Lage, ohne fremde Hilfe das Haus zu verlassen. Bei diesen Patienten kann es notwendig sein, durch die Gabe eines stark angstlösenden (anxiolytischen) Medikaments dem Patienten die Möglichkeit zu eröffnen, an einer weiterführenden Therapie teilzunehmen. Dabei muß abgeschätzt werden, inwieweit die Gefahr besteht, daß das Abhängigkeitspotential des Medikaments wirksam werden kann. Dazu ist es notwendig, eine genaue Anamnese in bezug auf die Einnahme anderer Beruhigungsmittel und vor allem Alkohol zu erheben.

Setzt man zu einem solchen Zweck ein Medikament wie Alprazolam ein, so ist es einerseits günstig, daß die anxiolytische Wirkung recht schnell einsetzt. Andererseits muß verhindert werden, daß der Patient nicht nur eine körperliche, sondern auch eine psychische Abhängigkeit entwickelt. Daher ist es notwendig, die Gabe des Medikaments auf einen kurzen Zeitraum zu begrenzen und vor allem die Einnahme des Medikaments nicht vom Befinden des Patienten abhängig zu machen. Häufig herrscht die Annahme vor, das Medikament solle nur bei Bedarf genommen werden, um die eingenommene Gesamtmenge möglichst gering zu halten. Dies ist darum falsch, weil die Patienten auf diese Weise im Sinne eines Fluchtverhaltens die Erfahrung machen, daß die Einnahme des Medikaments die Erleichterung bringt. Die Einnahme des Medikaments wird in jedem Falle durch die Erleichterung belohnt bzw. operant verstärkt (s.o.). Wird das Medikament jedoch auch bei Wohlbefinden eingenommen, wird diese Assoziation nicht oder weniger intensiv gebildet und damit die psychische Abhängigkeit geringer sein. Bei der Verschreibung des Medikaments muß ebenfalls klar sein, daß es symptomatisch wirkt und nicht kurativ, und daß die Einnahme auf einen bestimmten Zeitraum beschränkt ist. In derartigen Zusammenhängen wird auch die Dosis geringer sein als in den oben geschilderten Studien, da die relativ hohen Dosierungen auch in diesen Studien nicht von Anfang an gegeben wurden, sondern nach geringeren Anfangsdosen langsam auf die endgültige Dosierung erhöht wurde.

Seit den letzten zehn Jahren wurde eine Substanzgruppe für die Behandlung der Panikstörung untersucht, die den Serotoninstoffwechsel im Gehirn beeinflußt. Es handelt sich um die sogen. „Spezifischen Serotonin-Wiederaufnahme-Hemmer" (Specific serotonin reuptake inihibitors (SSRI)). Es wurde oben dargestellt, wie die Erregungsübertragung in den Schaltstellen zwischen Nervenzellen, den Synapsen, mit Hilfe von chemischen Substanzen, den sog. Transmittern, geschieht. Nachdem der Transmitter in der Synapse die Erregung übertragen hat, wird er teilweise in die Zelle, von der aus die Erregung auf die nächste übertragen wurde, wieder aufgenommen, d.h. aus dem synaptischen Spalt entfernt. Dies beeinflußt die weitere Erregungsübertragung durch diese Zelle. In verschiedenen Studien (s.o.) wurde nun eine Dysregulation des Serotonin-Transmittersystems bei Patienten mit Panikstörung nachgewiesen, in einigen Studien allerdings nicht. Tatsächlich hat sich in verschiedenen Studien, und das weitaus einheitlicher, als dies bei den komplizierteren Studien zur Dysregulation des Serotoninsystems der Fall war, die Wirksamkeit von Medikamenten gezeigt, die in die Regulation dieses Systems eingreifen. Auch aus derartigen Ergebnissen wurde geschlossen, daß das Serotoninsystem für die Entstehung von Angst- oder Panikattacken wichtig sein dürfte. Diese Medikamente werden ebenfalls zur Therapie der Depression, wie das Imipramin (s.o.), eingesetzt. Die SSRI haben jedoch bedeutend weniger Nebenwirkungen als das Imipramin oder ähnliche Substanzen.

So konnten De Boer und Westenberg (1988) zeigen, daß nach einer anfänglichen Latenzphase von fast vier Wochen, in der das Medikament (Fluvoxamin) nicht wirksam war, sowohl die Panikanfälle als auch die depressive Symptomatik reduziert wurden. In den ersten vier Wochen verschlechterte sich die Symptomatik eher. Die Autoren schlossen aus diesem Zeitverlauf, daß die Stimulierung der serotonergen Rezeptoren durch die Hemmung der Wiederaufnahme zunächst zu der Verschlechterung der Symptomatik führt, die anschließende „Downregulierung" der Rezeptoren, d.h. ihre Verminderung, den klinisch günstigen Effekt hat (Westenberg und De Boer 1989). Schneier et al. (1990) fanden ähnliche Ergebnisse für einen anderen Typ von SSRI, das Fluexetin. Hier besserte sich die Symptomatik ebenfalls nach vier Wochen bei etwas mehr als 75 % der Patienten. Um die beschriebene anfänglich ungünstige Wirkung des Medikaments zu vermeiden, steigerten diese Autoren die Dosis im Verlauf der ersten vier Wochen. Insgesamt wurden die Patienten über ein Jahr behandelt. Black, Wesner und Gabel (1993) stellten zwar nach dem Absetzen des Medikaments das Auftreten von Symptomen fest, die in Schwindel, Müdigkeit usw. bestanden, jedoch nach einer Woche wieder verschwanden. Anders als beim Alprazolam kam es jedoch nicht zu einem Wiederauftreten der Panik-Symptomatik nach dem Absetzen des Medikaments. Hoehn-Saric, McLeod und Hipsley (1993) zeigten ebenfalls eine deutliche Besserung nach der Gabe von Fluvoxamin, allerdings auch erst in diesem Falle nach 6 Wochen, im Vergleich mit Plazebo.

Es gibt ebenfalls Studien, die die Kombination von Verhaltenstherapie mit der Gabe eines SSRI im Gegensatz zu Plazebo untersucht haben. So fanden Oehrberg et al. (1995), daß die Kombination von Paroxetin mit Verhaltenstherapie therapeutisch effektiver war als die Kombination von Verhaltenstherapie mit Plazebo.

Die Ergebnisse zur therapeutischen Wirksamkeit von Spezifischen-Serotonin-Wiederaufnahme Hemmern sind relativ einheitlich. Nach einer Latenzzeit zwischen vier und sechs Wochen kommt es zu einer erheblichen Besserung der Symptomatik, wenn auch nicht bei allen Patienten. Ein eher geringerer Teil der Patienten bricht die Behandlung aufgrund der Nebenwirkungen vorzeitig ab. Ein Problem dieser Medikamentengruppe besteht sicherlich in dem verzögerten Beginn der therapeutischen Wirkung. Ein wesentlicher Vorteil gegenüber Benzodiazepinen besteht darin, daß es nach dem Absetzen nicht zum verstärkten Wiederauftreten von Panikattacken kommt und die ansonsten auftretenden Symptome nur vorübergehend sind. Auch ist die Abhängigkeitsgefahr geringer einzuschätzen, da die Wirkung dieser Medikamente nicht in bezug auf deren Einnahme spürbar ist. Es kommt also nicht zu dem oben geschilderten Erleichterungseffekt, der die Tendenz zur Einnahme des Medikaments verstärkt, das Medikament wird ohnehin „kurmäßig" eingenommen. Ebenso scheint die therapeutische Wirksamkeit gegenüber Imipramin und Alprazolam größer zu sein, wie eine zusammenfassende Meta-Analyse von 27 entsprechenden Studien zeigt (Boyer 1995).

Die Möglichkeiten der medikamentösen Therapie der Herzphobie müssen unter dem Aspekt der langfristigen Wirksamkeit gesehen werden. Es ist zu bedenken, daß beispielsweise die Behandlung mit Alprazolam keinen langfristig kurativen Effekt besitzt. Alle Studien zeigen, daß die Symptomatik nach Absetzen der Therapie, auch wenn sie ausgeschlichen wird, wiederkehrt, meist sogar noch intensiver als vorher. Dies spricht nicht gegen die Wirksamkeit des Medikaments, die Patienten bleiben jedoch von der Einnahme abhängig. Es hängt davon ab, wie man die Ziele einer Therapie definiert und auch davon, welches Modell einer Störung man hat. Betrachtet man die Herzphobie oder die Panikstörung als eine chronische Erkrankung wie einen Diabetes, so kann es auch gerechtfertigt erscheinen, „lebenslang" Medikamente einnehmen zu müssen. So wurde das Phänomen, daß die Beschwerden der Panikstörung nach dem Absetzen der Therapie mit Alprazolam wieder auftreten, von Klerman (1988) als Hinweis dafür betrachtet, daß die Panikstörung ein chronischer Zustand ist.

Diese Auffassung erscheint jedoch nicht gerechtfertigt zu sein, zumindest nicht für den größten Anteil der Patienten, wenn man in Betracht zieht, daß mit psychologischen Therapien ein dauerhafter Erfolg erzielt werden kann. Aber auch hierbei ist es notwendig zu bedenken, welches Krankheitsmodell man der Herzphobie zugrunde legt. Denkt man daran, daß eine Person vor einem bestimmten Zeitpunkt in ihrem Leben keine Herzphobie gehabt hat, diese Störung dann irgendwann unter bestimmten Umständen aufgetreten ist, so könnte man geneigt sein, das Modell einer Infektionserkrankung zugrunde zu legen. Das würde für die Beurteilung des Erfolgs einer Therapie bedeuten, daß man erwarten könnte, durch die Therapie würde ein Zustand wieder hergestellt, der dem vor dem Auftreten der Herzphobie gleichen würde. Das wäre analog dem Erleben, sich zu einem Zeitpunkt gesund zu fühlen, einen Atemwegsinfekt zu bekommen, der mit oder ohne Behandlung nach einiger Zeit wieder verschwunden ist und sich wie vor dem Infekt, also gesund zu fühlen. Dem Erleben nach ist der Zustand nach der Infektion dem vorher gleich.

Bei einem Infekt ist in erster Linie das Immunsystem mit der Bewältigung der Erkrankung beschäftigt, und es ist inzwischen klar, daß das Immunsystem, ohne daß man das merkt, nicht dasselbe ist wie vor der Erkrankung. Ein Effekt der Veränderung des Immunsystems besteht darin, daß es „gelernt" hat, mit einem bestimmten Keim umzugehen. Dieses Lernen bleibt dem Erleben jedoch verborgen.

Auf diese Weise muß bedacht werden, daß die Annahme, durch eine Therapie, welcher Art auch immer, werde man in den früheren Zustand zurückversetzt, nicht zutreffend ist. So wird ein Patient, der eine Herzphobie gehabt hat und erfolgreich behandelt worden ist, die Erinnerung an seine Krankheit weiter behalten. Insofern hat sich der Patient verändert. Es stellt sich nun die Frage, wie verändert oder unverändert eine Therapie einen Patienten lassen kann, um noch von Erfolg einer Therapie sprechen zu können. So berichten viele Patienten, sie seien schon immer ängstlich gewesen, nur hätten sie vor Beginn der Herzphobie niemals so anhaltende und intensive Angst erlebt. Nun kann man sich fragen, ob eine Therapie erfolgreich war, wenn sie die vorher bestehende Ängstlichkeit unverändert läßt, aber die akuten Anfälle von Angst und körperlichen Beschwerden beseitigt. Betrachtet man die Ängstlichkeit als ein Risiko für das Auftreten der herzphobischen Beschwerden, so wäre es sicherlich wünschenswerter, wenn auch die Ängstlichkeit beseitigt worden wäre.

Auf diese Weise wurde von psychoanalytischer Seite argumentiert, die Verhaltenstherapie verändere zwar die Symptome, aber den den Symptomen zugrunde liegenden „Zustand" der Patienten nicht. (vgl. Kap.). Da die Person nicht geändert sei, würden die Symptome wiederkehren, wenn auch in anderer Gestalt als „Symptomverschiebung" (s.o.). Es war oben bereits dargestellt worden, daß diese Annahme durch die Erfahrung nicht bestätigt worden ist.

Die Bewertung des Erfolgs einer Therapie kann auf diese Weise sehr unterschiedlich beurteilt werden. Der vormals ängstliche Patient ist jedoch nie auf die Idee gekommen, sich wegen dieses Merkmals in eine Therapie zu begeben, er konnte damit leben und die Anforderungen seines Lebens erfüllen. Zu irgendeinem Zeitpunkt jedoch sind er oder andere zu der Entscheidung gelangt, daß der Patient die Anforderungen seines Lebens ohne zu großen Leidensdruck nicht mehr aufrechterhalten könne. So könnte das Ziel einer Therapie darin bestehen, daß der Patient nach diesen Kriterien wieder „lebensfähig" ist. Dies kann sehr wohl mit einer vorhandenen Angstneigung oder Ängstlichkeit der Fall sein.

Betrachtet man die diagnostischen Kriterien für die Stellung einer Diagnose, seien es nun somatoforme autonome Funktionsstörungen, Panikstörung oder Herzphobie, stets ist das Kriterium enthalten, daß der Patient aufgrund seiner Symptome wesentliche Anteile seiner Lebensfunktionen aufgegeben hat. Als erfolgreich kann also eine Therapie angesehen werden, wenn diese Lebensfunktionen zurückgewonnen werden konnten, bei entsprechender Verringerung der Symptomatik.

Diese Aussage wirft ein neues Problem auf: Darf nach einer erfolgreichen Therapie noch ein Rest von Symptomatik bestehen? Es braucht nicht erwähnt zu werden, daß eine komplette Beseitigung der Symptome das beste und erfolgreichste Ergebnis ist. Ist die Symptomatik komplett beseitigt, wenn der Patient nach wie vor in bestimmten Situationen eine gewisse Unsicherheit spürt, die vor der Behandlung zu den Beschwerden und der Angst geführt hat, diese Unsicherheit jedoch beherrschen kann und damit auch das Auftreten der Beschwerden. Nach den Kriterien, etwa der Panikstörung nach DSM-III R, wäre eine Panikstörung im klinischen Sinne nicht mehr vorhanden, wenn die Beunruhigung nicht andauernd ist und nicht zu den genannten Beeinträchtigungen der Lebensfunktionen führt, die Therapie wäre erfolgreich gewesen.

Derartige Überlegungen sind wichtig, weil auch die Patienten dazu neigen, die Ziele der Therapie zu idealistisch zu sehen, so als würde die Therapie einen „neuen" bzw. anderen Menschen aus ihnen machen. In einem gewissen Sinne ist das auch der Fall, so haben sie Strategien gelernt, mit ihrer Ängstlichkeit umzugehen, die sie weder vor der Erkrankung noch vor der Therapie kannten. Es gibt jedoch eine Kontinuität im Leben der Patienten, wie aller Menschen, und diese beinhaltet, daß der Patient zumindest die Erinnerung an seine Probleme besitzt als Teil seiner individuellen Geschichte; in diesem Sinne sind sie keine neuen Menschen.

Die Gefahr, daß ein Patient zu idealistische Ziele mit einer Therapie verbindet, ist um so größer, je stärker die Depressivität des Patienten ausgeprägt ist. In derartigen Fällen ist es häufig so, daß die Patienten mit dem Fortschritt der Therapie unzufrieden sind, weil sie zu idealistische Ziele haben. In diesem Sinne sind auch Vorstellungen und Hoffnungen der Patienten zu verstehen, die beinhalten, daß irgend etwas geschieht, das alles zum Guten ändert. So ist auch die Vorstellung, daß eine therapeutische Einsicht, die einem Patienten durch eine Deutung über die Gründe seines Verhaltens oder Erlebens vermittelt wird, alles ändert, weder zutreffend noch hilfreich. Patienten haben jedoch häufig die Hoffnung oder Vorstellung, therapeutischer Erfolg sei ein Ereignis, wie eine plötzliche und vollkommen neue Einsicht, und nicht ein langsamer und mühevoller Prozeß des Lernens. Dieser Gesichtspunkt ist sehr wichtig, da „Heilung" sehr häufig als ein punktuelles Ereignis betrachtet wird, nach dem alles besser ist als vorher. Damit verbunden ist oft die Annahme, daß eine andere Person oder eben ein Medikament dies bewirken muß. Dabei ist es außerordentlich wichtig, daß der Patient mit Hilfe eines Therapeuten und möglicherweise vorübergehend eines Medikaments, selbst die Änderungen bei sich bewirkt. Diese Änderung ist ein Prozeß und kein Ereignis.

Literaturverzeichnis

Abelson, J.L., Glitz, D., Cameron, O.G., Lee, M.A., Bronzo, M. & Curtis, G.C. (1992). Endocrine, cardiovascular, and behavioral responses to Clonidine in patients with panic disorder. *Biological Psychiatry, 32*, 18-25.

Adler, R. & Hemmeler, W. (1986). *Praxis und Theorie der Anamnese*. Stuttgart: Fischer.

Antony, M.M., Meadows, E.A., Brown, T.A. & Barlow, D.H. (1994). Cardiac awareness before and after cognitive-behavioral treatment for panic disorder. *Journal of Anxiety Disorders, 8*, 341-350.

Arntz, A., Van den Hout, M. (1996). Psychological treatments of panic disorder without agoraphobia: Cognitive therapy versus applied relaxation. *Behaviour Research and Therapy, 34*, 113-121.

Asmundson, G.J.G, Sandler, L.S., Wilson, K.G., & Norton, G.R. (1993). Panic attacks and interoceptive acuity for cardiac sensations. *Behaviour Research and Therapy, 31*, 193-197.

Asmundson, G.J.G. & Norton, G.R. (1993). Anxiety sensitivity and its relationship to spontaneous and cued panic attacks in college students. *Behaviour Research and Therapy, 31*, 199-202.

Asmundson, G.J.G., Norton, G.R., Wilson, K.G. & Sandler, L.S. (1994). Subjective symptoms and cardiac reactivity to brief hyperventilation in individuals with high anxiety sensitivity. *Behaviour Research and Therapy, 32*, 237-241.

Asnis, G.M., Wetzler, S., Sanderson, W.C., Kahn, R.S. & vanPraag, H.M. (1992). Functional interrelationship of serotonin and norepinephrine: cortisol response to MCPP and DMI in patients with panic disorder, patients with depression, and normal control subjects. *Psychiatry Research, 43*, 65-76.

Bach, M., Bach, D., Böhmer, F. & Nutzinger, D.O. (1994). Alexithymia and somatization: Relationship to DSM-III-R diagnoses. *Journal of Psychosomatic Research, 38*, 529-538.

Ballenger, J.C., Burrows, G.D., DuPont, R.L., Lesser, I.M., Noyes, R., Pecknold, J.C., Rifkin, A. & Swinson, R.P. (1988). Alprazolam in panic disorder and agoraphobia: Results from a multicenter trial. 1. Efficacy in short-term treatment. *Archives of General Psychiatry, 45*, 413-422.

Bandura, A. (1969). *Principles of behavior modification*. New York: Holt, Rinehart & Winston.

Barlow, D.H. (1988). *Anxiety and its disorders. The nature and treatment of anxiety and panic*. New York: Guilford Press.

Barrett, C.L. (1969). Systematic desensitization versus implosive therapy. *Journal of Abnormal Psychology, 74*, 587-592.

Barsky, A.J., Cleary, P.D., Sarnie, M.K. & Ruskin, J.N. (1994). Panic disorder, palpitations, and the awareness of cardiac activity. *Journal of Nervous and Mental Disease, 182*, 63-71.

Baumeyer, F. (1966). Der psychogene akute Herzanfall. *Psychosomatic Medicine* 12, 1.

Baumgarten, H.G. & Grozdanovic, Z. (1995). Die Rolle des Serotonins in der Verhaltensmodulation. [Sonderheft]. *Fortschritte der Neurologie - Psychiatrie, 63* (1), 3-8.

Beck, A.T. (1988). Cognitive approaches to panic disorder: Theory and therapy. In: S. Rachman & J.D. Maser (Eds.), *Panic, Psychological perspectives* (pp. 91-109) Hillsdale NJ: Erlbaum.

Beitman, B.D., Mukerji,V., Alpert, M. & Peters, J.C. (1990). Panic disorder in cardiology patients. *Psychiatric Medicine, 8*, 67-81.

Benedek, T.H. (1960). Elternschaft als Phase der Entwicklung. *Jahrbuch. der Psychoanalyse, 1*, 35-61

Birbaumer,N. und Schmidt,R.F. (1996) *Biologische Psychologie*. 3. Aufl. Springer, Berlin - Heidelberg

Black, D.W., Wesner, R. & Gabel, J. (1993). The abrupt discontinuation of fluvoxamine in patients with panic disorder. *Journal of Clinical Psychiatry, 54*, 146-149.

Bond, A.J., James, D.C. & Lader, M.H. (1974). Physiological and psychological measures in anxious patients. *Psychological Medicine, 4*, 364-373.

Bouchard, S., Gauthier, J., Laberge, B., French, D., Pelletier, M.-H. & Godbout, C. (1996). Exposure versus cognitive restructuring in the treatment of panic disorder with agoraphobia. *Behaviour Research and Therapy, 34*, 213-224.

Bowen, R.C., D'Arcy, C. & Orchard, R.C. (1991). The prevalence of anxiety disorders among patients with mitral valve prolapse syndrome and chest pain. *Psychosomatics, 32*, 400-406.

Boyer,W. (1995). Serotonin uptake inhibitors are superior to imipramine and alprazolam in alleviating panic attacks: A meta-analysis. *International Clinical Psychopharmacology, 10*, 45-49.

Bräutigam, W. (1964). Typus, Psychodynamik und Psychotherapie herzphobischer Zustände. Zeitschrift für *Psychosomatische Medizin, 10*, 276-285.

Brown, F.W., Golding, J.M. & Smith, G.R. .J.r. (1990). Psychiatric comorbidity in primary care somatization disorder. *Psychosomatic Medicine, 52*, 445-451.

Byrne, D. (1964). Repression-Sensitization as a dimension of personality. In B. Maher (Ed.), *Progress in experimental personality research* (pp. 169-220). New York: Academic Press.

Cameron, O.G., Lee, M.A., Curtis, G.C. & McCann, D.S. (1988). Endocrine and physiological canges during „spontaneous" panic attacks. *Psychoendocrinology, 12*, 321-331.

Cannon, W.B. (1931). Again the James Lange and the thalamic theories of emotion. *Psychological Review, 38*, 281-295.

Charney, D.S. & Heninger, G.R. (1986). Abnormal regulation of noradrenergic function in panic disorders. *Archives of General Psychiatry, 43*, 1042-1054.

Charney, D.S. & Heninger, G.R. (1985). Increased anxiogenic effects of caffeine in panic disorders. *Archives of General Psychiatry, 42*, 233-243.

Charney, D.S., Heninger, G.R. & Breier, A. (1984). Noradrenergic function in panic anxiety. *Archives of General Psychiatry, 41*, 751-763.

Charney, D.S., Woods, S.W., Krystal, J.H., Nagy, L.M. & Henninger, G.R. (1992). Noradrenergic neuronal dysregulation in panic disorder: The effects of intravenous yohimbine and clonidine in panic disorder patients. *Acta Psychiatrica Scandinavica, 86*, 273-282.

Charney, D.S., Woods, S.W., Price, L.H., Goodman, W.K., Glazer, W.M. & Henninger, G.R. (1990). Noradrenergic dysregulation in panic disorder. In J.C. Ballenger, (Ed.) *Neurobiology of panic disorder* (pp. 91-105). New York: Wiley-Liss.

Clark, D.M. (1986). A cognitive approach to panic. *Behaviour Research and Therapy, 24*, 461-470.

Classen, M., Diehl, V. & Kochsiek, K. (Hrsg.). (1991). *Innere Medizin*. München: Urban und Schwarzenberg.

Cloninger, C.R. (1986). A unified biosocial theory of personality and its role in the development of anxiety states. *Psychiatric Developments, 5*, 167-226.

Cohen, M.E., Badal, W., Kilpatrik, A., Reed, E.A. & White, P.D. (1951). The high familial prevalence of neurocirculatory asthenia (anxiety neurosis, effort syndrome). *American Journal of Human Genetics, 3*, 126-158.

Cohen, M.E., Conzolazzio. F. & Johnson, R.E. (1947). Blood lactate response during moderate exercise in neurocirculatory asthenia, anxiety neurosis, or effort syndrome. *Journal of Clinical Investigation, 26*, 339-342.

Cohen, M.E. & White. P.D. (1951). Life Situations, emotions and neurocirculatory asthenia. *Psychosomatic Medicine, 13*, 335-357.

Cohen, M.E., White, P,D. & Johnson, R.E. (1948). Neurocirculatory asthenia, anxiety neurosis or the effort syndrome. *Archives Internal Medicine, 81*, 260-281.

Cohen, K., Auld, F., Brooker, H. (1994). Is alexithymia related to psychosomatic disorder and somatizing? *Journal of Psychosomatic Research, 38*, 119-127.

Cohen, S.D., Monteiro, W. & Marks, I.M. (1984). Two-year follow-up of agoraphobics after exposure and imipramine. *British Journal of Psychiatry, 144*, 276-281.

Cowley, D.S., Hyde, T.S., Dager, S.R. & Dunner, D.L. (1987). Lactate infusions: The role aof baseline anxiety. *Psychiatry Research , 21*, 169-179.

Cox, B.J., Endler, N.S., & Swinson, R.P. (1995). Anxiety sensitivity and panic attack symptomatology. *Behaviour Research and Therapy, 33*, 833-836.

Craske, M., Miller, P.P., Rotunda, R. & Barlow, D.H. (1990). A descriptive report of features of initial unexpected panic attacks in minimal and extensive avoiders. *Behaviour Research and Therapy, 28*, 395-400.

Craske, M., Street, L. & Barlow, D.H. (1989). Instructions to focus upon or distract from internal cues during exposure treatment of agoraphobic avoidance. *Behaviour Research and Therapy, 27*, 663-672.

Cremerius, J. (1963). *Die Prognose funktioneller Syndrome*. Stuttgart: Enke.

Cross-National-Collaborative Panic Study, Second phase investigators. Drug treatment of panic disorder: Comparitive efficacy of alprazolam, imipramine, and placebo. (1992). *British Journal of Psychiatry, 160*, 191-202.

Da Costa, J.M. (1871). In irritable heart, a clinical study of a form of functional cardiac disorder and its consequence. *American Journal of the Medical Sciences, 61*, 2-52

Dager, S.R., Khan, A., Comess, K.A., Raisy, V. & Dunner, D.L. (1987). Mitral valve abnormalities and catecholamine activity in anxious patients. *Psychiatry Research, 20*, 13-18.

Davis, R.C. (1952). The stimulus trace in effectors and its relation to judgement responses. *J. Exp. Psychol., 44*, 377-390.

Delistraty, D.A., Greene, W.A., Carlberg, K.A. & Raver, K.K. (1992). Cardiovascular reactivity in type A and B males to mental arithmetic and aerobic exercise at an equivalent oxygen uptake. *Psychophysiology, 29*, 264-271.

Delius, L. & Fahrenberg, J. (1966). *Psychovegetative Syndrome*. Stuttgart: Thieme.

Den Boer, J.A. & Westenberg, H.G. (1988). Effect of a serotonin and noradrenaline uptake inhibitor in panic disorder; a double-blind comparative study with fluvoxamine and maprotiline. *International Clinical Psychopharmacolgy, 3*, 59-74.

Deetjen,P.E. und Speckmann,J. (1994) *Physiologie* 2. Aufl. Urban & Schwarzenberg München-Wien-Baltimore

Devereux, R.B. (1985). Mitral valve prolaps. *Primary care: Clinics in Office Practice, 12*, 39-54.

Dieckmann, H. (1966). Mutterbindung und Herzneurose. *Psychosomatic Medicine, 12*, 25.

Dilling, H., Weyerer, S. & Castell, R. (1984). *Psychische Erkrankungen in der Bevölkerung*. Stuttgart: Enke.

Dilling, H., Mombour, W. & Schmidt, M.H. (1991). *Internationale Klassifikation psychischer Störungen*. Bern: Huber.

Dimberg, U., & Oehman, A. (1983). The effects of directional facial cues on electrodermal conditioning to facial stimuli. *Psychophysiology, 20*, 160-167.

Dixon, N.F. (1981). Psychosomatic disorder: A special case of subliminal perception. In: M.J. Christie & P.G. Mellett, (Eds.), *Foundations of psychosomatics* (pp. 131-162). New York: Wiley.

Douglas, D. & Anisman, H. (1975). Helplessness or expectancy incongruency: effects of aversive stimulation on subsequent performance. *Journal of Experimental Psychology: Human Perception and Performance, 1*, 411-417.

Dubovsky, S.L. & Thomas, M. (1995). Serotonergic mechanisms and current and future psychiatric practice. *Journal of Clinical Psychiatry, 56* (Suppl. 2), 38-48.

Eckes, T. & Roßbach, H. (1980). Clusteranalysen. Stuttgart: Kohlhammer.

Ehlers, A. & Breuer, P. (1992). Increased cardiac awareness in panic disorder. *Journal of Abnormal Psychology, 101*, 371-382.

Ehlers, A., Margraf, J., Roth,W.T., Taylor, C.B., Maddock, R.J., Sheikh, J., Kopell, M.L., McClenahan, K.L., Gossard,D., Blowers, G.H., Agras,W.S. & Kopell, B.S. (1986). Lactate infusion and panic attacks: Do patients and controls respond differently? *Psychiatry Research, 17*, 295-308.

Ehlers, A. (1993). Somatic symptoms and panic attacks: A retrospective study of learning experiences. *Behaviour Research and Therapy, 31*, 269-278.

Ehlers, A. (1995). A one-year prospective study of panic attacks: Clinical course and factors associated with maintenance. *Journal of Abnormal Psychology*, 104,164-172

Elbert,T. & Rockstroh, B. (1990). Psychopharmakologie. Berlin: Springer.

Epstein, S. (1967). Toward a unified theory of anxiety. In: B. Maher (Ed.), Progress in experimental personality research (pp.2-89) New York: Academic Press.

Erdmann, G. & Janke, W. (1978). Interaction between physiological and cognitive determinants of emotional state: Experimental studies on Schachter's theory of emotion. *Biological Psychology, 6*, 61-74.

Ermann, M. (1987). Die Persönlichkeit bei psychovegetativen Störungen. Klinische und empirische Ergebnisse. Berlin: Springer.

Escobar, J.I. & Canino,G. (1989). Unexplained physical complaints. Psychopathology and epidemiological correlates. *British Journal of Psychiatry, 154*, 24-27.

Escobar, J.I., Burnam, M.A.., Karno, M., Forsythe, A. & Golding, J.M. (1987). Somatization in the community. *Archives of General Psychiatry, 44*, 713-718.

Eysenck, H.J. (1957). *The dynamics of anxiety and hysteria.* London: Routledge & Kegan.

Eysenck, H.J. (1968). A theory of the incubation of anxiety/fear responses. *Behaviour Research and Therapy, 6*, 309-321.

Eysenck, H.J. & Rachman, S. (1968). *Neurosen - Ursachen und Heilungsmethoden.* Berlin: Deutscher Verlag der Wissenschaften.

Fahrenberg, J. & Delius, L. (1963). Eine Faktorenanalyse psychischer und vegetativer Regulationsdaten. *Der Nervenarzt, 34*, 437-443.

Fenz, W.D. (1975). *Strategies for coping with stress.* Paper presented at the conference: "Dimensions of anxiety and stress". Oslo (Norwegen).

Fink, P. (1992). The use of hospitalizations by persistent somatizing patients. *Psychological Medicine, 22*, 173-180.

Flor, H., Kerns, R.D. & Turk, D.C. (1987). The role of spouse reinforcement, perceived pain, and activity levels of chronic pain patients. *Journal of Psychosomatic Research, 31*, 251-259.

Ford, C.V. (1986). The somatization disorders. *Psychosomatics, 27*, 327-337

Fowles, D.C. (1980). The three arousal model: Implications of gray`s two-factor learning theory for heart rate, electrodermal activity, and psychopathy. *Psychophysiology, 17*, 87-104.

Fowles, D.C. (1988). Psychophysiology and Psychopathology: A motivational approach. *Psychophysiology, 25*, 373-391.

Frankenhaeuser, M. & Rissler, A. (1970). Effects of punishment on catecholamine release and efficiency of performance. *Psychopharmacology, 17*, 378-390.

Franz, M. & Schepank, H. (1994). Zur inadäquaten Inanspruchnahme somatomedizinischer Leistungsangebote durch psychogen erkrankte Patienten. *Fortschritte der Neurologie - Psychiatrie, 62*, 40-45.

Fredrikson, M. (1981). Orienting and defensive reactions to phobic and conditioned fear stimuli in phobics and normals. *Psychophysiology, 18*, 456-465.

Freud, S. (1895). Über die Berechtigung, von der Neurasthenie einen bestimmten Symptomkomplex als "Angstneurose" abzutrennen. Gesammelte Werke Band 1. Fischer, Frankfurt M.

Freud, S. (1961). *Neue Folge der Vorlesungen zur Einführung in die Psychoanalyse. Gesammelte Werke* Band 15. Fischer, Frankfurt M.

Friedman, B.H. & Thayer, J.F. (1993). Heart rate variability and anxiety: Excess lability or flexibility? *Psychophysiology, 30* (Suppl. 1), 10.

Funkenstein, D.P. (1956). Nor-epinephrin-like and epinephrin-like substances in relation to human behavior. *Journal of Nervous and Mental Disease, 124*, 58-68.

Fürstenau, P., Mahler, E., Morgenstern, H., Müller-Braunschweig, H. & Richter, H.E. (1964). Untersuchungen über Herzneurose. *Psyche, 3*, 177.

Garvey, M., Noyes, R., Cook, B. & Z'Tollefson, G. (1989). The relationship of panic disorder and its treatment outcome to 24-hour urinary MHPG levels. *Comprehensive Psychiatry, 29*, 445-449.

Gasic, S., Gruenberger, J., Korn, A., Oberhummer, I. & Zapotoczky, H.G. (1985). Biochemical, physical and psychological findings in patients suffering from cardiac neurosis. *Neuropsychobiology, 13*, 12-16.

Goddard, A.W., Woods, S.W., Sholomskas, D.E., Goodman, W.K., Charney, D.S. & Heninger, G.R. (1993). Effects of the serotonin reuptake inhibitor fluvoxamine on yohimbine-induced anxiety in panic disorder. *Psychiatry Research, 48*, 119-33.

Golding, J.M., Smith, G.R. & Kashner, T.M. (1991). Does somatization disorder occur in men? *Archives of General Psychiatry, 48*, 231-235.

Gorman, J.M., Liebowitz, M.R., Fyrer, A.J., Goetz, D., Campeas, R.B., Fyrer, M.B., Davies, S.O. & Klein, D.F. (1987). An open trial of fluexitine in the treatment of panic attacks. *Journal of Clinical Psychopharmacology, 7*, 329-332.

Gorman, J.M., Shear, K., Devereux, R.B., King, D.L. & Klein, D.F.(1986). Prevalence of mitral valve prolapse in panic disorder: Effect of echocardiographic criteria. *Psychosomatic Medicine, 48*, 167-171.

Gray, J.A. (1972). The structure of the emotions and the limbic system. In: Ciba Foundation Symposium 8: Physiology, emotion and psychosomatic illness. North Holland: Elsevier.

Gray, J.A. (1982). *The neuropsychology of anxiety*. New York: Oxford Univesity Press.

Griez, E.J.L., Lousberg, H., Van den Hout, M.A. & Van der Molen, G.M. (1987). CO_2 vulnerability in panic disorder. *Psychiatry Research, 20*, 87-95.

Grunhaus, L., Gloger, S., Rein, A. & Lewis, B.S. (1982). Mitral valve prolaps and panic attacks. *Israel Journal of Medical Sciences, 18*, 221-223.

Hahn, P. (1965). Zur Analyse der auslösenden Situation bei der sog. "Herzphobie". *Psychosomatic Medicine, 11/4*, 264.

Hahn, P. (1976). Die Bedeutung des "somatischen" Entgegenkommens für die Symptombildung bei der Herzneurose. *Therapiewoche, 6,* 963-969.

Hamm, A.O., Globisch, J., Weilke, A., & Wietlacke, M. (1993). Habituation and startle modulation: persistence of fear in simple phobics. *Psychophysiology, 30* (Suppl.1), 13.

Harbauer-Raum, U. (1987). Wahrnehmung von Herzschlag und Herzarrhythmien - Eine Labor-Feldstudie an Patienten mit Herzphobie. In D.O. Nutzinger, D. Pfersman, T. Welan & H.G. Zapotoczky (Hrsg.), *Herzphobie* : Klassifikation, Diagnostik und Therapie(pp. 84-91) Stuttgart: Enke.

Hare, R.D. & Blevings, G. (1975). Defensive responses to phobic stimuli. *Biological Psychology, 3,* 1-13.

Hartl, L. (1992). *Die Panikstörung*. Frankfurt: Lang.

Henry, J.P. & Stephens, P.M. (1977). Stress, health and the social anvironment. A socio-biologic approach to medicine. New York: Springer.

Hermann, Ch., Buss, U., Breuker, A., Gonska ,B.-D. & Kreuzer, H. (1994). Beziehungen kardiologischer Befunde und standardisierter psychologischer Skalenwerte zur klinischen Symptomatik bei 3705 ergometrisch untersuchten Patienten. *Zeitschrift für Kardiologie, 83,* 264-272.

Herrmann, J.M., Schonecke, O.W., Radvila, A. & Uexküll,T. von. (1996). Das Hyperventilationssyndrom. In T.v.Uexküll, R. Adler, J.M. Herrmann, K. Köhle, O.W. Schonecke & W.Wesiack (Hrsg.), Lehrbuch der Psychosomatischen Medizin (5. Aufl.), (S. 686-692). München: Urban und Schwarzenberg.

Hinze, E. & Krüger, H. (1981). Das Herzangstsyndrom bei alten Patienten. *Zeitschrift für Gerontologie*, 198, 14, 34-39.

Hoehn-Saric, R., McLeod, D.R. & Hoipsley, P.A. (1993). Effect of fluvoxamine on panic disorder. *Journal of Psychopharmacology, 13,* 321-326.

Holloway, W. & McNally, R.J. (1987). Effects of anxiety sensitivity on the response to hyperventilation. *Journal of Abnormal Psychology, 96,* 330-334.

Ingbar, S.H. & Woeber, K.A. (1983). Diseases of the thyroid. In R.G. Petersdorf, R.D. Adams, E. Braunwald, K.J. Isselbacher, J.B. Martin & J.D. Wilson (Eds), *Harrison's principles of internal medicine* (pp. 614-634). London: McGraw Hill.

Jacobson, E. (1938). *Progrssive relaxation*. Chicago: University of Chicago Press.

James, W. (1884). The physical basis of emotion. *Psychological Review,1,* 516-529 .

Jenzer, H.R. (1981). Das Mitralklappenprolapssyndrom: Merkmal oder Krankheit? *Schweizerische Rundschau für Medizin Praxis, 70,* 1572-1582.

Johnsen, B.H. & Hugdahl, K. (1988). Preparedness and electrodermal fear-conditioning: An old problem revisited. *Psychophysiology, 25*, 457.

Jorswieck, E. & Katwan, J. (1967). Neurotische Symptome. Eine Statistik über Art und Auftreten in den Jahren 1947, 1956 und 1965. *Zeitschrift für Psychosomatische Medizin, 13*, 12.

Kannel, W.B., Dawber, T.R., Cohen, M.E. (1958). The electrocardiogram in neurocirculatory asthenia (anxiety neurosis or neurasthenia): A study of 203 neurocirculatory asthenia patients and 757 healthy controls in the Framingham study. *Annals of Internal Medicine, 49*, 1351-1360.

Kamarck,T.W.; Manuck,S.B.; Jennings,J.R. (1990) Social Support Reduces Cardiovascular Reactivity To Psychological Challenge:A Laboratory Model *Psychosom.Med. 1* 42-58

Kerr, W.J., Dalton, J.W. & Gliebe, P.A. (1937). Some physical phenomena associated with the anxiety states and their relation to hyperventilation. *Annals of Internal Medicine, 11*, 961-992.

King, A.C., Taylor, B.C., Albright, C.A. & Haskell, W.L. (1990). The relationship between repressive and defensive coping styles and blood pressure responses in healthy, middle aged men and women. *Journal of Psychosomatic Research , 34*, 461-471.

King, R., Margraf, J., Ehlers, A. & Maddock, R. (1986). Panic disorder - overlap with symptoms of somatization disorder. In I. Hand & U. Wittchen (Hrsg.), *Panic and Phobias*. Berlin: Springer.

Kirmayer, L.J., Robbins, J.M., Dworkind, M. & Yaffe, M.J. (1993). Somatization and the recognition of depression and anxiety in primary care. *American Journal of Psychiatry, 150*, 734-741.

Klein, D.F. (1964). Delineation of two drug responsive anxiety syndromes. *Psychopharmacology, 5*, 397-408.

Klein, D.F., Ross, D.C. & Cohen, P. (1987). Panic and avoidance in agoraphobia: Application of path analysis to treatment studies. *Archives of General Psychiatry, 44*, 377-385.

Klein, D.F., Zitrin, C.M., Woerner, M.G. & Ross, D.C. (1983). Treatment of phobias: II. Behavior therapy and supportive therapy: Are there any specific ingredients? *Archives of General Psychiatry, 40*, 139-145.

Klein, D.F. (1993). False suffocation alarms, spontaneous panics, and related conditions. *Archives of General Psychiatry, 50*, 306-317.

Klerman, G.L. (1988). Overview of the Cross-National-Collaborative Panic Study. *Archives of General Psychiatry, 45*, 407-412.

Klosko, J.S., Barlow, D.H., Tassinari, R. & Cerny, J.A. (1990). A comparison of alprazolam and behavior therapy in treatment of panic disorder. *Journal of Consulting and Clinical Psycholoy, 58*, 77-84.

Knoll, J.F. & Hodapp, V. (1992). A comparison between two methods for assessing heartbeat perception. *Psychophysiology, 29*, 218-222.

Krohne, H.W. (1974). Untersuchung mit einer deutschen Form der Repression-Sensitization Skala. *Zeitschrift für klinische Psychologie 1*, 238-260.

Lader, M.H. & Wing, L. (1964). Habituation of the psychogalvanic reflex in patients with anxiety states and normal subjects. *Journal of Neurology, Neurosurgery and Psychiatry, 27*, 210-218.

Lader, M.H. (1967). Palmar skin conductance measures in anxiety and phobic states. *Journal of Psychosomatic Research, 11*, 271-281.

Lang, P.J., Melamed, B.G. & Hart, J. (1970). A psychophysiological analysis of fear modification using an automated desensitization procedure. *Journal of Abnormal Psychology, 176*, 220-234.

Lange, C. G. (1885). Om Sindsbevaegelser et psykofysiolog. Studie. Kronar., Kopenhagen.

Lange, U., Rohde, J.J., Schedlowski, M., Tewes, U. (1994). Physiologische, endokrine und immunologische Veränderungen unter kognitiver Belastung mit und ohne Duftstoffapplikation. *Zeitschrift für Medizinische Psychologie, 3*, 14-20.

Langewitz, W., Rüddel, H. & Eiff, A.W. von. (1987). Influence of perceived level of stress upon ambulatory blood pressure, heart rate, and respiratory frequency. *Journal of clinical Hypertensiology, 3*, 743-748.

Lazarus, R.S. (1975). The self-regulation of emotion. In L. Levi (Ed.), *Emotions: Their parameters and measurement* (pp 47-67) New York: Raven Press.

Lazarus, R.S. & Alfert, E. (1964). The short-circuiting of threat by experimentally altering cognitive appraisal. *Journal of Abnormal Social Psychology, 69*, 195-205.

Lewis, T. (1917). Medical research committee: Report upon soldiers returned as cases of „disordered action of the heart" (D.A.H.) or „ valvular disease of the heart" (V.D.H.). London: His Majesty's stationery Office.

Ley, R. (1985). Blood, breath, and fears: a hyperventilation theory of panic attacks and agoraphobia. *Clinical Psychology Review, 5*, 271-285.

Ley, R. (1994). Dyspneic-fear theory explains hyperventilatory panic attacks: A reply to Carr, Lehrer and Hochron. *Behaviour Research and Therapy, 32*, 109-111.

Liberthson, R., Sheehan, D.V., King, M.E. & Weyman, A.E. (1986). The prevalence of mitral valve prolapse in patients with panic disorders. *American Journal of Psychiatry, 134*, 511-515.

Loch,W. (1967). Grundriß der psychoanalytischen Theorie (Metapsychologie). In W. Loch (Hrsg.), Die Krankheitslehre der Psychoanalyse, (S. 1-49) Stuttgart: Hirzel.

Maas, G. (1975). Praktisches Vorgehen bei Herzneurose. *Medizinische Welt, 26,* 592.

Mackintosh, N.J. (1975). A theory of attention: variations in the associability of stimuli with reinforcement. *Psychological Review, 82,* 276-298.

Mackintosh, N.J. (1978). Cognitive or associative theories of conditioning: implications of an analysis of blocking. In S.H. Hulse, H. Fowler & W.K. Honig (Eds), *Cognitive processes in animal behavior.* Erlbaum, Hillsdale N.J.

Maier,W., Buller, R., Rieger, H. & Benkert, O. (1985). The cardiac anxiety syndrome - a subtype of panic attacks. *European Archives of Psychiatry and Neurological Sciences, 235,* 146-152.

Maller, R.G. & Reiss, S. (1992). Anxiety sensitivity in 1984 and panic attacks in 1987. *Journal of Anxiety Disorders, 6,* 241-247.

Margraf, J. & Schneider, S. (1992). *Panik- und Angstanfälle und ihre Behandlung.* Berlin: Springer.

Margraf, J. & Ehlers, A. (1988). Panic attacks in nonclinical subjects. In G.L. Klerman & M. Marks, *Panic and phobias. Treatment and variables affecting course and outcome* (S. 103-116) Berlin: Springer.

Margraf, J., Barlow, D.H., Clark, D.M. & Telch, M.J. (1993). Psychological treatment of panic: work in progress on outcome, active ingredients, and follow up. *Behaviour Research and Therapy, 31,* 1-8.

Margraf, J. (1991). Hyperventilation, expectancy and panic attacks. *Journal of Psychophysiology, 5,* 117.

Marks, I.M., Marset. P., Boulougouris, J., & Hanson, J. (1971). Physiological accompaniments of neutral and phobic imagery. *Psychological Medicine,* 299-307.

Marks, I.M., Swinson, R.P., Basoglu, M., Kuch, K., Noshirvani, H., O'Sullivan, G., Lelliot, P.T., Kirby, M., McNamee, G., Sengun, S. & Wickwire, K. (1993). Alprazolam and exposure alone and combined in panic disorder with agoraphobia: A controlled study in London and Toronto. *British Journal of Psychiatry, 162,* 776-787.

Marks, I.M., Swinson, R.P., Basoglu, M., Noshirvani, H., Kuch, K., O'Sullivan, G. & Lelliot, P.T. (1993). Reply to comment on the London/Toronto study. *British Journal of Psychiatry, 162,* 790-794.

Marshall, G.D. & Zimbardo, P.G. (1979). Affective consequences of inadequately explained physiological arousal. *Journal of Personality and Social Psychology, 37*, 970-988.

Mavissakalian, M., Perel, J.M. & Michelson, L. (1984). The relationship of plasma/imipramine and N-desmethylimipramine to improvement in agoraphobia. *Journal of Clinical Pharmacology, 4*, 36-40.

Mayer, H., Stanek, B., Hahn, P. (1973). Biometric findings on cardiac neurosis: II. ECG and circulation findings of cardiophobic patients during standardized examination of the circulatory system. In H. Freyberger (Hrsg.), *Topics of psychosomatic research* (pp. 283-288). Basel: S. Karger.

McNally, R.J. (1987). Preparedness and phobias: A review. *Psychological Bulletin, 101*, 283-303.

McNally, R.J., Hornig, C.D. & Donnell, C.D. (1995). Clinical versus nonclinical panic: A test of suffocation false alarm theory. *Behaviour Research and Therapy, 33*, 127-131.

McNally, R.J. (1992). Anxiety sensitivity distinguishes panic disorder from generalized anxiety disorder. *Journal of Nervous Mental Disease, 180*, 737-738.

Meichenbaum, D. (1975). Self-instructional methods. In F.H. Kanfer & A.P. Goldstein (Eds.), *Helping people change. A textbook of methods*. New York: Pergamon.

Michelson, L., Marchione, K., Greenwald, M., Glanz, L., Testa, S. & Marchione, N. (1990). Panic Disorder: Cognitive-Behavioral Treatment. *Behaviour Research and Therapy, 28*, 141-151.

Mowrer, O.H. (1956). Two factor learning theory recinsidered with special reference to secondary reinforcement and the concept of habit. *Psychological Review, 63*, 114.

Myrtek, M. (1980). *Psychophysiologische Konstitutionsforschung - Ein Beitrag zur Psychosomatik*. Göttingen: Hogrefe.

Nemiah, J.C. & Sifneos, P.E. (1970). Affect and fantasy in patients with psychosomatic disorders. In O.W. Hill (Hrsg.), *Modern trends in psychosomatic medicin*. (pp.26-32) London: Butterworth.

Netter, P. (1987). Psychological aspects of catecholamine response patterns to pain and mental stress in essential hypertensive patients and controls. Journal of clinical Hypertensiology, *3* ,727-742.

Noyes, R. Jr., Garvey, M.J., Cook, B. & Suelzer, M. (1991). Controlled discontinuation of benzodiazepine treatment for patients with panic disorder. *American Journal of Psychiatry, 148*, 517-523.

Nutzinger, D.O., Cayiroglu, S., Grünberger, J., Kieffer,W. & Zapotoczky, H.G. (1990). Prognosis of cardiac phobia. *Psychopathology, 23*, 63-72.

Nutzinger, D.O., Zapotoczky, H.G., Cayiroglu,S. & Gatterer, G. (1987). Panikattacken und Herzphobie. *Wiener Klinische Wochenschrift, 99,* 545-560.

Oberhummer, I., Grünberger, J., Tilscher, H. & Zapotoczky, G. (1979). Somatisch bedingte Beschwerden beim Herzangst-Syndrom. *Fortschritte der Medizin, 97,* 709-713.

Ockene, J.S., Shay, M.J., Alpert, J.S., Weiner, B.H. & Dalen, J.E. (1980). Unexplained chest pain in patients with normal coronary artery arteriograms. A follow up status of functional status. *New England Journal of Medicine,* 1249-1252.

Oehrberg, S., Christiansen ,P.E., Behnke, K., Borup, A.L., Severin, B., Soegaard, J., Calberg, H., Judge, R., Ohrstrom, J.K. & Manniche, P.M. (1995). Paroxetine in the treatment of panic disorder. A randomised, double-blind, placebo-controlled study. *British Journal of Psychiatry, , 167,* 374-379.

Oppenheim, B.S. (1918). Report on neurocirculatory asthenia and ist management. *Military Surgeon, 42,* 711-744.

Öst, L.-G., Westling, B.E. & Hellström, K. (1993). Applied relaxation, exposure in vivo and cognitive methods in the treatment of panic disorder with agoraphobia. *Behaviour Research and Therapy, 31,* 383-394.

Öst ,L.-G., Westling, B.E.; (1995). Applied relaxation vs cognitive behavior therapy in the treatment of panic disorder. *Behaviour Research and Therapy, 33,* 145-158.

Pariser, S.F., Pinta, E.R. & Jones, B.A. (1978). Mitral valve prolaps syndrome, anxiety neurosis and panic disorder. *American Journal of Psychiatry,* 13, 246-247.

Paul, G.L. (1966). *Insight vs. Desensitization in psychotherapy: An experiment in anxiety reduction.* Stanford California, Stanford University Press.

Pauli, P., Marquardt, C., Hartl, L. Nutzinger, D.O. & Strian, F. (1991). Kardiovaskuläre Faktoren der Herzphobie - Eine Felduntersuchung. *Psychotherapie, Psychosomatik, Medizinische Psychologie, 41,* 429-436.

Pawlow, I. (1953). *Sämtliche Werke.* Berlin: Akademie Verlag.

Pecknold, J.C., Luthe, L., Iny, L. & Ramdoyal, D. (1995). Fluoxetine in panic disorder: pharmacologic and tritiated platelet imipramine and paroxetine binding study. *Journal of Psychiatry and Neuroscience, 20,* 193-198.

Pecknold, J.C., Swinson, R.P., Kuch, K. & Lewis, C.P. (1988). Alprazolam in panic disorder and agoraphobia: Results from a multicenter trial. III. Discontinuation effects. *Archives of General Psychiatry, 45,* 429-436.

Plante, T.G. & Schwartz, G.E. (1988). Defensive and repressive coping styles: Physiological stress responsivity to psychosocial stressors. *Psychophysiology, 25,* 473.

Raskin, A. (1990). Role of depression in the antipanic effect of antidepressant drugs. In J.C. Ballenger (Hrsg.), *Clinical aspects of panic disorder* (pp. 169-180) New York: Wiley-Liss.

Raymond, C. (1989). Chest pain not always what it seems: Panic disorder may be the case of some. *Journal of the American Medical Associaton 8*, 1101-1102.

Razran, G. (1949). Semantic and phonetographic generalizations of salivary conditioning to verbal stimuli *Journal of Experimental Psychology: General, 39*, 642-652.

Razran, G. (1971). *Mind in evolution: an east west synthesis of learned behavior and cognition.* Boston: Houghton Mifflin.

Reiss, S. & McNally ,R.J. (1985). Expectancy model of fear. In S. Reiss & R.R. Bootzin (Hrsg.) *Theoretical issues in behavior therapy* (pp. 1-8). San Diego Ca.: Academic Press.

Reiss, S., Peterson, R.A., Gursky, D.M. & McNally, R.J. (1986). Anxiety sensitivity, anxiety frequency and the prediction of fearfulness. *Behaviour Research and Therapy, 24*,1-9.

Rescorla, R.A. (1980). *Pavlovian second order conditioning:studies in associative learning*. Hillsdale N.J.: Erlbaum.

Richter, H.E. (1964). Zur Psychodynamik der Herzneurose. *Zeitschrift für Psychosomatische Medizin, 10*, 253.

Richter, H.E. & Beckmann, D. (1973). *Herzneurose* (2. Aufl.). Stuttgart: Thieme.

Rief, W. & Hiller, W. (1992). *Somatoforme Störungen - Körperliche Symptome ohne organische Ursache*. Bern: Huber.

Rittenhouse, P.A., Bakkum, E.A., O'Connor, P.A., Carnes, M., Bethea, C.L. & vande-Kar, L.D. (1992). Comparison of neuroendocrine and behavioral effects of ipsapirone, a 5-HT1A agonist, in three stress paradigms: immobilization, forced swim and conditioned fear. *Brain Research, 580*, 205-214.

Roskamm, H. & Reindell, H. (1982). *Herzkrankheiten.* Berlin: Springer.

Roth, W.T., Telch, M.J., Taylor, C.B., Sachitano, J.A., Gallen, C.C., Kopell, M.L., McClenahan, K.L., Agras, W.S. & Pfefferbaum, A. (1986). Autonomic characteristics of agoraphobia with panic attacks. *Biological Psychiatry, 21*,1133-1154.

Sobotta (1993) *Atlas der Anatomie des Menschen in zwei Bänden*, 20. Aufl. Urban & Schwarzenberg München-Wien-Baltimore

Salkovskis, P.M. & Clark, D.M. (1990). Affective responses to hyperventilation: A test of the cognitive model of panic. *Behaviour Research and Therapy, 28*, 51-61.

Sartory, G., Rachman, S, & Grey, S. (1977). An investigation of the relation between reported fear and heart rate. *Behaviour Research and Therapy, 15*, 435-438.

Sartory, G., Roth, W.T. & Kopell, M.L. (1992). Psychophysiological assessment of driving phobia. *Journal of Psychophysiology, 6*, 311-320.

Saxena, P.R. & Villalón, C.M. (1990). Cardiovascular efects of serotonin agonists and antagonists. *Journal of Cardiovascular Pharmacology, 15* (Suppl.7), 17-34.

Schachter, R. & Singer, J.E. (1962). Cognitive, social, and physiological determinants of emotional state. *Psychological Review, 69*, 379-399.

Schandry, R. (1981). Heart beat perception and emotional experience. *Psychophysiology, 18*, 483-488.

Schepank, H. (1987). *Psychogene Erkrankungen in der Stadtbevölkerung. Eine epidemiologisch-tiefenpsychologische Feldstudie in Mannheim.* Berlin: Springer.

Schmidt. R.F. und. Thews, G. (1995): Physiologie des Menschen 26. Aufl. Springer

Schneier, F.R., Liebowitz, M.R., Davies, S.O., Fairbanks, J., Hollander, E., Campeas, R. & Klein, D.F. (1990). Fluoxetine in panic disorder. *Journal of Clinical Psychopharmacology 10*, 119-121.

Schonecke, O.W. (1987). *Psychosomatik funktioneller Herz- Kreislaufstörungen.* Berlin: Springer.

Schonecke, O.W. (1993). Heart beat detection and cardiovascular reactivity of patients with "functional cardiac disorder". *Journal of Psychophysiology, 7*, 46-57.

Schräder, R., Degoutrie, G., Landgraf, H. & Kaltenbach, M. (1987). Behandlung des hyperkinetischen Herzsyndroms mit Alinidine und Propranolol. *Klinische Wochenschrift, 65*, 69-75.

Schulte, D. (1980). Diagnostik in der Verhaltenstherapie. *Theorien und Methoden der Verhaltenstherapie. Mitteilungen der DGVT*, [Sonderheft II].

Schultz, J.H. (1928). Über autogenes Training. *Medizinische Wochenschrift, 54*, 1200-1204.

Schur, M. (1974). Zur Metapsychologie der Somatisierung. In K. Brede (Hrsg.), *Einführung in die Psychosomatische Medizin* (pp. 335-395). Frankfurt a. M.: Fischer.

Scordo, K.A. (1991). Effects of aerobic exercise training on symptomatic women with mitral valve prolaps. *American Journal of Cardiology 67*, 863-868.

Seligman, M.E.P. (1971). Phobias and preparedness. *Behavior Therapy, 2*, 307-320.

Selye, H. (1981). The stress concept today. In I.L. Kutash, L. B. Schlesinger et al. (Eds.), *Handbook on stress and anxiety* (pp. 127-143). San Francisco: Jossey Bass.

Shaw, J. & Creed, F. (1991). The cost of somatization. *Journal of Psychosomatic Research 35*, 307-312.

Shear, M.K., Devereux, R.B., Kramer-Fox, R., Mann, J.J. & Frances, A. (1984). The prevalence of mitral valve prolapse in patients with panic disorder. *American Journal of Psychiatry,141*, 302-303.

Shear, M.K., Kligfield, P., Harshfield, G., Devereux, R.B., Polan, J.J., Mann, J.J., Pickering,T. & Frances, A.J. (1987). Cardiac rate and rhythm in panic patients. *American Journal of Psychiatry, 144*, 633-637.

Shevrin, H. & Fritzler, D.E. (1968). Brain response correlates of repressiveness. *Psychological Reports, 23*, 887-892.

Sifneos, P.E. (1973). The prevalence of 'alexithymic'characteristics in psychosomatic patients. *Psychotherapy and Psychosomatic, 22,* 255-262.

Simon, G.E. (1992). Psychiatric Disorder and Functional Somatic Symptoms as Predictors of Health Care Use. Psychiatric Medicine, *10*, 49-59.

Sinha, R., Lovallo, W.R. & Parsons, O.A. 1992). Cadiovascular differentiation of emotions. *Psychosomatic Medicine, 54*, 422-435.

Skinner, B.F. (1938). The behavior of organisms Appleton-Century-Crofts New York.

Skinner, B.F. (1953). *Science and human behavior*. New York: Free Press.

Sokolov, E.N. (1963). Higher nervous functions: The orienting reflex. *Annual Review of Physiology, 25*, 545-580.

Soubrie, P. (1986). Reconciling the role,of central serotonin neurons in human and animal behavior. *Behavior and Brain Sciences, 9*, 319-364.

Spielberger, C.D., Gorsuch, R.L. & Lushene, R.E. (1970). *Manual for the state-trait anxiety inventory (self evaluation questionnaire)*. Palo Alto: Consulting Psychologist Press.

Stalmann, H., Hartl, L., Pauli, P., Strian, F. & Hölzl, R. (1988). Perception of Arrhythmias in mitral vale prolaps, cardiac phobia and panic attacks. *Journal of Psychophysiology, 2*,160.

Stein, M.B., Tancer, M.E. & Uhde, T.W. (1990). Heart rate and plasma norepinephrine responsivity to orthostatic challenge in anxiety disorders. *Psychosomatic Medicine, 52*, 2 234.

Steptoe,A.; Fieldman,G.; Evans,O.(1993) An experimental study of the effects of control over work pace on cardiovascular responsivity *J.Psychophysiol., 7*, 290-300

Stokes, M.J., Cooper, R.G. & Edwards, H.T. (1988). Normal muscle strength and fatigability in patients with effort syndromes. *BMJ, 297*,1014-1017.

Strian, F., Maurach, R., Klicpera, C. (1981). Das Mitralklappenprolapssyndrom als ätiologischer Faktor bei Herzphobie und juvenilem Insult. *Fortschritte der Neurologie - Psychiatrie, 49*, 200-203.

Studt, H.H. (1997). Herzneurose. *Medizinische Klinik, 74*, 1302-1305.

Sturm, J. & Zielke, M. (1988). "Chronisches Krankheitsverhalten": Die klinische Entwicklung eines neuen Krankheitsparadigmas. *Praxis der klinischen Verhaltensmedizin und Rehabilitation* 1988,1,17-27

Suess,W.M., Alexander, B., Smith, D.D., Sweeney, H.W. & Marion, R.J. (1980). The effects of psychological stress on respiration: apreliminary study of anxiety and hyperventilation. *Psychophysiology, 17*, 535-540.

Sweeney, D.R., Maas, J.W. & Heninger, G.R. (1978). State anxiety,physical activity,and urinary 3-mthoxy-4-hydroxyphenethyiene glycol excretion. *Archives of General Psychiatry, 35*, 1418-1426.

Swinson, R.P., Fergus, K.D., Cox, B.J. & Wickwire, K. (1995). Efficacy of telephone-adminstered behavioral therapy for panic disorder with agoraphobia. *Behaviour Research and Therapy, 33*, 465-469.

Taylor, S., Koch, W.J. & McNally, R.J. (1992). How does anxiety sensitivity vary across the anxiety disorders? *Journal of Anxiety Disorders, 6*, 249-259.

Telch, M.J., Lucas, J.A., Schmidt, N.B., Hanna, H.H. , LaNae Jaimez, T. & Lucas, R.A. (1993). Group cognitive-behavioral treatment of panic disorder. *Behaviour Research and Therapy, 31*, 279-287.

Telch, M.J., Agras, W.S., Taylor,C.B., Roth, W.T. & Gallen, C.C. (1985). Combined pharmacological and behavioral treatment for agoraphobia. *Behaviour Research and Therapy, 23*, 325-335.

Tremayne, P. & Barry, R.J. (1989). Psyhophysilogical effects of repression. *Psychophysiology, 26* (Suppl. 4A), 61.

Ullrich, R. & Ullrich de Muynck, R. (1974). Implosion, Reizüberflutung, Habituation. In: C. Kraiker (Hrsg.) Handbuch der Verhaltenstherapie München: Kindler.

v.Rad, M. & Zepf, S. (1986). Psychoanalytische Konzepte psychosomatischer Symptom- und Strukturbildung. In T. v.Uexküll, R.H. Adler, J.M. Herrmann, K. Köhle, O.W. Schonecke & W. Wesiack (Hrsg.), *Psychosomatische Medizin* (S. 48-67). München: Urban & Schwarzenberg.

van den Hout, M., Arntz, A. & Hoekstra, R. (1994). Exposure reduced agoraphobia but not panic, and cognitive therapy reduced panic but not agoraphobia. *Behaviour Research and Therapy, 32*, 447-451.

Watson, D. & Clark, L.A. (1984). Negative affectivity: the disposition to experience aversive emotional states. *Psychological Bulletin, 96*, 465-90.

Weber, I., Aberl, M., Altenhofen, L., Bächer, K., Berghof, B. und Bermann, K.E. et al.(1990). *Dringliche Gesundheitsprobleme der Bevölkerung in der Bundesrepublik Deutschland.* Baden-Baden: Nomos Verlagsgesellschaft.

Westenberg, H.G., den Boer, J.A. (1989). Serotonin-influencing drugs in the treatment of panic disorder. *Psychopathology, 22* (Suppl 1), 68-77.

Whittal, M.L., Goetsch, V.L., Suchday, S. (1994). Infrequent panic: physiological and subjective reactions to hyperventilation. *Behaviour Research and Therapy, 32,* 453-457.

Williams, R.B., Bittker, T.W., Buchsbaum, M.S. & Wynne, L.C. (1975). Cardiovascular and neurophysiologic correlates of sensory intake and rejection. Effects of cognitive tasks. *Psychophysiology, 12,* 427-433.

Williams, S.L. & Falbo, J. (1996). Cognitive and performance-based treatments for panic attacks in people with varying degrees of agoraphobic disability. *Behaviour Research and Therapy, 34,* 253-264.

Wilmers, F.E. (1993). Cardiovascular effects of emotions and "stress" experienced in the field *Psychophysiology, 30* (Suppl.1), 71.

Wise, T.N. & Mann, L.S. (1994). The relationship between somatosensory amplification, alexithymia, and neuroticism. *Journal of Psychosomatic Research, 38,* 515-521.

Wolpe, J. (1958). *Psychotherapy by reciprocal inhibition.* Stanford: Stanford University Press.

Woods, S.W., Charney, D.S., McPherson, C.A., Gradman, A.H. & Heninger, G.R. (1987). Situational panic attacks. *Archives of General Psychiatry, 44,* 365-375.

Yeragani, V.K., Balon, R., Pohl, R., Ramesh, C., Glitz, D., Weinberg, P. & Merlos, B. (1990). Decreased R-R variance in panic disorder patients. *Acta Psychiatrica Scandinavica, 81,* 554-559.

Yeragani, V.K., Meiri, P.C., Pohl, R., Balon, N.. Desai, N. & Golec, S. (1990). Heart rate and blood pressure changes during postural change and isometric handgrip exercise in patients with panic disorder and normal controls. *Acta Psychiatrica Scandinavica, 81,* 9-13.

Zauner, J. (1967). Grundsätzliche Möglichkeiten der Entstehung psychogener Herzsymptome mit Indikation zur Psychotherapie. *Zeitschrift für Psychosomatische Medizin, 13 ,*

Zintl-Wiegand, A., Cooper, B. & Krumm, B. (1980). *Psychisch Kranke in der ärztlichen Allgemeinpraxis.* Weinheim: Beltz.

Zitrin, C.M., Klein, D.F., Woerner, M.G. & Ross, D.C. (1983). Treatment of phobias: I. Comparison of imipramine hydrochloride and placebo. *Archives of General Psychiatry, 40*, 125-138.

Medizinische Psychologie

Thomas Richter
Leben mit einem psychisch Kranken
Formen des Umgangs und der Bewältigung
(Psychosoziale Medizin)
1997, 242 Seiten, DM 49,80/sFr. 44,80/öS 364,–
ISBN 3-8017-1031-9

Das Buch beschreibt die «Alltagsprobleme» von Familien, die mit psychisch kranken Heranwachsenden leben. Im Mittelpunkt des Buches steht dabei nicht der Kranke, sondern seine Familie, denn auch ihre Lebenssituation wird durch die Krankheit enorm verändert. Denn wie sollen sie mit dem ungewohnten Verhalten ihrer Kinder, den Vorwürfen von Freunden und Nachbarn umgehen? Wie sollen sie mit den sozialen, psychischen und medizinischen Folgen der Krankheit leben? In diesem Buch berichten betroffene Familien von ihren "Alltags"-Erfahrungen.

Reinmar du Bois
Junge Schizophrene zwischen Alltag und Klinik
(Psychosoziale Medizin)
1996, 158 Seiten, DM 44,80/sFr. 44,80/öS 327,–
ISBN 3-8017-0825-X

Der Autor beschreibt eine Versorgungslücke zwischen der Psychiatrie des Jugendalters und jener der Erwachsenen. Sie betrifft psychisch retardierte Patienten im Alter von 17 bis ca. 23 Jahren. Der erste Teil des Buches beschäftigt sich mit altersspezifischen Besonderheiten in der Lebenssituation der Patienten in ihrem Verhalten und Selbsterleben. Der zweite Teil stellt dar, wie geeignete stationäre Versorgungsstrukturen einschließlich der vor- und nachstationären Behandlung aufgebaut werden können.

Manfred Beutel
Der frühe Verlust eines Kindes
Bewältigung und Hilfe bei Fehl-, Totgeburt und Fehlbildung
(Psychosoziale Medizin)
1996, 180 Seiten, DM 49,80/sFr. 49,80/öS 364,–
ISBN 3-8017-0892-6

Der Verlust eines Kindes in der Schwangerschaft durch Fehlgeburt, Totgeburt und Schwangerschaftsabbruch wegen kindlicher Fehlbildung wird häufig verschwiegen und in seiner Tragweite verkannt. Außenstehende, aber auch Behandler fühlen sich dem Schmerz der Betroffenen gegenüber oft ratlos und hilflos. Dieses Buch soll zum Verständnis dieser tragischen Verluste beitragen und umfassend informieren, Betroffenen Bewältigungsmöglichkeiten aufzeigen sowie Helfern konkrete Hilfestellungen an die Hand geben.

Volker Friebel
Morbus Crohn – Psyche einer Krankheit
(Psychosoziale Medizin)
1995, 188 Seiten, DM 49,80/sFr. 49,80/öS 364,–
ISBN 3-8017-0832-2

Morbus Crohn ist eine Krankheit mit unberechenbarem Verlauf, deren Ätiologie und Pathogenese trotz einiger Annäherungen immer noch im Dunkeln liegt. Das vorliegende Buch stellt ausführlich Krankheitsbild, Begleiterscheinungen, Diagnostik, Ursachenforschung und medizinische Behandlungsmöglichkeiten der Krankheit dar und arbeitet den Wissensstand zu psychischen Aspekten der Erkrankung auf. Dabei wird zunächst auf Persönlichkeitsmerkmale der Patienten eingegangen und der Einfluß von Streß auf den Krankheitsverlauf beschrieben.

Hogrefe - Verlag für Psychologie
Rohnsweg 25, 37085 Göttingen • Tel. 0551/49609-0 • http://www.hogrefe.de

Klinische Psychologie

Rainer Sachse
Persönlichkeitsstörungen
Psychotherapie dysfunktionaler Interaktionsstile
1997, 268 Seiten, DM 59,–/sFr. 51,–/öS 431,–
ISBN 3-8017-1079-3

Klienten mit Persönlichkeitsstörungen gelten therapeutisch als schwierig, weil sie ihre problematischen Interaktionsstile auch im Therapieprozeß realisieren und dadurch eine konstruktive Bearbeitung anderer Inhalte verhindern. Das in diesem Buch vorgestellte psychologische Erklärungsmodell soll dazu dienen, das zum Teil schwer verständliche, intransparente, paradoxe Handeln von Personen mit Persönlichkeitsstörungen verständlich zu machen. Das Buch beschreibt praxisnah konkrete Vorgehensweisen für zahlreiche schwierige therapeutische Situationen.

Hans Watzl / Brigitte Rockstroh (Hrsg.)
Abhängigkeit und Mißbrauch von Alkohol und Drogen
1997, VIII/288 Seiten, DM 59,–/sFr. 51,–/öS 431,–
ISBN 3-8017-0992-2

Ziel des Bandes ist die Vermittlung aktueller Entwicklungen, Methoden und Erkenntnisse bei der Untersuchung von Alkohol- und Drogenabhängigkeit oder -mißbrauch. Die Autoren befassen sich u.a. mit Aspekten der Behandlung von Drogenmißbrauch und -abhängigkeit sowie mit diagnostischen Methoden und deren Ergebnissen. In weiteren Kapiteln werden Untersuchungen über Mechanismen der Entstehung von Mißbrauch und Abhängigkeit dargestellt und über alkoholbedingte Entwicklungsstörungen bei Kindern berichtet.

Dieter Schmelzer
Verhaltenstherapeutische Supervision
Theorie und Praxis
1997, XIV/507 Seiten, DM 69,–/sFr. 60,–/öS 504,–
ISBN 3-8017-1067-X

Das Buch beschreibt Theorie und Praxis der verhaltenstherapeutischen Supervision. Nach einer Erörterung der theoretischen Grundlagen verhaltenstherapeutischer Supervision, wird als Resultat dieser Vorüberlegungen ein Mehrebenen-Prozeßmodell für die Supervisionspraxis dargestellt. Mit dessen Hilfe wird ein systematisches Bearbeiten von Supervisionsanliegen in den einzelnen Sitzungen möglich. Das Buch schließt mit praktischen Anregungen und Hilfsmitteln für die Therapieausbildung und Supervision sowie einem alphabetischen Glossar wichtiger Methoden im Rahmen der Selbstmanagement-Supervision.

Sigrun Schmidt-Traub
Panikstörung und Agoraphobie
Kurzzeitbehandlung in kombinierter Gruppen- und Einzeltherapie (Therapeutische Praxis)
1997, 181 Seiten, DM 44,80/sFr. 40,30/öS 327,–
ISBN 3-8017-1061-0

In diesem Buch wird ein therapeutischer Leitfaden für eine Kurzzeit-Behandlung von Angstpatienten vorgestellt. Das verhaltenstherapeutische Vorgehen beinhaltet konfrontative und edukative sowie andere kognitive Maßnahmen. Entspannungstrainings, die Schulung der Fertigkeiten in Kommunikation und Streßmanagement, die motivierende Kraft der Gruppe und das Lernen am sozialen Modell sind weitere Elemente des Angstbehandlungsprogramms. Neben ausführlichen Hinweisen für den Therapeuten enthält das Buch zahlreiche, leicht verständliche Informationsmaterialien für Patienten.

Hogrefe - Verlag für Psychologie
Rohnsweg 25, 37085 Göttingen • Tel. 0551/49609-0 • http://www.hogrefe.de